古代万葉の歳時記

東 茂美

海鳥社

福江島（長崎県五島市）のシンボル「鬼岳」（五島市提供）
馬や牛の産地「値嘉島」（五島列島）は、大陸へとむかう遣唐使の寄港地でもあった。

紅牙撥鏤尺《こうげばちるのしゃく》（象牙を染めた儀式用のものさし）
撥鏤の技法を使って、赤く染めた象牙に文様を白く彫り表した一尺の物差し。写真は『国家珍宝帳』に記される「紅牙撥鏤尺」の模造（宮内庁正倉院事務所蔵）。

表

裏

表　部分

はじめに　暦のある万葉の暮らし

元嘉暦《げんかれき》　太陽年　三六五・二四六七日　朔望月《さくぼうげつ》　二九・五三〇五八日
儀鳳暦《ぎほうれき》　太陽年　三六五・二四四八日　朔望月　二九・五三〇六〇日
大衍暦《だいえんれき》　太陽年　三六五・二四四四日　朔望月　二九・五三〇五九日

万葉の人びとが生きていたころの暦の基本常数である。太陽年は春分点を通過してふたたび春分点に回帰してくるまでの時間。朔望月は月の満ち欠けが一周する周期の時間をいう。ともに極ごく短い時間にずれがあり、平均した数字なのだが、それにしてもグレゴリオ暦の太陽年が三六五・二四二二五日、朔望月が二九・五三〇五八九日というから、元嘉暦・儀鳳暦・大衍暦の基本常数の綿密で精緻な計算力に、感動さえ覚えてしまう。

七世紀はじめから朝鮮半島を経て、中国からさまざまな暦が伝来する。もっとも早いのは六朝時代に何《か》承天《しょうてん》が編んだ元嘉暦である。推古天皇の一〇年（六〇二）一〇月の『日本書紀』にその記録がある。その後、ずっと時代をくだり持統天皇四年（六九〇）一一月一一日に、従来の元嘉暦と新たにもたらされた儀鳳暦をともに用いるべしと、勅が発布されている。

儀鳳暦は唐の高宗の時代に、李淳風《りじゅんふう》が作ったといわれている。もともとは麟徳暦《りんとくれき》といったが改名されて、中国では麟徳二年（六六五）から開元一六年（七二八）まで、半世紀をこえて用いられた。日本につたえられ実際に併用されたのは持統天皇六年から文武天皇元年（六九七）までなのだが、わざわざふたつの暦に移行の期間をもうけたのは、それまでの元嘉暦が一〇〇年ほどの間、どれほど公私で支持され利用されていたかを語っている。古代の人たちは、四季の移りを漫然とではなく、暦にしたがうことで〈めりはり〉をもって実感していただろう。

やがて併用の期間がおわり、儀鳳暦が単独で用いられる。それが、さらに大衍暦にかわるのが、天平宝字八年（七六四）。『万葉集』で作歌年代がはっきり記されている最後の歌は、大伴家持の天平宝字三年（七五九）正月一日の作。まだ儀鳳暦の時代ではあるが、家持が没したのは延暦四年（七八五）八月だから、すでに大衍暦の時代である。

大衍暦は天安元年（八五七）まで用いられた。唐の玄宗の勅命によって、大慧禅師一行《いっこう》が、中国全土にわたる天文観測を実施・編纂した暦法で、後代の模範ともいわれるすぐれものだったようだ。これを本邦にもたらしたのは、天平七年（七三五）三月に帰国した、留学生《りゅうがくしょう》の吉備真備だった。

こうして将来された中国の暦は、もちろん暦日のカウントに用いられただけではない。暦日にともなう中国のさまざまな年中行事もそのまま伝来、そして享受されて宮廷をはじめ市井の年中行事に、大きな影響をあたえた。

たとえば、正月七日の青馬節会《あおうまのせちえ》（「白馬《あおうま》」の表記は平安時代になってから）。家持が、

水鳥《みづとり》の鴨の羽色《はいろ》の青馬《あをうま》を今日《けふ》見る人は限りなしといふ　（巻20四四九四）

とうたっている。青馬節会は七日節会ともいい、古くは推古天皇二〇年（六一二）正月七日に蘇我馬子が推古天皇を讃美する歌を奉唱し、天皇もまたそれに和して次のような歌を披露している。

真蘇我《まそが》よ　蘇我の子らは　馬ならば　日向《ひむか》の駒《こま》　太刀《たち》ならば　呉《くれ》の真刀《まさひ》　諾《うべ》しかも　蘇我の子らを
大君《おほきみ》の　使《つか》はすらしき（紀103）

日向の良馬や中国の呉の名刀にたとえて蘇我氏を讃美する。呉の刀工干将《かんしょう》・莫邪《ばくや》が鍛えた名刀や日向の名馬にたとえて、蘇我氏を褒《ほ》めたのである。刀鍛冶の干将は、呉王の闔閭《こうりょ》に刀を作るように命じられたものの、なかなかうまくいかない。ところが妻の莫邪の髪と爪をきって炉にいれたところ、地金がそれとよくなじんで陽剣（のちに干将と命名）と陰剣（のちに莫邪と命名）の二振りが完成したという。推古のうたう「呉の真刀」は、まさにこれである。

「日向の駒」の素性はわからない。都井岬《といみさき》に生息する今の御崎馬《みさきうま》と関係があるかどうかわからないが、当時、日向地方は名の知れた名馬の産地だったのだろう。この日が青馬節会ゆえに駿馬を話題にしたか、あるいは大臣の名「馬子」に関係づけてうたったか、どちらにしても、青馬節会の酒宴にふさわしい歌謡となっている。

天武天皇一〇年（六八二）や天平一七年（七四五）などに七日節会の宴の記事がある。天平一七年といえば、前年の二月から逗留していた紫香楽宮《しがらきのみや》を新京と宣言。正月にはまだ大安殿《おおやすみどの》や朝堂《ちょうどう》をかこむ御垣《みかき》も未完成で、帷帳《いちょう》をめぐらしただけのありさまだった。それでも七日節会の宴がもうけられ、多くの官人が昇叙している。ただし、昇叙以外のプログラムの内容が何も書かれておらず、まことにくちおしい。

この七日節会は、中国でいえば「人日《じんじつ》」にあたる。一説に、元旦が鶏《とり》の日、二日が狗《いぬ》の日、三日は猪《いのしし》の日、四日は羊の日、五日は牛の日、六日は馬の日、そして七日は人の日としている。

人形を作って南を向かせて庭に立て、そのかたわらで宴をひらいたり、人を象《かたど》ったものを切って貼る「人《にん》勝《しょう》」なるものを作り、贈答したりした（宗懍《そうりん》『荊楚《けいそ》歳時記』、杜公瞻《とこうせん》の校注）。宗懍は楚の人で年中行事を紹介しているが、楚にかぎらず広く蒐集しているらしいから、ひろくおこなわれていただろう。

じつは、正倉院宝物（北倉）には、絹糸や金箔で花や動物をデザインして貼った「人勝」（残欠九片・約三〇センチ四方）が、二枚現存している。中央には「令節佳辰、福慶惟新、変和万載、寿保千春」とめでたい文字が書かれていて、三元（年の初め・月の初め・日の初め）を祝う正月にふさわしい。ただし人日節のめでたい装飾としてひろまり、万葉びとの間で「人勝」のやり取りがあったかどうかは、実証にとぼしい。

さて人日の宴のメニューには、七菜の羹《あつもの》（スープ）があった。先にふれた『荊楚歳時記』にも、次のようなくだりがある。

正月七日、之を人日と謂《い》ふ。七種の菜を採り、以て羹を為《つく》る。

食材がどのような品種だったかわからないものの、無病息災《そくさい》を願って食したようだ。日本の七草粥にあたる。七草は芹《せり》・薺《なずな》（三味線草）・御形《ごぎょう》（母子草）・繁縷《はこべら》・仏の座・菘《すずな》（蕪《かぶら》）・蘿蔔《すずしろ》（大根）をいうが、すべてが漢方薬で、

芹……健胃・食欲増進・解熱・利尿・去痰
薺……止血・消炎・鎮痛・利尿・解熱・下痢止め
御形……咳止め・去痰・扁桃腺炎
繁縷……利尿・乳汁分泌促進・歯痛・消炎
仏の座……健胃・食欲増進・歯痛

菘……消化促進・解毒・咳止め
蘿蔔……消化促進・咳止め・去痰・利尿

といった薬効がある。八世紀の歌人の山上憶良に、「秋野の花を詠む歌二首」（巻8一五三七、一五三八）があって、その二首目は、

萩の花尾花《をばな》葛花《くずはな》なでしこが花　をみなへしまた藤袴《ふぢはかま》朝顔が花

である。これらは秋の野の風景をうたっただけでなく、春の七草を意識してうたってみたというところだろう。じつはこれらの草花も、みな漢方薬である。

萩……婦人病（眩暈《めまい》・のぼせ）
尾花（薄《すすき》・芒《すすき》）……利尿・解毒
葛（葛根《かっこん》・葛花《かっか》）……葛根は発汗・解熱・感冒・首、背、肩の凝《こ》り。葛花は二日酔・眩暈・悪寒
なでしこが花（瞿麦《くばく》・瞿麦子）……むくみ時の利尿・婦人の月経不順
女郎花（敗醤《はいしょう》）……利尿・解毒・腫れもの・下痢・消炎
藤袴（蘭草《らんそう》）……皮膚の痒《かゆ》み・アトピー
朝顔（桔梗根《ききょうこん》）……鎮静・鎮痛・解毒・鎮咳・気管支炎・咽頭炎・去痰・排膿

つまり春の七草が生薬として効能があることをふまえ、憶良は興じて薬効のある秋の七草をうたったの

である。とすれば、万葉びとたちは「春の七草」の粥《かゆ》あるいはスープを食していたと考えるべきだろう。

「人日」にはさまざまなイベントがあった。まず登高《とうこう》。景龍三年（七〇九）正月七日に、中宗が大明宮の「清暉閣《せいきかく》に御し、登高して雪に遭《あ》ふ。因りて金綵《きんさい》の人勝を賜ひ、学士をして詩を賦《ふ》せしめ、是の日甚《はなは》だ歓」んだという（武平一の選『景龍文館記』）。これも登高のイベントだったといえよう。

次にスポーツの「打毬《だきゅう》」があった。「打毬」は今日でいうホッケー、馬に乗ったなら「打馬毬」つまりポロである。『万葉集』には、作者はわからないが、神亀四年（七二七）正月に「諸王《もろもろのみこたち》・諸臣子《もろもろのおみのこら》等に勅《みことのり》して、授刀寮《じゅたうれう》に散禁せしむる時に作る歌一首并せて短歌」と題された長歌・短歌二首組の歌（巻6九四八、九四九）を見ることができる。ここでは長歌ははぶくが、作歌の事情を書いた左注があって、読んでつい笑ってしまう。その左注は、こうだ。

右、神亀四年正月、数《あまた》の王子《みこ》等と諸臣子等と、春日野に集ひて打毬《まりうち》の楽《あそび》をなす。その日忽《たちま》ちに天陰《そらくも》り雨ふり雷電《いなつるび》す。この時に宮の中《うち》に侍従《じじう》と侍衛《じあい》となし。勅《みことのり》して刑罰に行なひ、皆授刀寮の散禁せしめ妄《みだ》りて道路に出づること得ざらしむ。ここに悒憤《いぶせ》みし、即ちこの歌を作る。作者未《いま》だ詳《つばひ》らかならず。

奈良郊外の春日野で「打毬」のスポーツイベント。あいにくの雨、それも雷雨になった。本来なら、宮中で天皇をお守りするはずの官人たちは、イベントに夢中で宮中におらず、天皇から大目玉を食らった。みんな授刀寮で外出禁止の謹慎処分になってしまったというのである。

梅柳過《す》ぐらく惜《を》しみ佐保《さほ》の内に遊びしことを宮もとどろに（巻6九四九）

「春日野」の地名を「佐保」にかえ、うたった人物の名も韜晦《とうかい》。「ほんのちょっと遊んだことを、宮廷もとどろくばかりに騒ぎ立てる……」。憮然《ぶぜん》とした官人某《なにがし》の歌から、自ずと春日野では懸命にボールを追いかける選手と、そのハラハラ・ドキドキに大きな歓声をあげているギャラリーの老若男女、人日節の興奮があったことが想像される。

「打毬」が男たちなら、女の、ことに若い女たちのイベントもあった。『荊楚歳時記』に「又、打毬・鞦《しゅう》韆《せん》の戯を為《な》す」とあって、「鞦韆」はブランコのこと。もちろん万葉歌にブランコをこぐ歌はない。ずっと後代になるけれど、『経国集』（八二七年撰進、良岑安世ほか）に、嵯峨天皇の「雑言、鞦韆篇一首」と滋野《しげの》貞主《さだぬし》「雑言、鞦韆篇一首に和《わ》し奉《たてまつ》る一首」を見ることができる。ブランコ遊びは、「冬節（冬至）を去ること一百五日」（『荊楚歳時記』）にあたる寒食節にもおこなわれた。嵯峨天皇の作も滋野貞主の作も、この寒食節に創作されたもので人日節ではないが、具体的に遊びのさまを描いている。

嵯峨天皇の作品から、ごく一部を引用してみよう。

幽閨《いうけい》の人、粧梳《しやうそ》早し。正《まさ》に是《これ》寒食の節、憐《あはれ》む鞦韆《しうせん》の好《よ》きを。長き縄《なは》を高く芳枝《はうし》に懸け、窈窕《えうてう》として翩翩たる仙客の姿。玉手争ひ来たりて互ひに相推《あひお》す。繊腰《せんえう》結束、鳥飛ぶが如し。初めは巫嶺《ふりやう》行雲の度《わた》るかと疑ひ、漸《やうや》く洛川廻雪《らくせんくわいせつ》の皎《しろ》きに似たり。……雲を踏む双履《さうり》は樹を透け差《たがひちがひ》、地を曳《ひ》く長き裾《すそ》は花を掃《は》きて却《しりぞ》ける。

いつもなら奥深い部屋で過ごしている麗人、朝早くから化粧をし髪を梳《くしけづ》って、そう今日は寒食の日。ブランコを楽しみましょう。長い縄を枝ぶりのよい樹に懸けて、たおやかにブランコをこぎ、裾《すそ》をひるがえす姿はまるで仙女。玉のような美しい手で競い合ってブランコをおす。「初疑巫嶺行雲度」は巫山仙女のエピソードを、「漸似洛川廻雪皎」は洛水仙女のエピソードをふまえたもの。巫山仙女の故事から、「雲雨」といえば、男女が情をむすぶことを意味するようになった。ともになまめかしい仙境の女神である。木々の間から行き来する両足のシューズが透けて見え、地面をひきずるロングスカートの裾が、花を掃くようにゆれる。

これは、まるでフランスの画家ジャン・オノレ・プラゴナール（一七三二～一八〇六）の描いた「ぶらんこ」（「ぶらんこの絶好のチャンス」とも）の作品そのものではないか。ブランコをこぎ、勢いあまって左足のミュールをとばしてしまったコケティッシュな若い女と、それをかいま見している男が描かれている。

人日節の陽だまりで、鞦韆に興じる万葉の女たち。あふれかえる屈託のない嬌声《きょうせい》。まだうら若い額田《ぬかたの》王《おおきみ》が、十市《とおち》皇女が、大田皇女が、鸕野《うの》皇女が、御名部《みなべ》皇女が、阿部皇女が、但馬皇女が、坂上郎女《さかのうえのいらつめ》が、笠《かさ》郎女が、紀《き》郎女が、平群《へぐり》郎女が、そして『万葉集』に名を残さないたくさんの万葉の女たちが、春浅い陽光をあびながら、まるで飛天のように空高くブランコをこいでいる姿をイメージしてみよう。

鞦韆は漕《こ》ぐべし愛は奪ふべし　（第三句集『白骨』）

と吟じたのは、三橋鷹女《みつはしたかじょ》（一八九九～一九七二）。うら若い女学生たちへの応援歌だという。古来、ブランコは恋愛のツールだったのである。

暦のある万葉の暮らしへ——ここで書いてみようと思うのは、いにしえ息づいていた万葉びとの春夏秋冬の一二か月、万葉集歳時記へのいざないである。

古代万葉の歳時記◉目次

春

夏

秋

冬

古代万葉の歳時記

春

第一章　正月の酒【1月】

正月には、つきものの酒

正月は、さすがに一年のはじめだけあって、異名が多い。そもそも正月とは「元《もと》を正す月」というのが、一般的な意味である。「月」がつくグループで一月・端月《たんげつ》・陬《そう》月・初月《はつづき》、「春」がつくグループで孟春・上春・開春・発春・献春・首春・芳春・青春・陽春・三春・九春、「歳」がつくグループで発歳《はっさい》・首歳・開歳・献歳・肇《ちょう》歳・芳《ほう》歳・華歳、そのほかに孟陬《もうすう》や太簇《たいそう》といういい方もあるらしい。「陬」は隅《すみ》の意だから、一二か月のすみっこの月という。

太簇は『礼記』「月令」に出てくることばで、

孟春の月……其の音は角《かく》、律《りつ》は太簇に中《あた》り、其の数は八、其の味はひは酸、その臭《しう》は羶《せん》、其の祀《し》は戸、祭るには脾《ひ》を先にす。東風凍を解き蟄虫《ちっちゅう》始めて振《うご》き……。

とある。「月令」には、季節の推移に応じた自然の変化や年中行事が書かれているが、一月の楽音《がくおん》は「角」

の音、音調は一二律のなかの「太簇」、数は「八」、味は「酸」、臭は「羶《なまぐさい》」、お祭りするのは家屋のなかでもとくに「戸」（出入り口）、供える犠牲はまず「脾」（脾臓）であって、この月には東風《こち》が吹いて氷をとかす、穴にもぐっていた虫たちが動きはじめて……という。

正月は酒。現代でも正月にはさまざまなイベントがあるのだが、これにつきものといえば、まずは酒ということになるだろう。万葉の時代もしかり。『万葉集』は、大宰府で正月に催された梅花の宴の歌（巻5八一五～八四六）を載せている。その序文の一部は、こうである。(1)

天平二年正月一三日に、帥老《そちのおきな》の宅《いへ》に萃《あつ》まりて、宴会を申《ひら》く。時に、初春の令月《れいげつ》にして、気淑《よ》く和《やはら》ぎ、梅は鏡前の粉《こ》を披《ひら》き、蘭《らん》は珮後《はいご》の香《かう》を薫す。……ここに天を蓋《きぬがさ》とし、地を坐《しきゐ》とし、膝《ひざ》を促《ちかづ》け觴《さかづき》を飛ばす。言《こと》を一室の裏《うち》に忘れ、衿《えり》を煙霞《えんか》の外に開く。淡《たん》然に自ら放《ほしきまま》にし、快然と自ら足る。もし翰苑《かんゑん》にあらずは、何を以ちてか情《こころ》を攄《の》べむ……。

宴席に集った人びとは、大宰帥《そち》である大伴旅人を中心に政庁の官人が二〇名、管内の九国三島の官人が筑前国守山上憶良など一一名、それに観世音寺別当の笠沙弥《かさのさみ》（満誓）である。

遠くは対馬や壱岐、大隅からも国守をはじめ上級官人たちが出張している。宴の歌は、「正月立《むつきた》ち春の来たらばかくしこそ梅を招《を》きつつ楽しき終《を》へめ」（大宰大弐紀卿　巻5八一五）をはじめ、小計三二首。この三二首の直後には、「員外、故郷を思ふ歌両首」の題詞とともに、

（1）我《わ》が盛りいたくくたちぬ雲に飛ぶ薬食《は》むともまたをちめやも　（巻5八四七）

（2）雲に飛ぶ薬食《は》むよは都見ばいやしき我《あ》が身またをちぬべし　（巻5八四八）

の歌うたが載せられている。「員外」とは、宴のメンバー三二名にはいらない人員の意なのだが、宴席の主催者である旅人が、どうやら「員外」をよそおってうたったようだ。

　わたしの年の盛りはもう過ぎてしまったので、仙人の薬を飲んだとてもう若返りはすまい。空を飛ぶ「仙薬」を飲むよりは奈良の都を一目見たいもの、そうすればこの身も若返るにちがいない。二首ともに、不老長生や空中浮遊などのできる仙薬と望郷の念を歌にしている。[2] そして、「後に追和する梅の歌四首」（巻5八四九〜八五二）の四首がつづく。これらも、宴に参加しなかった人がうたったようになっているが、実作者は旅人である。

　それにしても、なぜ観梅の席で梅花とは直接に関係なさそうな「員外、故郷を思ふ歌」がうたわれたのだろうか。しかも持ち出されてくるのは「仙薬」である。このあたりに留意しながら、正月の酒をうたった作品を見てみよう。

（1）青柳《あをやなぎ》梅との花を折りかざし飲みての後《のち》は散りぬともよし　（巻5八二一）

（2）年のはに春の来たらばかくしこそ梅をかざして楽しく飲まめ　（巻5八三三）

（3）春柳縵《かづら》に折りし梅の花誰《たれ》か浮かべし酒坏《さかづき》の上《へ》に　（巻5八四〇）

　宴席で最初に酒の歌をうたうのは、沙弥満誓である。青い柳に梅の花を手折りかざし、共に飲んだそのあとであれば、散ってもかまわない、とうたう。満誓の俗名は笠麻呂、元明太上天皇の病気平癒のために出家した。美濃国や尾張国の国守を歴任したが、経営手腕をかわれて、観世音寺造営のために赴任していた。

沙門には守るべき五戒《ごかい》があり、そのひとつが「不飲酒戒《ふおんじゅかい》」だ。酒を飲むことだけでなくて、他人に酒をすすめるのもまた破戒だった。とすると、戒《いまし》めにしたがって満誓だけはノン・アルコールの飲みものだったのだろうか。上座から順々に同じ盃を三度めぐらすのが、こうした宴席での作法だったはずで、無位の僧ながら上席グループのなかに坐っていた満誓が、酒杯を手にしなかったとはとうてい考えられない。[3]

（2）をうたったのは、大令史《だいりょうし》野氏宿奈麻呂（小野臣宿麻呂）。「大令史」は大宰府の書記である。「年のは」とは、毎年の意。毎年春がめぐってきたら、こうして梅をかざしおもいっきり楽しもうではありませんか、とうたう。観梅の宴を今回かぎりでなく、ひさしく続けましょうというのである。

（3）は壱岐目《いきのさかん》村氏彼方《おちかた》の歌。壱岐目は第四等官だが、壱岐は下国で、守一名・目一名が定員である。離島とはいえ、大宰府からの距離がちかいこともあるのだろう、国守の板氏安麻呂（板持安麻呂か）とそろって観梅の宴に出席している。柳の枝でつくった縵（蔓草《つるくさ》でつくった髪飾り）に挿《さ》そうと折った梅の花を、いったい誰が盃《さかずき》に浮かべたのだろうか。彼方は、盃に浮かんだ花びらを、誰かが散らしたものと見立てたのである。

梅は中国から渡来したもので、天平当時、まだ紅梅はなかったようである。「酒坏《さかづき》の上《へ》に」とうたわれ、梅の白い花びらが際やかに映えるのは、やはりにごりのない清酒でなければなるまい。

酒のあれこれ

酒の醸造には、麴《こうじ》と酒造りに適した水が不可欠である。『播磨国風土記』（宍禾郡《しさわ》庭音《にわと》）に、「大神の御粮《みかれひ》沾《ぬ》れて梅《かび》生えき。即ち、酒を醸《かも》さしめて、庭酒《にはき》に献りて、宴しき。故《かれ》、庭酒の村といひき。今の人は庭音の村といふ」とあり、また逸文『土佐国風土記』「神河」に、「神河。三輪《みわ》川と訓《よ》む。源《みなもと》は北の山の中より出でて、伊予の国に届《いた》る。水清し。故《かれ》、大神の為《ため》に酒醸《か》むに、此の河の水を用ゐる。故、河の名と為す」とあるから、麴と水質が重要であることをじゅうぶん知っていたようだ。そうでなければ、うまい酒は味わえない。

酒の種類は、清酒《すみさけ》・濁酒・粉酒《こさけ》・白酒・辛酒・黒紀白紀酒《くろきしろき》など。それに酒そのものではないけれど、ここでは酒糟《さけかす》もくわえておこう。清酒は濾《こ》してにごりのないもの。浄酒というのもあり、これも清酒の類だろう。米価が一升（現代の四合ほど）七文していた頃に清酒は一升一七文の値段で、けっこう高い。濁酒は濾《こ》してない酒で、ドブロクにあたる。粉酒は別に「醴」という表記も残されており、白酒も同じ種類の酒を表記したものと思われるが、甘酒と見るかドブロクと見るかで、説が分かれている。この粉酒は一升一〇文ほどの値段だった(4)。

天平宝字六年（七六二）、石山寺で下級の作業員のために準備したのが、辛酒（「造石山寺所符案」）。史料には辛酒一升を水四合でうすめ、ひとり一日三合、二日に一度給するというから、アルコール度数がかなり高い、焼酎の類か。黒紀白紀酒は、『万葉集』に、

天地《あめつち》と久しきまでに万代《よろづよ》に仕へ奉《まつ》らむ黒酒白酒《くろきしろき》を　（巻19四二七五）

とある。天平勝宝四年（七五二）、新嘗《にいなめ》の儀がおこなわれ、その後の肆宴で文屋智努真人《ふみやのちのまひと》がうたった歌。黒紀酒・白紀酒は新嘗会《しんじようえ》や大嘗会《だいじようえ》で用いる酒をいうようで、『延喜式』（造酒司式）の記事によると、醸した一斗七升八合五勺の酒（ドブロクのような酒らしい）に、クサギという木の灰三升をまぜたのが黒紀酒、まぜないままのが白紀酒だった。

最後に、酒糟《さけかす》の話を。酒糟はもろみをしぼったあとに残った、文字どおり「糟」なのだが、じつは意外に高価で、酒糟一升で米一升に相当しているから、おどろきである。山上憶良の「貧窮問答の歌」に、

風交じり　雨降る夜《よ》の　雨交じり　雪降る夜は　すべもなく　寒くしあれば　堅塩《かたしほ》を　取りつづしろひ　糟湯酒《かすゆざけ》　うちすすろひて……　（巻5八九二）

とうたわれるのが、酒糟を熱湯でといただけの、いわば〈酒もどき〉である。

酒糟は下級官人たちに支給され、寒さがきびしい冬には、からだを温めるために飲まれていた。この歌を創作した天平五年（七三三）当時、憶良は筑前国守を退任し平城京にもどっていて無職だけれど、「従五位下」という官位による収入があり、あるていどの文化的生活が保障されていたはずである。(5) 糟湯酒しか飲めないような困窮ぶりだったとは思われない。貧しさをうたうには、酒ならぬ酒、〈酒もどき〉こそふさわしい素材だったのだろう。

屠蘇酒

正月の酒となると、やはり特記すべきは、中国から伝来した、屠蘇延命散《とそえんめいさん》を一晩漬けこんだ屠蘇酒だろう。正月に薬酒を飲む習慣は、ずいぶん古くからあったらしい。後漢の崔寔《さいしょく》がまとめた『四民月令』(6)には、「子・婦《よめ》・孫・曾《ひまご》は、各《おのもおのも》 椒酒《せうしゅ》を其の家長に上《たてまつ》り、觴《さかづき》を称《あ》げ寿を挙《ことほ》ぎて、欣如《きんじょ》たり」とある。屠蘇散ではないものの、山椒の実を漬《ひた》した酒を年長者に献じたりともに飲んだりして、長寿を願っている。

南北六朝の末期頃から隋にかけて、椒酒にかわって、さまざまな薬草を配合した屠蘇酒が飲まれるようになったようだ。屠蘇散は、後漢の華佗《かだ》が調剤したと伝えられている。これは晋の時代の葛洪《かっこう》（葛稚川《ちせん》）がまとめた『葛仙翁肘後備急方《かっせんおうちゅうごびきゅうほう》』のなかに引用された、陳延之《ちんえんし》『小品方』にあるもので、「小品、正朝の屠蘇酒の法、人をして瘟疫《をんえき》を病《や》ましめず……此の華佗の法、武帝、方験中に有り」といっている。

葛洪といえば、山上憶良が長患いを嘆いてつづった、「沈痾自哀文《ちんあじあいぶん》」（巻5八九七の右）に登場する人物である。(7)

華佗もまたしかり。憶良は同「自哀文」で、古代中国の有名な医者のひとりとして、

華他、字は元化、沛国《はいこく》の譙《せう》の人なり。若《も》し病の結積沈重《けつせきぢんちよう》したるが内にある者《ひと》あれば、腸《はら》を刳《わ》りて病を取り、縫復《ほうふく》して膏《かう》を摩《す》ること、四五日にして差《い》ゆ。

と、つづっている。患者の体内に重い病巣があれば切り開き、患部を切除し縫合して軟膏をすりこむと、

三、四日で完治したという。華佗は外科のエキスパートなのである。ただし、屠蘇散の調剤が華佗の手によるというのは、たぶん史実ではあるまい。屠蘇散が普及するにつれて、しだいにその調剤の起源が、聖医の華佗にもとめられたのだろう。

『歳時広記』が引用する、唐の孫思邈《そんしばく》の「屠蘇飲論」に、屠蘇の作り方と効能がていねいに書かれている。すこし長いが一読してみよう。

> 屠《と》とは、其れ鬼炁《きき》を屠絶するを言ひ、蘇《そ》とは、其れ人の魂を蘇省《そせい》するを言ふ。其の方は薬八品を用ゐ合はせて剤と為す。故に亦《また》八神散と名づく。大黄《だいわう》・蜀椒《しよくせう》・桔梗《ききやう》・桂心《けいしん》・防風《ばうふう》各半両、白朮《はくじゆつ》・虎杖《いたどり》各《おのおの》一分、烏頭《うづ》半分を、㕮咀《かうそ》し絳嚢《かうなう》を以て之を貯へ、除日《じよじつ》の薄暮に、井中に懸《か》けて、泥に至らしめ、正月に之を出だし、嚢を和《ま》ぜて酒中に浸さしめ、頃時《しばらく》して杯を捧げて呪《まじな》ひて曰く、「一人之を飲まば一家疾《やまひ》無く、一家之を飲まば一里病《やまひ》無し」と。少《をさなき》を先にし長《おとな》を後にし、東に向かひて飲を進め、其の滓《し》を取りて中門に懸け、以て瘟《えやみ》の気《け》を辟《さ》く。三日外にし、井中に棄つ。此れ軒轅《けんゑん》黄帝の神方なり。

「屠」は屠《ほふ》る（殺す）の意、「蘇」は蘇生するの意で、邪鬼を殺し魂を蘇生させるのが、屠蘇散（別名は八神散）の薬効である。

ここであげられている生薬は、健胃・瀉下剤であるタデ科大黄の皮、健胃・回虫駆除剤であるミカン科の山椒（古名は蜀椒）、痰《たん》をのぞき咳《せき》を鎮めるキキョウ科の多年草の桔梗根、健胃剤のクスノキ科の桂心（肉桂・シナモン）、発汗作用や去痰の効能をもつセリ科の防風根、健胃剤であるキク科の朮《おけら》、利尿・通経・健胃剤のタデ科の虎杖、それに猛毒でもあるキンポウゲ科の鳥兜《とりかぶと》（烏頭、附子《ぶし》とも）である。(8)

これらの生薬を咬《か》んで赤いふくろにいれ、「除日」（大晦日）の夜、井戸の底につくようにぶらさげておき、正月に取り出し酒にひたして飲む。「咬咀」は、『四時纂要』という一書では「剉《きりくだく》」となっているので、こまかく刻むのが本来の方法だろう。年少から年長へと盃は廻るが、そのときとなえられる呪文がおもしろい。

一人飲之《イーレンインジー》、一家無疾《イージャーウージー》、一家飲之《イージャーインジー》、一里無病《イーリウービン》
（一人が飲めば、一家は病知らず、一家が飲めば、一里は病知らず）

酒に漬け出した残りのカスは、家の門口に懸けて、疫病が入りこむのを防ぎ、正月三が日がすぎた屠蘇は、井戸のなかに棄てるという。屠蘇散は健胃の薬効にすぐれているのだから、毎日の飲料水をとおしても、生薬の恩恵をうけることができるわけだ。

ここでは、こうした屠蘇散の処方が黄帝の「神方」だとしている。軒轅黄帝は三皇五帝のひとりで、養蚕・算数・暦・音律などとともに医学をさだめた聖人である。黄帝と名医岐伯《きはく》らが問答した、最古の医書といわれる『黄帝内経《こうていないきょう》』（黄帝素問）は、ことに有名だろう。

先に『四民月令』から、元日の酒として椒酒が飲まれていたことにふれたが、宗懍《そうりん》の『荊楚歳時記』(9)によると、じつは椒酒や屠蘇酒だけでなく、さまざまな薬湯《やくとう》・薬酒が飲まれていたらしい。

是に於いて長幼悉《ことごと》く衣冠を正し、次を以て拝賀す。椒柏酒を進め、桃湯《とうとう》を飲み、屠蘇酒・膠牙餳《こうがとう》を進む。五辛盤《ごしんばん》を下し、敷于散《ふうさん》を進め、却鬼丸《きゃくきがん》を服し、各《おのおの》鶏子を進む。凡《おほよ》そ飲酒の次第、小より起《はじ》む。

椒柏酒は、山椒の実と児手柏《このてがしわ》の葉を酒に漬けたもの。強い香りで邪気をはらうとともに、滋養強壮の薬効がある。桃湯はいうまでもなく薬湯。膠牙餳はかたい飴《あめ》で、歯がじょうぶであるように、との願いからだろう。五辛盤は、大蒜《だいきよう》（にんにく）・小蒜《しようきよう》（らっきょう）・韮菜《にら》・蕓薹《うんだい》（あぶらな）・胡荽《こすい》（こえんどう）を盛りつけたもので、これも邪気をはらい、長寿に役立つと考えられた。敷于散も却鬼丸も同じ効能をもっていたようだ。

年少から年長へ、一献《いっこん》目は椒柏酒（あるいは椒酒と柏酒）、二献目は屠蘇酒の盃がめぐることになるが、それ以外にも桃湯・敷于散や却鬼丸など、やたら服用するものが多く、そのいずれも万病を退散させ長寿への願いをこめたものである。

梅花宴にも屠蘇酒あり

屠蘇酒が、正月の酒としてひろまったのは、魏晋南北六朝からやや時代がくだる隋代である。したがって、唐代にはすでに正月の習俗となっていた。天平二年（七三〇）正月に催された梅花の宴で、屠蘇酒もまたふるまわれたと想像しても、あながち的はずれではないかもしれない。屠蘇酒でなくとも、椒酒や柏酒などの薬酒を飲んでいたのではないか。

梅花の宴で、いかにも唐突に員外の歌（巻5八四七、八四八）で仙薬がうたわれているのは、このあたりに事由があるのかもしれない。

第二章　雪に祈る【1月】

新春の賀歌

正月の万葉歌といえば、大伴家持の次のような賀歌。

新《あらた》しき年《とし》の初めの初春《はつはる》の今日《けふ》降る雪のいやしけ吉事《よごと》　（巻20四五一六）

大意を必要としないほど平易で、「年の」「初めの」「初春の」「降る雪の」と、「の」の音のくりかえしからくる、いかにものびやかなリズムで、賀歌の賀歌たるうたい口に成功している。

この歌には、「三年春正月一日に、因幡国庁にして饗《あへ》を国郡の司等に賜ふ宴の歌一首」という題詞が付いている。「三年春正月」とは、天平宝字三年（七五九）の正月のこと。国守である家持が、元旦を迎えた国庁に国や郡の官人たちを招いて、新春の儀式を執りおこない、(10)儀式の後に宴をもうけた。これはれっきとした公式行事で、その宴席で家持がうたったというのである。家持は、前年の六月一六日に国守となって赴任しているから、天平宝字三年正月とは、因幡で初めて迎えた新春だったことになる。この年、四二歳である。

地方は、当時の法典である『律令』によって、大国・上国・中国・小国に区分され（「職員令」）、それによると因幡国は上国である。国庁の主たる官人として、守のほかに介一人・掾《じょう》一人・目《さかん》一人・史生《ししょう》三人がいた。郡の司には大領・少領・主政・主帳らがいた。因幡国は、巨濃《この》・法美《ほうみ》・邑美《おうみ》・高草・気多・八上・智頭《ちず》の七郡五〇郷を有している。国中の官人が、ひとり残らず正月の宴に集まっていたとはいえないにしても、相当数の官人が家持の前に顔をそろえていたはずだ。[11]

トシとは五穀の実り

うたわれている「トシ」とは、時の単位である「年《とし》」の意。すると「新《あらた》しき年《とし》の初《はじ》め」と「初春《はつはる》」とは、同じことがらをくりかえした表現になりそうである。鹿持雅澄《かもちまさずみ》の『万葉集古義』[12]にも、「波都波流能家布《ハツハルノケフ》は、初春の今日《ケフ》にて、元旦なり。新年乃始《アラタシキトシノハジメ》といひ、初春といへるは、同じ事をうちかへしていへるのみなり」といっている。基本的な解釈としてはたしかにそうなのだが、いささか家持を贔屓《ひいき》するなら、かならずしも「うちかへしていへるのみ」ではない。

「トシ」とは、時間の単位としての「年」を意味するだけではない。天平感宝元年（七四九）六月に、家持は、

　我《わ》が欲《ほ》りし雨は降り来《き》ぬかくしあらば言挙《ことあ》げせずとも稔《とし》は栄えむ　（巻18四一二四）

とうたっている。これは、越中国守時代の歌だ。

陸奥国で金が出土したことで天平感宝に改元（四月）、孝謙天皇が即位して、さらに天平勝宝に改元して

いる（七月）。閏五月六日以降、越中では一か月ほど雨が降らず、旱魃《かんばつ》がつづいていた。やっと六月四日になってにわかに空が曇り、待望の雨が降ってきた。

右の「我が欲りし……」には、「雨落《ふ》るを賀《ほ》く歌一首」の題詞があって、雨が降ったのを祝う歌である。ここでも「トシ」がうたわれているが、「トシ」とは歳月の意ではなく、五穀とくにイネの実りをさしている。

いまでも称《とな》えられている祈年祭《としごいのまつり》の祝詞《のりと》にも、

……今年二月《きさらぎ》に御年《みとし》初めたまはむとて……御年の皇神等《すめがみたち》の前に白《まを》さく、皇神等《すめがみたち》の依《よ》さしまつらむ奥《おき》つ御年を、手肱《たなひぢ》に水沫《みなわ》画《か》き垂《た》り、向股《むかもも》に泥《ひぢ》画《か》き寄せて、取り作らむ奥《おき》つ御年を

と「御年」のことばが見える。これらもまた、すべてイネの実りをいう。秋のイネの実りを迎えるために、二月には耕作を始める。五穀をつかさどる神がみが寄せてくれるイネであり、肘《ひじ》に水泡《みずあわ》をつけ足に泥《どろ》をつけ、農作業に苦労しながら収穫するイネだと、称《たた》える。「奥つ御年」も歳月のことではない。結実の時期が遅い穀物、つまりイネをいうことば。祈年祭は二月一七日におこなわれ、豊作を願う祭祀である。

つづめていうなら、歳月の「トシ」は、イネが年に一回実るところに由来しているのである。じつは中国語である「年《ニエン》」もしかり。「年」という文字は、もともと「禾」の下に「千」と書き、五穀が成熟することを意味した。

したがって、家持がうたう「新しき年の初め」と「初春」とは、同じような表現だが、かならずしもぴたりと重なるわけではない。つまり「うちかへしていへるのみ」（『古義』）ではなく、家持は「新しい年の初め」に、やがて始まる今年の稲作りを思い、豊作への願いをこめたといってよいだろう。「初春《はつはる》」は中国

語「初春《チユウチユン》」の翻訳語である。

先にすこしふれたが、家持が地方国守となったのは、これで二度目。天平一八年（七四六）六月に人事異動があり、それまで宮内少輔《しようふ》（宮内省次官の次席。上席は大輔）だった家持は、越中国守に任ぜられて天平勝宝三年（七五一）七月に少納言に遷任するまで、越中にいた。当時の越中国は能登四郡も併合した大国だった。赴任したとき、家持は二九歳の若さである。

『和名類聚抄《わみようるいじゆうしよう》』(13)によると、越中国の耕作面積は一万七九〇九町、能登四郡は八二〇五町で、合わせて二万六一一四町。因幡国のそれは越中国のおよそ三分の一の七九一四町しかない。したがって、秋の収穫も越中国ほどには期待できなかっただろう。それでもなお、いやそれだからこそというべきか、家持は賀歌をうたって因幡国の一年を予祝したのだ。

積雪は瑞兆

「今日降る雪の」は「今日降る雪のように」と訳し、序詞として「いやしけ吉事《よごと》」を導き出しているとするのが一般的である。しかしこの表現には、もうすこし注意したい。「いやしけ吉事」でなく「いやしく吉事」なら、なるほど通常の序詞と同じように理解していいのだろうが、家持がうたうのはあくまでも「いやしけ吉事」で、命令形。そうすると、「雪が降りしくこと」そのものが「吉事」であることになる。天空から降り、やがて地表を白一色で蔽《おお》ってしまう雪は、慶事であり瑞兆だった。

天平一八年（七四六）正月、左大臣の橘《たちばなのもろえ》諸兄らが元正太上天皇の宮殿で、雪掃きの奉仕をしたときの応詔歌がある。作品にはやや長い序文があって、こうである。

天平十八年正月、白雪多く零《ふ》り、地に積《つ》むこと数寸なり。ここに左大臣橘卿、大納言藤原豊成《とよなり》朝臣また諸王諸臣たちを率《ゐ》て、太上天皇の御在所中宮の西院に参入《まゐ》り、仕へ奉りて雪を掃く。ここに詔を降《くだ》し、大臣参議并せて諸王らは、大殿の上に侍《さもら》はしめ、諸卿大夫らは、南の細殿に侍はしめたまふ。而して則ち酒を賜ひ肆宴したまふ。勅して曰く、汝ら諸王卿たち、聊《いささ》かにこの雪を賦して、各《おのもおのも》その歌を奏せよ、とのりたまふ。

その中の三首をあげておこう。

降る雪の白髪《しらかみ》までに大君《おほきみ》に仕へ奉《まつ》れば貴《たふと》くもあるか　橘諸兄　（巻17三九二二）
新《あら》しき年の初めに豊《とよ》の稔《とし》しるすとならし雪の降れるは　葛井諸会《ふぢゐのもろあひ》　（巻17三九二五）
大宮《おほみや》の内にも外《と》にも光るまで降らす白雪見れど飽かぬかも　大伴家持　（巻17三九二六）

諸兄は最高権力者らしく、降り積もる雪のようにまっ白な髪になるまで、ひさしく仕えてきた自らの体験をふりかえりながら、元正太上天皇のおごそかな威徳を賛美する。諸兄は六三歳。家持は、ご在所の内外に照らす雪の光をうたう。「見れど飽かぬかも」は、柿本人麻呂や山部赤人など宮廷歌人の伝統に連なる賛美の結句である。雪の光は元正の恩光をたとえたのだろうが、中国語の「雪光《シエコン》」の翻訳語らしい。

たとえば、当時第一級の詞華集として珍重されていた『文選』[14]に、「清暉《せいき》天に在《あ》り、容光《ようくわう》必ず照らす」（顔延年《がんえんねん》「皇太子の釈奠《せきてん》の会に作れる詩」）がある。ここでいう「容光」とは、宋の天子文帝の恵みを喩えたもの。家持も、宮殿の内外を明るく照らす雪明りを、太上天皇の恩光と拝したのだろう。したがって、「降る」の尊敬態を用いて「降らす」とうたっている。

葛井諸会がうたう「豊の稔」は、冒頭の家持の歌と同じように、その年のイネの作がらを意味する。ここでも降り積もる雪は、豊作の瑞兆のそれである。同『文選』の謝恵連《しやけいれん》（四〇七～四三三）の作品「雪賦」には、次のように見えている。

歳将《まさ》に暮れなんとし、時既《すで》に昏《ゆふべ》なり。寒風積《つも》り、愁雲繁《しううんしげ》し。……尺《しやく》に盈《み》つれば則《すなは》ち瑞《ずゐ》を豊年に呈《てい》し、丈《ぢやう》に袤《あが》れば則ち沴《わざはひ》を陰徳を表《あらは》す。

年の暮れに瑞兆となる雪を賦している。周の隠公の時代、雪が一尺積もった年にたいそう穀物が実って豊作になった。この故事をふまえ、さらに大雪となり一丈も積もると、陰陽のバランスがくずれ世が乱れるといった、陰陽思想をふまえているのである。

こうしてみると、雪掃きの応詔歌で、降り積もった雪をもって慶事とする理由が見えてくるだろう。歌の序文を書いたのは家持と思われるが、そこに「白雪多零、積地数寸」と書き出したのは、謝恵連の「雪賦」や、それを通して透《す》けて見えてくる隠公の故事を意識したからだろう。賜宴《しえん》の席でも、諸兄をはじめ官人たちは、積雪が瑞兆であることを、口にしたにちがいない。

因幡国への赴任

天平宝字三年（七五九）正月、因幡国にある家持が、右に述べてきた往時の雪掃きの奉仕歌を忘れていたとは思われない。この年の六月二一日に越中国守に任命されており、彼の人生の大きな節目の年でもあった。その後、まだ越中国守在任中、天平二〇年（七四八）四月二一日に元正が崩御。天平勝宝七年（七五五）一一月、こともあろうに諸兄が飲酒の席で不敬非礼の発言をしたと誣告《ぶこく》された。翌八年二月二日には、天平九年（七三七）大納言に就任してより右大臣そして左大臣と昇り、一九年もの間、政界の首領であった諸兄がついに致仕。五月二日に、聖武上皇が崩御。九年正月六日には、諸兄が享年七四で薨《みまか》った。

同じ年、大納言であった藤原仲麻呂が、朝廷内外の兵事を一手に掌握する紫微《しび》内相となり、諸兄の遺児奈良麻呂と激しく対立した。六月二八日に奈良麻呂や大伴古麻呂《こまろ》らが謀反の企てありとして密告され、七月四日には逮捕、きびしい詮議《せんぎ》のすえに獄死した。

天平宝字の元号は、八月に駿河国で蚕が「五月八日開下帝釈標知天皇命百年息」という吉祥の文《あや》を成したことに由来したもの。二年八月一日には、皇太子大炊《おおい》王が即位して淳仁天皇となった。この年六月一六日に、家持は因幡国守に任じられたのだった。同時期に、一族である佐伯毛人《さえきのえみし》も、常陸国守として転出が命じられている。ともに奈良麻呂の変の事後処理にともなう人事異動で、左遷とするのが一般的であり、左遷というより配流に近い赴任だったといってよいだろう。

七月五日に、都を離れる家持のために、交友の厚かった大原今城《おおはらのいまき》が送別会をもうけてくれたらしい。ただし、そこに集まったのがどのような人びとなのか、どのような餞別の歌がうたわれたのか、家持はまったく書き残していない。ただ自身の歌一首だけを『万葉集』にとどめている。

秋風の末《すゑ》吹きなびく萩の花共にかざさず相《あひ》か別れむ　（巻20四五一五）

秋風が吹きわたる萩原とそこに立つ家持。「相か別れむ」は、普通は「相別れむか」とあるところ。餞別《せんべつ》の宴の賑《にぎ》わいも華《はな》やぎもなく、さびしさだけが迫《せ》り出してくるような歌だ。

雪よ降れ降れ

平安時代に編まれた『延喜式《えんぎしき》』には「因幡国　行程上一二日、下六日」とあるから、七月下旬には因幡国庁に家持の姿が見られただろう。じつは家持は、さかのぼる天平勝宝六年（七五四）一一月に山陰道巡察使として因幡国を視察している。国庁や郡家には、その当時の顔見知りの官人たちもいたはずで、なつかしく家持を出迎えてくれただろうし歓迎の宴も開いてくれたはずだ。にもかかわらず、家持はまったく歌をうたおうとはしないのである。

家持が京を去ってまもなく、奈良麻呂勢力を一掃した藤原仲麻呂が大保《だいほう》（右大臣）となり、さらに恵美《えみの》押勝《おしかつ》の姓名を賜った。「押勝」とは「暴を禁《いさ》めて強に勝ち、戈《ほこ》を止《とど》めて乱《みだれ》を静《しづ》む」ゆえの名だという。何のことはない、仲麻呂自身が最強の力をもつ「戈」にほかならなかった。八月二五日のことである。因幡国にも、九月上旬にはこうした公報がとどいたはずだ。家持は不遇をかこつばかりの日々だったかもしれない。

着任してから五か月あまりの沈黙、そして正月の賀歌の唱詠はいったい何を語るのだろうか。新春を祝うために降り積もった雪道を、多くの官人たちが、遠くは智頭《ちず》郡や気多《けた》郡から、道中難儀しながら政庁へ集まっただろう。かつて家持もその渦中にあった中央政界の抗争や利害。それらとはまるで縁のない、黙々と公務をこなすだけの朴訥《ぼくとつ》な地方官人たち。そうした官人たちの顔ぶれに、鬱屈《うつくつ》した家持の頑《かたく》な心はしばしほころび、心底、因幡国の弥栄《いやさか》を祈り唱ったのではなかったか(15)。

降る雪よ、降る雪よ、もっと積もれ。積もれ、積もれ、吉《よ》きことよ。

第三章　寒の椿【2月】

つらつら椿

巨勢山《こせやま》のつらつら椿つらつらに見つつ偲《しの》はな巨勢の春野を　（巻1五四）
河上《かはのへ》のつらつら椿つらつらに見れども飽《あ》かず巨勢の春野は　（巻1五六）

なんともリズミカルな歌である。「つらつら椿つらつらに」の「つらつら」は、花が連なって咲く習性からとらえたとも、つるつるして光る葉が重なる習性からとらえたともいわれることば。「つらつら」には、「つくづくと見る」という意味だけでなく、うたい手の躍《おど》るような気分が出ている。いにしえツバキは「椿」「海石榴」と書かれているが、中国ではツバキは「山茶」であって、「椿」というのはツバキとは別種。「海石榴」も別種で朝鮮ザクロのこと。万葉びとは、ツバキが春咲く花の代表と見て「木」に「春」、「椿」の漢字をあてたのだろう。(16)

前の歌には「大宝元年辛丑《しんちう》の秋九月、太上天皇《おほきすめらみこと》、紀伊国に幸《いでま》す時の歌」の題詞があり、うたい手は坂門《さかとの》人足《ひとたり》と伝えている。別に『万葉集』には巻九に、「大宝元年辛丑の冬十月、太上天皇・大行天皇《さきのすめらみこと》、紀伊国に幸しし時の歌十三首」（巻9一六六七～一六七九）があり、また『続日本紀』大宝元年九月一八日に「天皇、紀伊国に幸《みゆき》したまふ」とある。

持統太上天皇や文武天皇の一行は、一〇月八日に武漏《むろ》の温泉《ゆ》に到着し、一〇月一九日に還幸。九月一八日に出発したとするなら、一か月ほどの行幸だったことになる。往路だけでも二〇日ほどかかっているから、鸞輿《らんよ》はゆるゆると進んだと思われる。

巨勢は交通の要衝で、天皇一行はこの地で休憩し風光を楽しんだのだろう。坂門人足の歌は旅寝の無聊《ぶりょう》をなぐさめる宴で披露されたとみてよい。もちろん季節は九月だから、眼前にツバキが咲いているわけではない。緑の重なる樹林をながめながら、花の咲く春野を思いしのぼうではないかとうたった。

冒頭にあげた後の歌の「河上の……」は、「或本の歌」で作者は春日老《かすがのおゆ》だという。そこで、坂門人足はこの春日老の歌をふまえ、「河上のつらつら椿つらつらに」を「巨勢山のつらつら椿つらつらに」とよみかえてうたったとするのが、一般的だ[17]。

ただ春日老は同時代の人だから、逆に人足の歌のほうが古く、それを知っていた老が、実際にツバキが咲く光景をみながら、追和して楽しんだと考えられないこともない。いや、二首のどちらが古いか新しいかではなく、「つらつら椿つらつらに」は、巨勢のあたりでひろくうたわれていた古歌謡のひと節《ふし》か。想像をたくましくすると、「つらつら椿つらつらに」は、神にいのる唱言《となえごと》の一部だったのかもしれない。なぜなら、ツバキは神がやどる聖なる樹だからである。

海石榴市の歌垣

『古事記』に、「ゆつ真椿《まつばき》」がうたわれた歌謡がある。紹介しよう。

つぎねふや　山代河《やましろがは》を　河上《のぼ》り　我《わ》が上れば　河の辺《へ》に　生《お》ひ立《だ》てる　烏草樹《さしぶ》を　烏草樹の木　其《し》が
下に　生ひ立てる　葉広《はびろ》　ゆつ真椿《まつばき》　其《し》が花の　照り坐《いま》し　其が葉の　広《ひろ》り坐すは　大君《おほきみ》ろかも
（記五八）

これは、石之日売《いわのひめ》皇后が仁徳天皇をたたえてうたったもの。山城川のほとりに生えている「烏草樹」をうたい、その木のもとで生い茂っているツバキをうたう。天皇は照りかがやく花のようだといい、ゆったりと広がっている葉のようだともいうのである。「烏草樹」はツツジ科の常緑低木といわれるものの、その下に常緑高木のツツジが生えているというのでは、どうにもつじつまがあわない。

歌謡が伝誦されるうちに「烏草樹」の指《さ》す樹木がちがってきてしまったのか、それとも「其の下」が「其の上《へ》」の異同なのか、よくわからない。「ゆつ真椿」の「ゆ」はたいへん古いことばで、斎《い》み清めた神聖なものを形容した。ここではツバキが、仁徳天皇を讃美する修飾のことばとなっている。やはりツバキは神の坐《いま》す聖なる樹なのだ(18)。

『万葉集』に、次のような作者のわからない問答歌がある。

紫は灰さすものそ海石榴市《つばいち》の八十《やそ》の衢《ちまた》に逢へる児や誰《たれ》　（巻12三一〇一）

たらちねの母が呼ぶ名を申さめど道行き人を誰と知りてか　（巻12三一〇二）

三輪山のふもとにある、海石榴市でうたわれた、男女のかけあい歌。まず男がうたう。紫染めにはツバキの灰汁《あく》を加えてこそ美しく染まるもの、だからそれと同じように、女も男と連れそうもの、あなたはいったいどこの誰ですか。名を問うことは、求婚を意味した。

女はそうした男の求婚をやんわりと拒《こば》み、はぐらかしてうたう。母が呼ぶ名前はありますが、たまたま道で出逢っただけなのに、素性もわからぬ方に申し上げたりできましょうか。よほど近しい関係でもないかぎり、他人に名前を打ち明けてはならないとされていたから、「誰と知りてか」と男の求愛をはねつけたのである。ただし、当時は求婚に対していったん断わるのが習わしで、心の底から拒絶したというわけではなさそうだ。

海石榴市の八十《やそ》の衢《ちまた》に立ち平《なら》し結びし紐《ひも》を解かまく惜《を》しも　（巻12二九五一）

これも海石榴市での歌。地面が平らになるほど踏んで躍《おど》ったときに、互いに約束を交わして結んだ紐を、みだりに解く気になれないとうたっている。かつて約束していた男を、よほど気に入っていたのだろうか。こうした歌は、海石榴市の歌垣でうたわれたものらしい。歌垣は男女が山や市・橋のたもとなどに集まり、歌をかけあったり踊ったりして楽しんだ行事である。のちには踏歌《とうか》といっしょになって内容も整理され、宮中の儀式にもなった。

海石榴市は、北から山辺の道が、南から磐余《いわれ》・山田の道が、東から初瀬の道が、そして西からは大坂

（河内飛鳥）から二上山のふもとを通って来る大坂越えの道が、ひとつに集まるにぎやかな場所だった。ツバキの街路樹が植えられていたところから、海石榴市の土地の名となったといわれている。

たしかに、ツバキの街路樹がシンボルにはなっていたのだろうが、それらも最初はひと枝のツバキから始まったのではないか。ツバキを神樹として斎《いつ》く人びとが集まり、やがてそれが集落となっていったのではないかと思われる。おこなわれていた歌垣も、もとは神樹信仰の祭祀行事だったのだろう。

津々浦々の季節を彩《いろど》るツバキは、じつは野生種が自然に広がったものではないようだ。民俗学者の柳田國男は、次のようにいう。たとえば越中能登の椿原を例に、若狭《わかさ》の八百比丘尼《やおびくに》が回ってきて植えたという言い伝えがあり、若狭の小浜にあるこの比丘尼の木像は、手に白玉椿の小枝を持っている。そして、北は会津から南は四国まで、無数に残る比丘尼の言い伝えがあるところから、信仰をはこぶ女たち（巫女）が種をまいたり挿《さ》し木をしたりして、それが風土に適《かな》って成長するのを見て、神霊の意を卜《ぼく》する風習があった。つまり、ツバキは聖なる樹として、信仰とともに運ばれ植えられたというのである(19)。

こうしてみると、海石榴市のツバキは、そばを流れる初瀬川を下ってくる（あるいは溯《さかのぼ》ってくる）神が依り憑《つ》く、神樹であったという考え方もできる。初瀬川の清冽《せいれつ》な流れのかたわらに、枝をのばし豊かに葉を広げているツバキ。そのツバキを神樹と信仰し、祭日には歌垣の庭でさざめき合う男女――。遠い古代の海石榴市の風景が見えてくる。

豊後国のツバキと伊予国のツバキ

聖なるツバキといえば、『豊後国風土記』（大野郡海石榴市《つばいち》・血田《ちだ》）にも登場する。景行天皇が土族（土蜘蛛《つちくも》）

を征伐しようとして、ツバキの樹で木槌《きづち》を作って兵士たちに持たせ、武器にして襲わせたという。土蜘蛛たちはさんざんな負け戦となり、「流るる血は、踝《つぶなき》を没《い》れき」と伝えている。「踝」はくるぶしの意。撲殺《ぼくさつ》された土蜘蛛たちの血に、兵士のくるぶしまでも浸かるほど、はげしい戦いがくりひろげられたのだ。

それにしても、景行が土蜘蛛たちをやすやすと打ち負かすことができたのはなぜだろうか。その武器がツバキで材質が堅かったからでもあろうが、それよりなにより、摩訶不思議な力の宿る、神樹だったからにほかならない。

海石榴市や血田がどこなのか明らかではないが、大野川の支流である緒方川にそって知田の地名が残っている。もしこのあたりだとするなら、川のほとりに、ツバキの群落が、あるいは天を蔽《おお》うほどの聖なるツバキの大樹が、生えていたことになるだろう。大野郡の記事とするのは筆録者のあやまりで、直入郡《なおいり》または速見郡《はやみ》のそれだという説もある。もし直入郡や速見郡なら、多くの温泉源のただ中である。

温泉のそばに繁茂したツバキを想像してみると、豊後水道を渡った伊予国にもツバキの大樹が、これまた温泉のほとりに生えていたことに思いいたる。『伊予国風土記』にある、道後温泉のツバキの記事だ。

道後温泉は当時から有名で、舒明《じょめい》天皇、斉明天皇、額田王など、万葉歌人たちもここでの入湯を楽しんだ。『伊予国風土記』によると、道後温泉の由来は、国土を創ったオオナムチとスクナヒコナの二柱の神にある。スクナヒコナが瀕死の状態になったとき、オオナムチが地下トンネルを設けて「大分《おほきだ》の速見の湯」を引き、その湯の効能でスクナヒコナがよみがえったというのである。「速見の湯」とは今の別府温泉を中心とする大分の温泉。

そうすると、松山の道後温泉の湯は、豊後水道の海底を貫いて流れる別府温泉の湯ということになる。別府湾の沖合いへ出、速吸瀬戸《はやすい》（豊予海峡）の地底を横切り、伊予灘を通って道後に湧《わ》き出る湯のトンネル。いかにも古代史の好事家《こうずか》の関心をくすぐるような話ではないか。
さらに『伊予国風土記』は、聖徳太子らが伊予国に遊んだときに「神の井」に感動して道後温泉碑を建立したと伝え、その碑文を記録している。ことに興味深いのは、碑文の次のような部分だ。やや難解な文だが読んでおこう。

……椿樹《つばき》は相蔭《あひおほ》ひて穹窿《おほぞら》なし。実《まこと》に五百《いほ》つ蓋《きぬがさ》を張れるかと想《おも》ふ。臨朝《あした》に鳥啼《な》きて戯《たはぶ》れさへづる。何ぞ乱《さや》げる声の耳に聒《かしま》しきを暁《さと》らむ。丹《に》の花は葉を巻《あつ》めて映照《てりは》え、玉の菓《このみ》は葩《はなびら》を弥《おほ》ひて井に垂《た》る。

ツバキの樹はたいそう繁りあって大空を隠すほど。それはまるで貴人にさしかける衣笠《きぬがさ》を一度に五〇〇も広げたよう。朝には鳥たちがしきりに囀《さえず》るものの、一向に騒がしくは聞こえない。紅い花は緑の葉を集めて照り輝き、玉のような実は花びらを蔽って温泉に垂れている。ツバキの大樹と温泉の取り合わせは、豊後国の海石榴市のそれとよく似る。東に道後温泉の椿樹、そして西に海石榴市の椿樹といったコンポジションは、偶然にしてはあまりにもできすぎているのだ。

世界樹としてのツバキ

大樹が河や湖のほとり、温泉のそばに聳《そび》えているといえば、これは明らかに世界樹（トネリコ）のひとつのパターンだ。世界樹とは、世界の中心に生えている、文字どおり天を支え大地を固める、空を蔽《おお》うような大樹をいう。ツバキではないが、『肥前国風土記』（佐嘉郡）にも、佐嘉川（嘉瀬川）の上流、川上峡温泉あたりに、はるか遠くまで影をおとすようなクスが生えていたと伝えている。その勢いのよさをほめたヤマトタケルが、「此《こ》の国は栄《さか》の国と謂《い》ふべし」といったところから、「佐嘉」（現在の佐賀）の地名が起こったことになっている。

そこで、中国の古い前漢時代に編集された『淮南子《えなんじ》』（天文訓）のページを展《ひろ》げてみると、ここにも大樹の記事があるのだ。ややこしい漢字がならぶが、ほんの一部だけを読んでみよう。(20)

日、暘谷《やうこく》に出で、咸池《かんち》に浴し、扶桑《ふさう》を払ふ、是《こ》れを晨明《しんめい》と謂《い》ふ。扶桑に登り、爰《ここ》に始めて将《まさ》に行かんとす、是れを朏明《ちつめい》と謂ふ。

太陽は暘谷《ようこく》と呼ばれる谷から出てきて、まず咸池《かんち》（天池）で水浴びをするという。そして扶桑《ふそう》の野を過ぎていく。これが晨明《しんめい》（ほの暗い夜明け時）。やがて扶桑をのぼりはじめる。これが朏明《ちつめい》（まさに明けようとする時）。扶桑はクワの樹だから、太陽はまず水浴びをして、やおらクワの樹をよじ登っていくというのだ。なるほど高い空へ昇るには、梯子《はしご》の助けも必要だろう。別に古代の地理書の『山海経《せんがいきょう》』（海外東経）によると、「暘谷」の文字が「湯谷」になっている。つまりは、太陽は温泉で湯を浴びてからのぼってくるというのである。(21)

昇った太陽は大空をわたり、やがて西にかたむく。「天文訓」には「悲泉に至りて、爰《ここ》に義和《ぎわ》を止《とど》め」ともあって、太陽が没する西方にもやはり泉がある。「義和」は帝俊の妻で一〇の太陽を生んだ女性とも、太陽の御者ともいわれている。(22) どうやら、沈んだ太陽も水浴びをするらしい。おまけに西側にも「若木《じゃくぼく》」と呼ばれる大樹があり、太陽はこの樹にすがりながら、そろそろと空からおりてくるというのだから、じつに面白い。

ツバキは小さな太陽

話題を伊予国と豊後国のツバキにもどそう。こうしてみてくると、両国にあったというツバキの大樹は、太陽信仰に大きく関わっていたのかもしれない。道後温泉のツバキも海石榴市のツバキも、それぞれ無関係に、周囲の人々の信仰の対象になっていたと考えてもよい。

しかし、すでに紹介したように、道後温泉の源泉が豊後水道をへだてた九州の別府にあるという『伊予国風土記』にしたがうなら、東方の松山に太陽がのぼる大きなツバキの神樹があり、西方の大分に太陽が枝にすがりながらおりる大きなツバキの神樹が生えているとも考えられる。毎日、太陽は東西二本のツバキをのぼりおりするわけだ。何ともスケールの大きな話ではないか。

どうやら世界を支えている大樹は、太陽の運行と深い関わりがあるようで、それも日本や中国だけではなく、はるか北欧の古代ケルト文化あたりにも探れそうである。が、今は「つらつら椿」のツバキ談義でひとまず擱筆《かくひつ》。

きさらぎや今日降る雪はわが庭の赤き椿の花にたまりぬ　　今井邦子(23)

春まだ浅い雪の大地に落ちたツバキの花は、紅《くれない》。まことに小さな太陽である。(24)

第四章　物差しを贈る【2月】

物差しのはじめ

かつて就学時の子どもであれば、誰でも竹でできた物差しを持っていたものだ。文房具のひとつなのだが、ごていねいにも、それを入れる布袋まであった。最近ではプラスチック製で、ペンケースに入るほどの小ぶりなサイズの物差しがもっぱらのようだ。

それにしても、なぜ一般的な物差しは三〇センチメートルなのだろうか。この物差しは、意外に長い歴史を語ってくれそうだ。八世紀の万葉時代には、二月には物差しの寸法が適正かどうかの検査や、物差しの贈与がおこなわれたらしい。ここでは、この「ものさし」を話題にしてみたい。

山上憶良には「鎮懐石《ちんくわいせき》を詠《よ》む歌」（巻5八一三、八一四）とよばれる作品がある。息長帯比売《おきながたらしひめ》（神功皇后）の朝鮮長征にかかわる鎮懐石伝承に題材をとったもので、長歌と短歌の組み歌になっている。鎮懐石というのは、次のような由縁のある聖石である。神の意志にさからい殺された仲哀《ちゆうあい》天皇にかわって、帯比売は朝鮮へと兵を進めようとするのだが、その腹には皇子の品陀和気《ほんだわけ》（のちの応神天皇）が宿っており、すでに産み月になっていた。そこで、ふたつの石を袖のなか（あるいは裳《も》のなか）に挿《さ》しはさんで、出産を延

料金受取人払郵便

博多北局
承認

0178

差出有効期間
2023年10月30
日まで
（切手不要）

郵便はがき

812-8790

158

福岡市博多区
奈良屋町13番４号

海鳥社営業部 行

通信欄

通信用カード

このはがきを，小社への通信または小社刊行書のご注文にご利用下さい。今後，新刊などのご案内をさせていただきます。ご記入いただいた個人情報は，ご注文をいただいた書籍の発送，お支払いの確認などのご連絡及び小社の新刊案内をお送りするために利用し，その目的以外での利用はいたしません。

新刊案内を［希望する　希望しない］

〒　　　　　　　　☎　　（　　）

ご住所

ご氏名《フリガナ》

（　　　歳）

お買い上げの書店名

古代万葉の歳時記

関心をお持ちの分野

歴史，民俗，文学，教育，思想，旅行，自然，その他（　　　）

ご意見，ご感想

購入申込欄

小社出版物は，本状にて直接小社宛にご注文下さるか（郵便振替用紙同封の上直送いたします。送料無料），トーハン，日販，大阪屋栗田，または地方・小出版流通センターの取扱書ということで最寄りの書店にご注文下さい。なお小社ホームページでもご注文できます。http://www.kaichosha-f.co.jp

書名		冊
書名		冊

ばしたという。

かけまくは　あやに恐《かしこ》し　足日女《たらしひめ》　神の命《みこと》　韓国《からくに》を　向け平《たひ》らげて　み心を　鎮めたまふと　い取らして　斎《いは》ひたまひし　真玉《またま》なす　二つの石を　世の人に　示したまひて　万代《よろづよ》に　言ひ継《つ》ぐがねと
海《わた》の底《そこ》　沖つ深江《ふかえ》の　海上《うなかみ》の　子負《こふ》の原に　み手づから　置かしたまひて　神《かむ》ながら　神《かむ》さびいます
　奇《く》しみ魂《たま》　今の現《をつつ》に　尊《たふと》きろかむ　（巻5八一三）

というのが、その長歌である。平易なことばづかいで、帯比売が置いて以来、神と鎮まっているこの霊妙な御魂の石は、いまも眼の前にあって、まことに尊いとうたう。そして短歌では「天地《あめつち》のともに久しく言ひ継げとこの奇《く》しみ魂《たま》敷かしけらしも」（巻5八一四）と、かさねて帯比売の偉業を称賛してうたっている。じつは、ここで注目したいのは右の歌ではなく、作品に付された序文である。冒頭から前半だけを引用してみよう。

筑前《つくしのみちのくちのくに》　国怡土郡《いとのこほり》深江村子負の原に、海に臨める丘の上に、二つの石あり。大きなるは長さ一尺二寸六分、周《かく》み一尺八寸六分、重さ十八斤《こん》五両、小さきは長さ一尺一寸、囲み一尺八寸、重さ十六斤十両。並《とも》に皆楕円《まろ》く、状《かたち》鶏子《とりのこ》のごとし。その美好《うるは》しきこと、勝《あ》げて論《あげつら》ふべからず。所謂《いはゆる》径尺の璧是《たまこれ》なり。

付記された左注によると、憶良は深江の子負の原へは出かけておらず、那珂郡《なかのこほり》伊知郷《いちのさと》蓑島《みのしま》の、建部牛《たけべのうし》麻呂《まろ》なる人物が伝えたという。それにしても、鎮懐石の形状へのこだわりは、ただごとではない。牛麻呂がどのような資料によって報告したかわからないものの、数値にこだわったのは牛麻呂ではなくて、おそらく憶良なのだろう。序文には「或はいふ」として、このふたつの石は肥前国彼杵郡平敷（長崎市浦上か）にあったもので、占いにあらわれて取り寄せられたものだとも、書きくわえているほどである。

さて、その石を現在の度量衡で計量すると、大きいほうが長さ三七・五センチメートル、周囲五五センチメートル、重さ一一キログラム、小さいほうが長さ三二・五センチメートル、周囲五三・五センチメートル、重さ一〇キログラムとなる。

さらに楕円《だえん》体で鶏の卵のようだとも書いている。「楕円」という幾何学の用語が、それほど一般的だったとは思われない。精確な寸法を表示することが、はたして詩歌の創作のうえでどれほど意味があるかは、大いに疑問である。しばしば、憶良が「歌人」というより「散文家」といわれる片鱗が、ここにもうかがえそうだ。[25]

官人たちに物差しは必携

しかしながら、憶良だけが数字にこまかい人物だったわけではあるまい。憶良は筑前国守つまり律令官人であり、官人たるもの国家に関わるさまざまな数字に鈍感であってよいはずもない。「関市令」に次のような条文がある。

凡《おほよ》そ官私《くわんし》の権衡《ごんかう》度量は、年毎《としごと》の二月に、大蔵省《つかさ》に詣《ゆ》いて平校《びやうげう》せよ。京に在らずは、所在の国司に詣いて平校せよ。然《しか》うして後に用ゐること聴《ゆる》せ。

「権衡」は棹秤《さおばかり》、「度」は物差しで、「量」は枡《ます》ではかるの意。計器の精度を毎年二月に検査をする規定をさだめたものである。別に「凡そ行濫《ぎやうらむ》の物を以て交易せらば、没官《もちくわん》。短狭《たんけふ》にして不如法《ふにょほふ》ならば、主《しゆ》に還《かへ》せ」ともあって、これは粗悪品を売買したときの対処の条項で、「行」は欠陥商品、「濫」は粗悪な品質の商品、「短狭不如法」は寸法が公定の規格からはずれている商品をいう。「行」や「濫」は没収して官物とし、規格外の品物は売人へ差しもどすルールとなっている。

いずれにしても、公定の規格自体が精確でなければ、マーケットはたいそう混乱する。経済面のみならず、行政面でも税の徴収さえ円滑にいかなくなるだろう。「平校」は、中央では大蔵省が管轄していたけれど、地方では国庁の管轄だから、国守の権限と責任のもとにおこなわれ、合格すると題印してそれを証明した。

国守は国内にあるあらゆる計量器のおおもとを管理していたのであり、いわば基準となる物差しをもっていたわけだ。筑前国守だった憶良や、越中国守だった大伴家持は、某日そうした物差しをかならずや手にしていただろう。

右の「関市令」に見える「年毎の二月に」が依拠するのは、たぶん『礼記』「月令」だろう。

是の月や、日夜《にちや》分《ひと》し。……日夜分しければ、則ち度量を同じくし、衡石《かうせき》を鈞《ひと》しくし、斗甬《とよう》を角《くら》べ、権《けん》概《がい》を正《ただ》しくす。

「日夜分し」とは、昼夜が半分ずつという意で、春分をいう。春分のころには「度《ものさし》」と「量《ます》」がみな同じであるように、「衡」（はかりの竿《さお》）と「石」（はかりのおもり）に不正がないようにし、「斗」（一斗のます）と「甬」（一石のます）を同じ容量になるようにし、「権《おもり》」と「概《とかき》」（ますに盛ったものをかき落として平らにする棒）を公正なものにする。

隋の杜台卿《とだいけい》がまとめた『玉燭宝典』(26)には、

日夜分《ひと》しければ、則ち度量を同じくす。昼夜中《ただ》しければ、則ち陰陽平かにして、燥湿均《ひと》し。故に以て度量を同じくすべし。同とは斉《ひと》しくするなり。度とは長短を数《はか》る所以なり。量とは多少を数《かぞふ》る所以なり。

とあって、春分が日夜の長さが同じで、陰気と陽気のバランスもよく、乾燥と湿潤《しつじゅん》も程よい節日だから、春分のある二月に度量衡を精査して、的確なものだけを採択すると解説している。そうすると、秋分だって同じではないかという声も聞こえてきそうだが、春分に位置づけられたのは、いよいよ農繁期となる時期だからだろう。

ただし、それだけではないらしい。すこし時代がくだるが、白楽天の「中和の日、尺を恩賜せらるを謝するの状」から一部を引くと、こうだ(27)。

右、今日宣《せん》を奉じ、臣等に紅牙《こうが》・銀寸尺各一者《ひとつ》を賜ふ。伏して以《もっ》て中和節に届《いた》れば、慶賜もて恩を申《の》ぶ。昼夜平分の時に当たり、度量合同の令を頒《わか》つ。況や紅牙を以て尺と為し、白金を寸と為すをや。美にして度有り、煥《くわん》にして以て相《あ》ひ宣《の》ぶ。……謹んで具して奏聞す。謹んで奏す。

「中和の日」とは二月一日の中和節をいう。後代は上巳節《じょうし》（三月三日）や重陽節《ちょうよう》（九月九日）とともに三大令節となるのだが、これは比較的あたらしく制定された節日で、貞元五年（七八九）ごろに徳宗によって創設されたらしい。

七八九年といえば、日本では延暦八年にあたり、すでに桓武天皇の代となっているから、万葉びとの多くはこの節日を知らなかったことになる。ちなみに大伴家持が没したのは、延暦四年（七八五）である。

この中和節に、そのころ翰林《かんりん》学士だった白楽天は、天子から「紅牙尺」と「銀寸尺」を下賜された（これを「裁度」という）。「紅牙尺」はあとで紹介する「紅牙撥鏤尺《ばちるのしゃく》」と同一のもの、「銀寸尺」は銀の地金にこまかい彫金をほどこしたものだろう。その「裁度」に感謝の意を奏したのが、右の一文である。

さらに、中和節が制定された時代、宰相だった李泌《りひつ》（七二二〜七八九）に、次のような記事がある（『旧唐書』「徳宗紀」）のを指摘しておこう。

宰臣李泌請ふ、「中和節の日、百官をして農書を進め、司農は穜稑《とうりく》の種を献じ、王公・戚里《せきり》は春服を上《たてまつ》り、士庶は刀尺を以て相ひ問遺し、村社は中和酒を作り、勾芒《こうぼう》を祭り、以て年穀を祈らしむ」と。之に従ふ。

「穜」と「稑」はそれぞれ「おくて」と「わせ」の品種をいうのだが、ここでは稲の総称だろう。「戚里」はもともと天子の母方の親戚がすんでいた長安の街の名で、それから転じて外戚をいうようになった。中和節には、百官こぞって農書を、農政をつかさどる役所は稲種を、そして王公や外戚は春服の袷《あわせ》を、それぞれ献上するというのである。「刀尺」は、裁縫用の鋏《はさみ》と物差しだろう。一般の人びとは、それらをたがいに贈答し合い、村の寄り合いで中和節の酒を醸し、「勾芒」（春の神）を祭り、年の豊作をいのる。これが李泌の奏請した内容で、ゆるされている。

なんだか話題が錯綜《さくそう》してしまいそうだが、天子から臣下に物差しが与えられるだけでなく、巷では鋏や物差しの贈答がおこなわれていたことに、注目したい。

重ねていうなら、玄宗が治めていた開元（七一三〜七四一）の中頃には、中和節そのものはまだ制定されてなかったけれど、「尺」を献上したり下賜したりする制度は、すでにあったらしい。

開元七年から開元二五年以前の制度を録したといわれる『大唐六典《だいとうりくてん》』[28]に、「二月二日、鏤牙尺《るげのしゃく》及び木画尺・紫檀尺《したんのしゃく》を進む」とあるからだ。象牙にさまざまな装飾をほどこした「鏤牙尺」、木の表面に描いた「木画尺」、おそらくこれも彫刻があったと思われる「紫檀尺」などの名が見えている。

いにしえ二月の「ものさし」は、まつりごとの上で重要な役割があったのだ。そしてまた、巷のマーケットはそれをもとめる人びとで、たいへんにぎわっていたのである。

天皇の物差し

右に紹介した物差しの献上と下賜の行事が、かりに開元七年（七一九）だとすると、日本では元正天皇の養老三年にあたる。前年には『養老律令』が、翌年の養老四年には『日本書紀』が、それぞれ成立している。右大臣だった藤原不比等が没したのは養老四年、元明上皇が崩御したのは養老五年である。時代が大きくかわろうとする時期である。

また、かりに開元二五年（七三七）だとすると、聖武天皇の天平九年にあたる。天平四年に任命され、翌年四月に出発した遣唐使の一行が、責務をはたして帰国したのが、大使多治比《たじひ》広成は天平六年一一月、副使中臣名代《なしろ》は天平八年八月。ゆたかな知識とすぐれた技術、そして多くの文物をもたらした。

遣唐使ばかりでなく、遣新羅使が養老三年（七一九）、養老六年（七二二）、神亀元年（七二四）、天平四年（七三二）、天平八年（七三六）と新羅へ渡り、逆に新羅からの使が養老三年、養老五年、養老七年、神亀三年、天平四年、天平六年と来日している。したがって、こうした国使の往還によって、「ものさし」の行事は日本に将来されていたと考えてよいだろう。

すると、正倉院の宝物である「撥鏤尺《ばちるのしやく》」の存在が、俄然《がぜん》きわやかになってくる。[29] 聖武天皇が崩御したのは、天平勝宝八年（七五六）五月二日。その七七忌にあたる六月二一日には、興福寺で盛大な法要がとりおこなわれたが、同日、傷心の光明皇后は、「太上天皇の奉為《おほんため》に、国家の珍宝等を捨《しや》して、東大寺に入るる願文」とともに、天皇の遺品の数かずを東大寺に寄進した。

そのリストは「東大寺献物帳」（国家珍宝帳）とよばれ、その中に、「紅牙撥鏤尺二枚」「緑牙撥鏤尺二枚」「白牙尺二枚」と記録された物差しがある。

光明子は「願文」の末部を、

右、件は皆これ先帝の翫弄《ぐわんろう》の珍、内司の供擬《ぐぎ》の物なり。疇昔《ちうせき》を追感して、目に触るれば崩摧《ほうさい》す。謹んで以て盧舎那仏《るしやなぶつ》に献じ奉る。伏して願はくは、此の善因を用ひ冥助《めいじよ》に資《し》し奉り、早く十聖《じふしやう》に遊びて、普《あまね》く三途《さんづ》に済《すく》ひ、然る後に鑾《らん》を花蔵《けざう》の宮に鳴らし、蹕《ひつ》を涅槃《ねはん》の岸に住《とど》めんことを。

と結んでいる。盧舎那仏に献納する品は生前の聖武が好まれた珍しいものや、宮中の役所が奉ったもの。これらを見ると、ありし日のことが思い出されて、泣きくずれるばかり。そこで、つつしんで仏に献納します。切に願うのは、この積善の功徳をもって、天皇が冥土へやすらかに往生され、すみやかに十地の境地にお遊びになり、ことごとく三悪道より救われ、その後には、仏の悟りの世界で天子の馬車についた鈴を鳴らして、行幸を涅槃の岸におとめになるように、と。

「十聖」は「十地」と同じで、菩薩《ぼさつ》が修行すべき五〇のステージのうちの四一から最高位の五〇までをいい、「花蔵」は毘盧舎那仏の悟りの世界である、蓮華蔵世界をいう。「願文」は美文調で難解な語句がつづくが、「帰依有れば則《すなは》ち罪を滅すること无量《むりやう》、供養すれば則ち福を獲《う》ること无上《むじやう》なり……将《まさ》に爰《ここ》に勝業に託して式《もっ》て聖霊に資せんと欲《ほっ》す」とは、まぎれもなく光明子の衷情《ちゆうじよう》だろう。

皇后の祈りとともに、正倉院に納められた「紅牙撥鏤尺」「緑牙撥鏤尺」「白牙尺」は、国家の〈原器〉として、聖武の手もとでたいせつに保管されていたものなのだ。

「国家珍宝帳」に記された物差しは六枚。現存する物差しは、北倉にある、

紅牙撥鏤尺甲　長さ三〇・三センチ　幅三・〇センチ　厚さ一・〇センチ
紅牙撥鏤尺乙　長さ二九・八センチ　幅二・六センチ　厚さ〇・七センチ
緑牙撥鏤尺甲　長さ三〇・五センチ　幅三・〇センチ　厚さ一・〇センチ
緑牙撥鏤尺乙　長さ二九・八センチ　幅二・五センチ　厚さ〇・九センチ
白牙尺甲　長さ二九・七センチ　幅三・六センチ　厚さ一・一センチ
白牙尺乙　長さ二九・七センチ　幅三・六センチ　厚さ一・〇センチ

の六枚、それに中倉にある「紅牙撥鏤尺」（第一号〜第四号）」「斑犀尺《はんさいのしゃく》（犀角《さいかく》が素材）」「木尺」さらに加工途中の「未造了牙尺」（二枚）の八枚、合計一四枚である。そのうちの八枚が「撥鏤尺」で、右に寸法をあげた北倉の四枚が「国家珍宝帳」にある「撥鏤尺」らしい。

聖武天皇崩御後も、とうぜんのことながら、国家経営に物差しは必要なわけで、中倉の物差しは、「珍宝帳」の記録以降に、宮中から引っ越してきたものだろう。

「撥鏤」とは象牙を彫刻する技法で、撥《は》ね彫《ぼ》りとよばれ、紅・緑・青に染めた象牙に毛彫りで文様を描く。顔料は象牙の内部までは染《し》みないので、きざんだ地肌は白くあらわれ、そこに別の顔料をさしていく。文様には唐花《からはな》、花鹿《はなしか》、オナガドリ、オシドリなど、まるで天平文化をぎゅっと縮めて表現したような、華やかさだ。

「紅牙撥鏤尺」の場合、表の文様を一寸ごとに一〇等分して描き、おおまかな目印になっているものの、どう見ても実用的な物差しではない。実用的といえば「白牙尺」のほうで、一寸・五分・一分の目盛りに緑色や臙脂《えんじ》色がさしてある。

こうしてみると、天平万葉の時代には、『大唐六典』にあるように、物差しを献上したり、ぎゃくに賜与《しよ》されたりする二月の行事があったとみてよいだろう。

命を測る

大正一〇年（一九二一）に、それまで併用されていた尺貫法（明治二四年・一八九一年から併用）は廃止され、公的な度量衡はメートル法のみとなった。しかしながら、チャンバラごっこで刀のかわりとなる竹の物差しは三〇センチ、これは正倉院蔵の「撥鏤尺」に連なるものなのだ。「尺」は基本の最小単位として、現代にも生きている。

度量衡法を知ると、何でもはかってみたくなるものだが、かの憶良は寿命をはかっている。

水沫《みなわ》なすもろき命も栲縄《たくなは》の千尋《ちひろ》にもがと願ひ暮しつ　(巻5九〇二)

「尋」は両肱《ひじ》をのばした長さで、五尺とも六尺ともいわれている。いま一尋＝六尺とみなし、「紅牙撥鏤尺甲」ではかってみると、一八一八メートル。これが憶良がほしいと願った命の長さである。(30)

第五章　雄略の采菜歌【3月】

青菜の値段

万葉時代といえば、ひらがなもカタカナもまだなかったから、すべてが漢字表記である。漢字ばかりがならぶ史料は、読んでいて頭が痛くなってくるものも多いが、なかには当時の人びとの生活が彷彿として、何やら面白いものもある。次の史料もその一例。

又自杜屋進上菁一百束直四百文、負雇車二両貸銭一百八十文別九十文、使出羽乙麻呂

これは天平宝字二年（七五八）の、東大寺写経所文書の一部である。天平宝字二年といえば、六月一六日に大伴家持が因幡国守として転出している。「自杜屋」の意味がわからない。杜多《ずだ》は僧侶の意だから、沙門のすまいだろうか。『後金剛般若経』を書写するスタッフを給食するために、「菁《かぶ》」を買い、借りた荷車二台で運んだらしい。

出羽乙麻呂は、写経所の下級官吏だろうか。それとも雇われた役夫だろうか。車を借りるだけなら、七〇文が相場で九〇文は高い。人夫の日当を含んでいるのかもしれない。「菁」はほかに「菁奈」「菁菜」「蕪

菁」「菁奈根」「蔓菁」とも書かれていて、『和名抄』にはカブ、カブラナの訓《よ》みがあるところから、いまのアブラナ科のカブ（一名カブラ）をいうのだろう。都大路の雑踏の中を、山ほどのカブを荷車に積みあげ、ガラガラ、ゴロゴロ。引っぱっている乙麻呂の姿を想像するだけでも楽しくなってくる。

カブは古く中国から渡来したもので、広く栽培され、葉もの野菜としても根もの野菜としても食用になった。写経所の出納係は、カブ一〇〇束値四〇〇文というが、これは葉もの野菜として買い求めたのだろう。当時の物価で米が一升（現在の四合）で五文、糯米《もちごめ》が一升で七文、干し柿が一貫で七文といったころ。一束がどれほどの大きさだったかわからないものの、一束四文では、ちょっと高いのではないか。

もっと安い野菜もあった。これも栽植されていたものだが、ナギ（水葱）は、「水葱七十九束、価銭八十三文」（天平一一年、写経司の解）とあって、一束あたり一文ほどで、いたって廉価である。ただし、ナギは現在のコナギ科のミズアオイに比定されているから、見かけはともかく、味はおそらくいまいちだろう(31)。

平城の都には東西の市があり、近隣の郊外からかなりの集荷があったようだ(32)。しかし、洛中の人口はおよそ一〇万人、その毎日の食卓にのぼるほど、葉もの野菜の供給がじゅうぶんだったとは考えられない。庭先の自家菜園ですこしは作ってもいただろうが、それよりなにより、時期をまって山野に自生種を求めることも多かったはずである。こうした食卓の事情によるのか、『万葉集』には菜を摘む歌が数多い。周知のように、巻一の冒頭歌からして、まさに野の菜摘みをモチーフにした雄略天皇の歌なのだ。

雄略天皇の歌

籠《こ》もよ　み籠持《こも》ち　ふくしもよ　みぶくし持《も》ち　この岡に　菜摘《なつ》ます児　家聞《いへき》かな　名告《なの》らさね　そ

らみつ　大和《やまと》の国は　おしなべて　我《われ》こそ居《を》れ　しきなべて　我《われ》こそいませ　我《われ》こそば　告《の》らめ　家をも名をも　（巻1一）

春の陽ざしをあびながら、若菜を摘む女性がいる。雄略天皇は、その女性の持つ籠《かご》をほめ、掘串《ふくし》（土を掘るためのへら）をほめ、しまいに女性の家のあり処《ど》と名を問うている。いにしえの日本では、名を問われるのは婚姻の承諾をもとめられたことにひとしかった。気軽に応じてくれるはずもない。そこで雄略は、自ら大和の王者であることを明かして言挙《ことあ》げする。

二句ずつで切れ、冒頭から三・四・五・六と一音ずつせり上がる韻律からは、声に出してうたわれただけでなく、所作をともなう歌謡劇のなかで幾度もうたわれたとみることもできよう。実人物としての雄略天皇が、ある時ある女性にうたいかけた歌（いわば一過性の歌）ではあるまい。後代、雄略を演じる男優によって劇中歌としてくりかえしうたわれていた、と理解するのが穏当だろう。

題詞には「泊瀬朝倉宮《はつせのあさくらのみや》に天下《あめのした》治めたまふ天皇《すめらみこと》の代《みよ》　大泊瀬稚武天皇《おほはつせわかたけのすめらみこと》」とあって、まぎれもなく泊瀬朝倉宮で天下を治めた雄略の作となっている。

桜井市朝倉の脇本《わきもと》遺跡がその宮跡として有力視されており、掘《ほ》っ立《た》て柱の建物五棟、竪穴《たてあな》式住居五棟、溝三条が検出された。ただ建物の部分はさらに東側へのびていたらしく、そこには壮大な建物が建っていた可能性もあるという。雄略天皇の力は、奈良の大和地方だけにとどまっていたわけではない。

埼玉県行田市の稲荷山古墳から出土した鉄剣の銘「獲加多支鹵大王」、また熊本県玉名市の江田船山古墳から出土した鉄剣の銘「獲[加][多][支]鹵大王」は、ともに雄略を指しているというから、かれは東国から九州までも掌握していたことになる。巨大な力を行使できる古代の英雄、それが雄略だったのだ。

さらに雄略は、『宋書』（倭国伝）に記された倭五王（讃《さん》・珍《ちん》・済《せい》・興《こう》・武《ぶ》）のうちの「武」であるといわれている。(33)「倭国伝」には、武が順帝（四七七〜四七八在位）の昇明二年（四七八）に送った上表文が残されており、父である「済」の遺志をついで「句驪」（高句麗）との紛争に決着をつけるといい、「義士虎賁《こほん》文武功を効《いた》し、白刃前に交はるともまた顧みざる所なり」と、烈々たる王者の闘志を表明している。

それに対して、順帝は勅書をもって「使持節都督倭・新羅・任那・加羅・秦韓・慕韓六国諸軍事、安東大将軍、倭王」に叙す。実際に朝鮮半島を支配し経営していたのではないから、「六国諸軍事、安東大将軍」は外交辞令的な称号に過ぎない。

「武」に先立つ「珍」も「興」も、使節を送って「安東大将軍」をもとめているが、授与されたのは「安東将軍」でしかなかった。今回、劉宋が「武」に「大将軍」を名告るのをゆるしたのは、倭国の国力を重視したからにほかならない。国の内外にわたって、画期的な発展をとげていたのが「武」、つまり雄略天皇の時代だったのだ。

このような「武」だからこそ、『万葉集』はいにしえの聖帝の歌として、巻一の巻頭においたのだろう。いや、それだけではなく、じつは、大伴氏が雄略の推挽《すいばん》を得て隆盛期を迎えた史実があったからともいわれている。(34)編纂の中心人物と目されるのは、家持だからである。

巻頭歌はなぜ菜摘み歌なのか

それにしても、なぜ巻頭が菜摘みをモチーフにした恋歌（これをいま菜を采《と》る歌＝采菜歌《さいさいか》と呼んでおこう）なのだろうか。『日本書紀』や『古事記』にも雄略の歌があり、同じ「そらみつ　大和の国」をうたい込めるのなら、阿岐豆野《あきずの》でうたったという国見歌のほうが、采菜歌よりもよほど巻頭歌にふさわしいと思われてくる。国見歌というのは、こうだ。

み吉野《よしの》の　袁牟漏《をむろ》が岳に　猪鹿《しし》伏すと　誰《たれ》そ　大前《おほまへ》に奏《まを》す　やすみしし　我《わ》が大君《おほきみ》の　猪鹿《しし》待つと
呉床《あぐら》にいまし　白栲《しろたへ》の　袖著具《そできそな》ふ　手《た》こむらに　虻《あむ》かきつき　その虻を　蜻蛉《あきづ》はや咋《ぐ》ひ　かくの如《ごと》
名に負はむと　そらみつ　倭《やまと》の国を　蜻蛉島《あきづしま》とふ　（記九七）

阿岐豆野で雄略が狩をしていたら、虻《あぶ》がその腕にとまった。「こむら」はふくらはぎだが、「手《た》こむら」は腕の内側のふくらみの意。血を吸うのはメスで、花粉や花蜜をなめるのがオス。トンボが飛んできて、そのアブに食いついた。そこで、歌をうたって大和国を蜻蛉島《あきずしま》と呼ぶのだという。その時から狩りをした野を阿岐豆野というとも。

いまは『記』歌謡を引用してみたが、『紀』歌謡は文飾がゆたかである。もしわたしが雄略の歌で巻頭詞華集を編むのであれば、采菜歌ではなく、こちらのほうを選ぶだろう。

ただ、巻頭歌が采菜歌であることの意味はすでに説かれている。八世紀初頭には、勇猛なだけでなく歌にも秀でた、そしてそれによってプロポーズし結婚する雄略天皇像が、定着していたからだというのだ。たしかに、『記』（雄略記）では七編の物語のうちの四編は求婚物語である。だから、雄略天皇のいかにも雄略天皇らしい歌として、「籠《こ》もよ　み籠《こ》持ち……」が選ばれたと主張する説に、耳をかたむけることもできよう。しかしながら、けっしてそれだけが理由ではないようである。

中国の采菜歌

いうまでもなく、万葉の時代の日本列島は、孤立し閉じられた社会ではない。その中心となっている天平期を一顧するだけでも、いかに海彼性に富んだ時代か、いまさら強調する必要もあるまい。儒教を枢要とした中国思想と文化をモデルに、大いに発展していた時代だ。当然ながら、四書五経（大学・論語・孟子・中庸、詩・書・易・春秋・礼）は、必要不可欠の大切な書物だった。これらのうち、『詩経』（毛詩）に、「葛覃《かったん》」「巻耳《けんじ》」「采蘩《さいはん》」「采蘋《さいひん》」などの詩歌があることに注目したい。ここでは境武男『詩経全釈』から紹介しよう[35]（いずれも部分）。

・葛《くず》のつる覃《の》びにけり　中谷に施《の》びはへ　維《そ》の葉　莫々《ばくばく》　ここに刈りとり　ここに濩《に》て　絺《ち》となし　綌《げき》となし　服《つと》めて斁《いと》ふなく　（周南、葛覃）

・采采《さいさい》たる巻耳　頃筐《けいきやう》に盈《み》たざる　嗟《あは》れ我　人をし懐《しの》び　彼《か》の周行に寘《ひさ》しくす　（周南、巻耳）

・于以《いづくに》か采《つ》む蘩《しろよもぎ》　沼に沚《なぎさ》に　于以《いづくに》か之を用ふる　公侯の事《まつり》に　（召南、采蘩）

・于以《いづくに》か采《つ》む蘋《ひん》のくさ　南澗《なんかん》の浜に　于以《いづくに》か采《つ》む藻のくさ　彼この行潦《こうらう》に　于以《なにに》かは之を盛る　維《こ》の筐《きやう》と筥《きよ》に　なにをもて之を湘《ゆ》がける　この錡《かま》と釜《かなえ》に　（召南、采蘋）

・彼《か》しこに葛《くず》を采《と》らなん　一日見《あ》はざれば　三月《みつき》の如し　彼しこに蕭《かはらよもぎ》を采らなん　一日見はねば　三秋《しう》の如し　（王風、采葛《さいかつ》）

・苓《あまくさ》を采《と》る　苓を采る　首陽の巓《いただき》に　人の偽言《ぎげん》　苟《かり》にも信《まこと》とするなかれ　旃《これ》を舎《す》てよ　旃を舎てよ

苟《かり》にも然《しか》りとするなかれ　人の偽言を　胡《なん》ぞ焉《しかり》とするを得ん　（唐風、采苓《さいれい》）

・終朝までも緑を采めども　一掬《いっきく》に盈《み》たざるを　予が髪は曲局せしままなる　いざや帰りて沐《かみあら》ひてむて
　終朝までも　藍をつめども　一襜《いっせん》に盈たざるを　五日を期と為《せ》しに　六日なるも詹《かへ》らず
（小雅、采緑《さいりょく》）

『詩経』から「采○○」と題された詩を中心にあげた。「葛覃」や「巻耳」のように題にそう書かれてなくとも、『詩経』には菜を摘む詩が多いのである。周南の「芣苢《ふい》」などは「采采《さいさい》　おおばこ　薄言《いざ》　采みとらん　采采《さいさい》　おおばこ　薄言《いざ》　有《と》りつまん」と、わらべ歌のことば遊びに似て、すこぶる調子がよい(36)。

右に引用した詩に、すこし説明をくわえてみよう。葛を刈り取って繊維をとり布を織った。日本でも葛《くず》布《ふ》が織られていたが、若葉は食用にし葛根は薬用にしたようだ。「巻耳」は葉がネズミの耳に似た蔓草《つるくさ》だとも、女性の耳あてに似た蔓草だともいわれている。「頃筐」は竹籠のこと。辺境の守りについている夫（恋人）のことを案じていると、「巻耳」を採る手もついついとまってしまい、いつまでたっても籠はいっぱいにならないと嘆く。第二段目からは出征している夫（恋人）の立場でうたう詩章がつづくが、いまは割愛。

「蘩」はシロヨモギ。中国では、先祖のお祭りは大切な家の行事で、そのために婦人たちはヨモギを摘み、先祖の廟《みたまや》に献上した。「采蘋」の「蘋」は浮き草の一種で、「藻草」とともに食用であり、これも祭りの歌である。

「采葛《さいかつ》」と「采苓《さいれい》」は、ご覧のように、恋歌である。「苓」は一説に蓮《はす》だともいうが、よくわからない。

「采苓」の第二段には「苦《にがな》」、第三段には「葑《かぶら》」がうたわれている。いずれも菜摘みをする女性がうたうかたちをとっており、もともと女性たちの労働歌だったのかもしれない。恋には人言《ひとごと》（うわさ）がつきもので、その多くが二人の恋路をじゃまするものだっただろう。恋い慕う男性に、人のうわさに耳をかすなとうたっている。以上の詩は、各地方の民謡を集めた「国風《こくふう》」である。

最後に「小雅」から「采緑」をひろってみよう。「小雅」は「大雅」とならんで、古代の周王朝で音楽師によって編成され演奏されたという。一〇編ほどずつ「〇〇の什《じゅう》」と名づけられてまとめられている。「采緑」は「魚藻の什」の一編。第一段には「菉《かりやす》」がうたわれ、第二段には「藍」がうたわれている。夫（恋人）を待ってうたう、菜摘み歌である。

こうして『詩経』には、菜摘みをモチーフにした詩が多く、雄略の采菜歌は、『詩経』にならったのではないかと思われる。むろんそれだけではない。日本でも中国でも、野に出て菜を摘むのはあたりまえ、わざわざ『詩経』をもってきて、あれこれ論《あげつら》う必要はないという読者のために、もうひとこと、ことばを重ねておきたい。

周公の作と伝えられている『儀礼《ぎらい》』は、冠婚葬祭など儀式の次第が説かれた書物だが、これによれば、「郷飲酒礼」（町や村の集会の儀式）、「郷射礼」（町や村の弓の試合の儀式）、「燕礼《えんれい》」（諸侯らの宴会の儀式）、「大射」（諸侯らの弓の試合の儀式）の、四つの重要な儀式では、『詩経』の詩が演奏されたという。周の時代から整えられていたというのは疑わしいが、漢代にはたしかな制度としてあったらしい。

そこでは、国風から「周南」の「関雎《かんしょ》」・「葛覃」・「巻耳」、「召南」の「鵲巣《じゃくそう》」（高貴な令嬢の輿入れの祝婚歌）・「采蘩」・「采蘋」、そして「小雅」の「采緑」ほか諸編が演奏される。演奏される多くが、「采〇〇」の詩であることに注視すべきなのだ。

雄略天皇の采菜歌を巻頭歌としたのは、『万葉集』が中国古代の『詩経』とならぶ東アジアの詩歌集であるという、宣言にほかならなかったのである。

第六章　おお牧場は緑【3月】

生気みなぎる季春、放牧のとき

三月は季春ともいい、「生気《せいき》方《まさ》に盛んに、陽気発泄《はっせつ》し、句者《こうしゃ》畢《ことごと》く出《い》で、萌者《ぼうしゃ》尽《ことごと》く達《とほ》る、以《もつ》て内にすべからず」（『礼記』「月令」）の季節である。生き物たちは活気にあふれ、天と地のあいだに陽の気が発散する。いままでちぢこまっていた虫たちがはい出し、草木の芽はいっせいに萌《も》える。「句」は「屈」で、ちぢこまる・しゃがむの意。何もかも内にこもっていられず、外へ外へとあふれんばかりになるのである。

生命がみなぎるのは、虫や草木にかぎらない。けものたちも然《しか》り。だから、家畜の殖産《しょくさん》にはもってこいの季節だろう。「月令」には「是の月や、乃ち累牛《るゐぎう》・騰馬《とうば》を合せて、牧《ぼく》に遊牝《いうひん》せしむ。犠牲駒犢《ぎせいくとく》は、挙げて其の数を書す」と。つないでいた牛や元気な馬を牧場に放って繁殖させる。そして、祭祀に用いる子馬や子牛の数を記録しておくのだ[37]。

こうした放牧については、『唐令』「厩牧令《くもくりよう》」にも次のようにある。

諸《すべ》て牧馬、毎年三月に遊牝す。牡馬・牡牛、三歳毎《ごと》に群を別《わか》つ。例に准《じゅん》じ尉・長・給牧人を置く。牝馬一百匹・牝牛・驢《ろ》各一百頭、毎年駒《く》・犢《とく》六十を課す。馬二十歳以上は、駒を課す限りに在らず。

毎年三月には繁殖が義務づけられ、対象となる母畜の六割から子牛や子馬が生まれるようにするのが、官牧に従事する人びとの職務となっている。ただ二〇歳以上の老いた馬からの生産は、最初から数のうちに入ってなかったらしい。

この「厩舎令」が見られるのは、はやくは開元三年（七一五）で、日本でいえば元正天皇の霊亀元年にあたる。この時期の本邦の『律令』に、『唐令』がどれほど反映しているか、いささか不安がないわけではないが、「厩牧令」には同じような条目がもられている。

凡そ牧《うまき》には、牧毎《うまきごと》に長《ちやう》一人、帳《ちやう》一人置け。群毎に牧子《ぼくし》二人。其れ牧の馬牛《めご》は、皆百を以て群と為《せ》よ。
凡そ牧の牝馬《めうま》は、四歳に遊牝《ゆびん》せよ。五歳に課《くわ》を責《こ》へ。牝牛《めうし》は三歳に遊牝せよ。四歳に課を責へ。各一百に、年毎に駒犢《こまこうし》六十を課《おほ》せよ。其れ馬三歳に遊牝して駒生めらば、仍りて別に《こと》簿《ふ》にして申せ。

「長」は牧場の長《おさ》で管理運営にあたり、「帳」は事務長で文書事務を担当、「牧子」が実際の飼育係である。母畜を一〇〇とした場合の繁殖率も『唐令』に学んでいる。かんじんな「遊牧」の時期が書かれていないものの、『唐令』「厩牧令」にしたがって三月だったと思われる。

『日本書紀』安閑《あんかん》天皇二年九月一三日には、大伴金村に「牛を難破《なには》の大隅嶋と媛嶋松原とに放て」と勅した記事があって、これが官牧の初出なのだが、史実かどうかははっきりしない。ちなみに、『続日本紀』霊亀二年（七一六）二月二日に、「摂津《つ》国をして大隅・媛嶋の二の牧《うまき》を罷《や》めしめ、佰姓《はくせい》の佃《つく》り食《は》むことを聴《ゆる》す」

とある。それまでの放牧をやめて農耕をはじめたというのである。

『大宝律令』による施政の宣言がおこなわれたのが、大宝元年（七〇一）六月八日。その前年（文武四年）三月一七日の勅で「諸国《くにぐに》をして牧地《うまき》を定め、牛馬を放たしむ」と全国の牧場を定めている。たぶん、これが本格的な官営牧場の発足だろう。

慶雲四年（七〇七）三月二六日には、「鉄印を摂津・伊勢ら二三国に給ひて、牧の駒《こま》・犢《こうし》に印せしむ」とある。「厩牧令」にいう「校印《けういん》」のために、二三国にもわたって鉄印を給与しているから、全国各地でさかんに放牧がおこなわれるようになったようだ。

凡そ牧に在る駒犢、二歳に至らば、年毎の九月に、国司、牧長と共に対《むか》ひて、官の字の印を以て、左の髀《ひ》の上に印せよ。犢は右の髀の上に印せよ。並に印し訖《をは》りなば、具《つぶさ》に毛の色、歯歳を録して、簿両通為《つく》れ。一通は国に留めて案と為《せ》よ。一通は朝集使に附《さづ》けて、太政官に申せ。……凡そ牧の馬を校印すべくは、先づ牧子を尽せ。足らずは、国司須《もち》ゐむ多少を量りて、随近《ずいごん》の者《ひと》を取りて充《あ》てよ。

ここでは九月になっているが、全国一斉に焼印を押す作業がおこなわれることになっている。焼印を押す部分まで指定してあり、押し終えたら、牧長は登録の台帳を作成して、中央官庁である太政官へ送らなければならない。作業をするのは「牧子」だが、焼印を押すのは二歳になった子馬や子牛のすべてで、かぎられた作業員だけでは、手にあまることは必定。その時には、近隣の農民たちもスタッフとして参加した。「厩牧令」を読んでいるだけでも、なんだかにぎやかな九月の牧場が目に浮かぶ。

和銅七年（七一四）一一月一一日に、新羅から国使の金元静《こんがんじょう》らが来日している。入京にあたって、畿内・

七道の諸国から騎兵九九〇が徴発されている。一二月二六日、いよいよ金一行が山陽道をのぼり、平城京に入った。朱雀大路の南はし羅城門外の三橋《みはし》で、布施人《ふせのひと》と大野東人《おおののあずまひと》に率いられた騎兵一七〇名が、出迎えている。(38)

翌年にあたる霊亀元年正月の朝賀の儀式では、はじめて皇太子の首皇子《おびとのみこ》（のちの聖武天皇）が参加して、めでたさが倍増した。朱雀門の両側には「鼓吹《くすい》」（軍楽隊）とともに、騎兵が陣列している。そこで兵士たちが乗っていたのが、全国の牧場でたいせつに飼育された馬だったことはいうまでもあるまい。

律令体制が整うにしたがって、さらに各地の官牧はさかんになっただろう。それとともに、財力のある貴族・官人たちの私牧も大いに営まれたはずである。

馬をうたう万葉歌

『万葉集』から、馬をうたった歌を紹介しよう。

(1)やすみしし　我《わ》が大君《おほきみ》　高光《たかひか》る　我が日の皇子《みこ》の　馬並《な》めて　み狩《かり》立たせる　若薦《わかこも》を　猟路《かりぢ》の小野《をの》に　鹿《しし》こそば　い這《は》ひ拝《をろが》め　鶉《うづら》こそ　い這ひもとほれ　鹿じもの　い這ひ拝み　鶉なす　い這ひもとほり　恐《かしこ》みと　仕へまつりて　ひさかたの　天《あめ》見るごとく　まそ鏡　仰《あふ》ぎて見れど　春草の　いやめづらしき　我が大君かも

（巻3―二三九）

「長皇子《ながのみこ》、猟路の池に出でます時に、柿本朝臣人麻呂の作る歌」と題された歌。反歌もあるが、いまは長歌のみをあげた。長皇子は天武天皇の子、母は天智天皇の娘大江皇女《おおえのひめみこ》で、弓削皇子《ゆげのみこ》の実兄にあたる人物である。「若薦」は「猟路」の枕詞で、若々しい薦を刈《か》ると猟《かり》にかける。「まそ鏡」（よく映るすばらしい鏡の意）は「仰ぎ見る」の、「春草」は「めづらし」の枕詞。いつもいつも仰ぎ見るけれど、けっして見飽きることがない皇子だとうたうのである。

右の歌の表現は、なかなか面白い。鹿は膝《ひざ》をおって這《は》うようにしてお辞儀をしているし、鶉はウロウロお傍《そば》をはい回っている、それにわれわれとてまた同じ、鹿ではないがひざまづいて這うように皇子をうやまい、鶉のように身をかがめておそばを離れず、恐れ多いことだとお仕え申し上げている。狩場の獲物である鹿や鶉のようすを、そのまま官人たちが奉仕するさまに見立てているわけだ。おそらく狩場には、みごとな馬が幾頭も見られたことだろう。

馬が必要なのは、狩猟だけではあるまい。天皇の行幸にも、貴族・官人たちの行楽にも、そして人びとが遠く旅するときにも、これほど便利な交通手段はない。

（2）馬のあゆみ押さへ留《とど》めよ住吉《すみのえ》の岸の埴生《はにふ》ににほひて行かむ　（巻6一〇〇二）
（3）秋風は涼しくなりぬ馬並めていざ野に行かな萩の花見に　（巻10二一〇三）

（2）は天平六年（七三四）春三月、聖武天皇が難波宮へ行幸したときに、安倍豊継《とよつぐ》がうたった歌。「岸」はここでは崖《がけ》の意。「埴」は顔料にする赤や黄色の粘土で、「生」はそれがとれる場所。馬の口を押さえる従者にいいかけるポーズで、馬のあゆみをとめなさい、ここ住吉の岸の「埴生」にぞんぶんに染っていこうではないかとうたった。別に神亀二年（七二五）冬一〇月に、同じ難波宮への行幸があったおり、車持《くるまもち》千年《ちとせ》が「白波の千重《ちへ》に来寄《きよ》する住吉の岸の埴生ににほひて行かな」（巻6九三二）ともうたっている。住吉の浜の「埴生」は名物だったのだろう。

（3）は作者未詳歌で、秋の雑歌の「花を詠む」にグループ分けされている。「花を詠む」といっても、全三四首（巻10二〇九四〜二一二七）のうち、「朝顔」（巻10二一〇四）と「尾花」（巻10二一一〇）、「をみなへし」（巻10二一〇七・二一一五）をのぞけば、あとはすべて「萩」。万葉の秋草は「萩」といわれるゆえんである。

風が涼しくなるにつれ、それにさそわれるかのように萩の花が咲きはじめる。馬をそろえて、さあ、見物にいこうではないか。秋の行楽を満喫しようというのだ。

「馬並めて」は、ほかに「馬並めて高《たか》の山辺を白妙《しろたへ》ににほはしたるは梅の花かも」（巻10一八五九）ともうたわれている。これも作者はわからない、春の雑歌「花を詠む」の一首。「高」は京都府綴喜《つづき》郡にある多賀。高市黒人が「早来《はやき》ても見てましものを山背《やましろ》の高の槻群《つきむら》散りにけるかも」（巻3二七七）と、黄葉する「槻」（欅《けやき》）の林をうたった土地でもある。

こうして、春夏秋冬、馬に乗り山や海へと出かける万葉びとのすがたがあった。

活躍する馬

奈良時代には、『律令』に則って、交通・運輸の制度がもうけられている。東海道・東山道・山陽道など七つの「官道」には、「三十里」（約一六キロメートル）ごとに「駅《やく》」があり、旅する人びとや物資の輸送に利便をはかったのである。とうぜんながら、急ぎの公用の者がつかう「駅馬《やくめ》」・次の駅まで人や荷物を運ぶ

「伝馬《でんめ》」として、ここでも馬たちは活躍する。「厩牧令」に、

凡そ諸道に駅馬置かむことは、大路に廿疋、中路に十疋、小路に五疋。……皆筋骨《こんこち》強く壮《さか》りなる者を取りて充《あ》てよ。……其れ伝馬は郡毎に各五。皆官の馬を用ゐよ。

とあって、その土地から任用された「駅長《やく》」のもとで管理されていた。各駅はそれぞれ諸経費をまかなう財源として、「駅田」（大路で四町・中路で三町・小路で二町）を所有し、運営が保証されていた。だからといって、必要にあまるほどの馬が供給されていたわけではない。

（1）つぎねふ　山背道《やましろぢ》を　他夫《ひとづま》の　馬より行くに　己夫《おのづま》し　徒歩《かち》より行けば　見るごとに　音《ね》のみし泣かゆ　そこ思ふに　心し痛し　たらちねの　母が形見と　我《わ》が持てる　まそみ鏡に　蜻領巾《あきづひれ》　負ひ並《な》め持ちて　馬買へ我が背　（巻13三三一四）

（2）赤駒《あかごま》を山野《やまの》にはかし取りかにて多摩《たま》の横山徒歩《かし》ゆか遣《や》らむ　（巻20四四一七）

「つぎねふ」は「山背」の枕詞だが、ことばの意味がわからない。右の長歌は、どうやら山背へ出かける夫に、妻がうたいかけたものらしい。よその夫は馬で行くのに、わたしの夫はとぼとぼ歩いて行く、それが何とも悲しくて泣けてくる。そこで、大事な母の形見の鏡や領巾だけれど、馬を買う代金にしてほしい、と。

天平一〇年（七三八）のころで、馬一頭は米に換算すると二二石五斗から一二石五斗ほどで、米一升（い

まの四合）が五文ほどだから、馬の値段はかなり高く、鏡や領巾を売ったくらいでは、とうてい買うことはかなわないだろう。

（1）の長歌には、次のような反歌と「或本の反歌」がつづいている。

泉川《いづみがわ》渡り瀬《ぜ》深み我《わ》が背子が旅行き衣《ごろも》濡《ぬ》れひたむかも　（巻13三三一五）

まそ鏡持てれど我《われ》は験《しるし》なし君が徒歩よりなづみ行く見れば　（巻13三三一六）

馬買はば妹《いも》徒歩《かち》ならむよしゑやし石は踏むとも我《わ》は二人行かむ　（巻13三三一七）

愛情とは、買える買えないではなく、「そうしてやりたい」という思いこそ、そのバロメーターなのだ。

（2）は防人となった夫にうたいかける妻の歌。椋橋部荒虫《くらはしべのあらむし》の妻で宇治部黒女《うじべのくろめ》という。「軍防令」には「凡そ防人《ばうにん》防に向はむ、若《も》し家人《けにん》、奴婢《ぬひ》及び牛馬《ごめ》、将《ゐ》て行かむと欲《ねが》ふこと有らば、聴《ゆる》せ」とあって、召使いのみならず牛や馬までも、任地へ連れていけたらしい。

黒女は、赤駒を山野に放し飼いにしていて捕えかね、多摩の横山を、歩かせることになるのかねえ、とうたう。夫を馬でやることができないと嘆くのである。ところが、これは理にかなっていない。防人たちが東国をはなれた二月といえば、牧場ではなく、まだ厩舎で飼育していた時期である。

すると、黒女はいつわってうたったことになる。せめて馬だけでも……。たぶんこの夫婦に、馬などハナからなかったのではあるまいか。かぎりない愛《いと》おしさが、せつない嘘《うそ》のかたちをとることもあるだろう。事実をうたうことだけが歌ではない。

愛しいあの児

馬のいる風景がごく普通の万葉時代だから、次のような恋の歌もうたわれている。

（1）垣越しに犬呼び越して鳥狩《とがり》する君　青山の繁き山辺に馬休め君　（巻7一二八九）
（2）この岡に草刈る童《わらは》な然《しか》刈りそね　ありつつも君が来まさむみ馬草《まくさ》にせむ　（巻7一二九一）
（3）馬柵《うませ》越《ご》しに麦食《は》む駒の罵《の》らゆれどなほし恋しく思ひかねつも　（巻12三〇九六）
（4）鈴が音《ね》の駅家《はゆまうまや》の　堤井《つつみゐ》の水を飲《たま》へな妹《いも》が直手《ただて》よ　（巻14三四三九）
（5）春の野に草食む駒の口止《や》まず我《あ》を偲《しの》ふらむ家の児《こ》ろはも　（巻14三五三二）
（6）くへ越しに麦食む小馬《こうま》のはつはつに相見し児らしあやにかなしも　（巻14三五三七）

どれもが作り手のわからない作者未詳の歌である。（1）は旋頭歌《せどうか》で女の歌。垣根の外から犬を呼びかえして鷹狩をするあなた、青山の木の葉の茂ったふもとで馬を休ませなさいませあなた。狩をしている最中に、垣根をこえて庭に入り込んだ犬、その犬を呼んで狩をつづけようとする殿方、そこへ家の女が出てきて、まあ馬でも休めてくつろいでいらっしゃいよ……。大意は、こういったところだろうか。

（2）も旋頭歌で女がうたった。岡で草を刈る少年よ、それほどごっそり刈らないでおくれ、そのままにしておいて、あの方がおいでになるときの秣《まぐさ》にしたい。（1）と（2）は、気のきいた女のさそい歌になっている。

一方、（3）（4）（5）（6）はともに男の歌。まず（3）の歌から。柵越しに畑の麦を食べてどなり散らされた馬、その馬のように女の母親にどなられ追いかえされた男。娘の管理は母親の仕事だったから、そこの娘に言い寄って、こっぴどく叱られたのだろう。

（5）や（6）では、馬が草（麦）を食べている。ある男は馬がたえず口を動かして草を食《は》んでいるようすから、しょっちゅう自分の名を口にしては偲んでいる妻を思い出している。別の男は、馬柵《ませ》のあいだから首をのばして、大好物の麦を小馬が食む音に重ねて、「はつはつ」（ほんのちょっと）逢えただけのあの児が愛《いと》しいよとうたった。

最後に（4）の歌を。「鈴が音」は、公用の馬に通行証として与えられる鈴の音をいったもので、「駅家」にかかる枕詞のように用いられている。(39) あなたの結んだ手のひらから直《じか》に飲ませてくれないか。宿場の水汲み場は男女の出会いの場となった。

ホーレラ　リプカ　ホーレラ

厩舎に閉じ込められていた馬たちが、緑あふれる草原に放牧される。冒頭に紹介した『礼記』のことばを借りるなら、「句者畢《こうしゃことごと》く出で、萌者尽《ぼうしゃことごと》く達《とほ》る」そのままだろう。文字どおり「おお牧場は緑」なのだ。「おお牧場はみどり、草の海、風が吹く。おお牧場はみどり、よく茂ったものだ、ホイ」。これは、スロバキア民謡で中田羽後の訳詞。誰もがうたったことのあるポピュラーな曲で、放牧の季節にふさわしい歌だろう。いや、吉元恵子が「音楽ゆかりの地をゆく」で紹介している、(40) すこし猥雑《わいざつ》な原曲「ホーレラ　リプカ　ホーレラ」のほうが、ずっと万葉の歌に近いかもしれない。

広い緑の牧場には、草が青々と生えている
山から流れ出す、私のように清らかな水が、モミジのまわりを、私のまわりを流れていく
草を刈る二人の娘さんが、悲しそうに泣いていた
お城からそれを見ていた若殿さま、馬丁を呼んで言うことにゃ
これ、馬の用意をせい、戦いにでるのじゃ
鉄砲に弾丸をこめてもないのに、どうなさりますだね
あそこの小鹿をうつんじゃ、あの一八歳の娘ッ子をな

東歌と同じ土のにおいがする。

万葉食堂

春のひと品

ワカメご飯

巻一六に、ワカメをうたう作者のわからない長歌がある。

　角島《つのしま》の迫門《せと》の稚海藻《わかめ》は人のむた荒かりしかどわがむたは和海藻《にぎめ》（巻16三八七一）

角島は長門国豊浦郡の角島（山口県下関市豊北町）。今日も豊かなワカメの漁場である。角島のワカメは他人といっしょの時は荒っぽかったけれど、ワシといっしょの時はやわらかくなびくワカメだよ。「稚海藻」（和海藻）は若い女をたとえた。浜の男の〈のろけ歌〉である。労働歌だったのだろう。

平城京出土の木簡に「長門国豊浦郡都濃嶋《つのしま》所出穉海藻天平一八年三月二九日」とあって、角島のワカメが平城京まで運ばれている。三月中旬の日付からみると、解禁日すぐにとられて天日干しされた角島ワカメ、いわば長門国のブランド品だったわけだ。

春のワカメご飯を、どうぞ。

【レシピ】 たきたてご飯・湯もどしをして千切りしたワカメ・少々のだし汁（焼きあご、干しシイタケ、イワシの煮干し、カツオ節など）・白ごま

千切りしたわかめはフライパンにいれ中火で炒《い》り、だし汁、白ごまを入れて水分がなくなるまで炒める。塩で味をととのえて、ご飯と混ぜる。

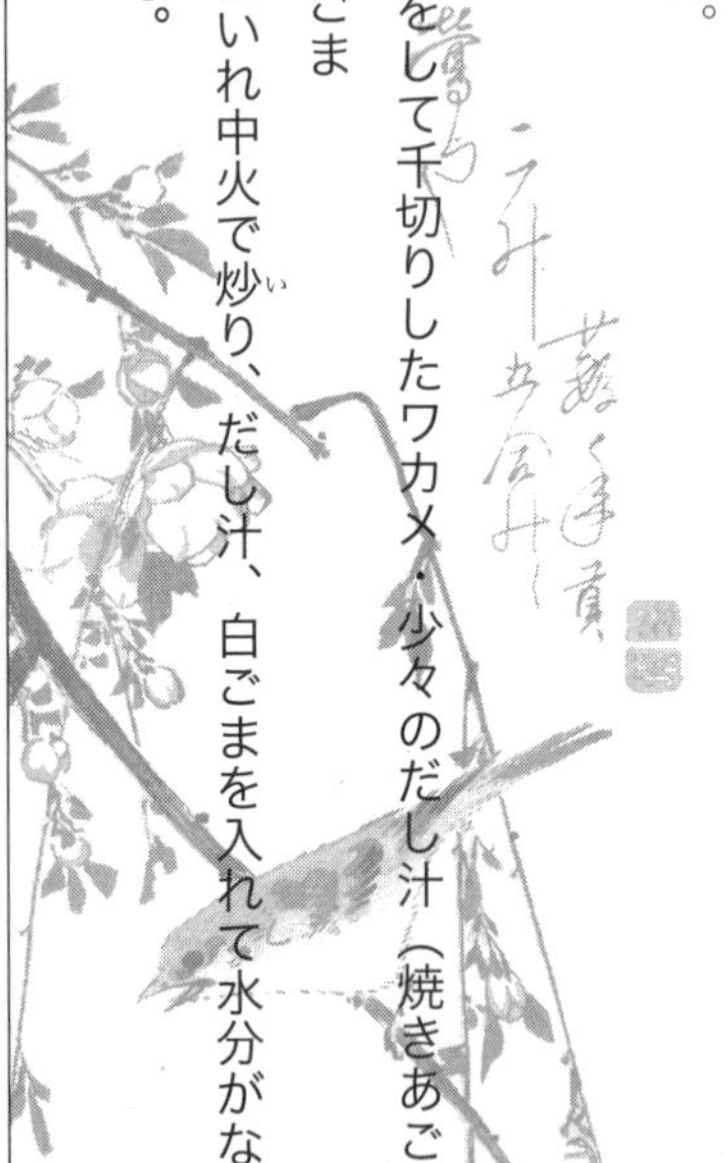

夏

第一章　うはぎを煮る【4月】

ヨメナを摘む

春日野《かすがの》に煙《けぶり》立つ見ゆ娘子《をとめ》らし春野《はるの》のうはぎ摘みて煮《に》らしも　（巻10一八七九）

右の一首がある巻十は、春夏秋冬の四季でグループ分けをし、さらに雑歌と相聞とに分けた、季節感あふれる歌巻である。細かく見ると、さらにさらに鳥・霞・柳・花・月など景物ごとに区分して、歌がまとめられている。

この歌の次にある「春日野の浅茅《あさぢ》が上に思ふどち遊ぶ今日《けふ》の日忘らえめやも」（巻10一八八〇）や「春霞立つ春日野を行き帰り我《われ》は相見《あひみ》むいや年のはに」（巻10一八八一）が、「野遊《やいう》」にまとめられているのだから、同じ「野遊」にあってよさそうだが、さにあらず、「煙《けぶり》を詠む」となっている。『万葉集』で「煙」を分類の小題にたてるのはここだけで、歌数は冒頭の一首だけだ。

春日野は、若草山や御笠山の西のふもとで、北は佐保川、南は能登川にいたる台地で、都市化する平城の郊外である。(41) 若菜摘みの季節ともなれば、春日野のここかしこで「うはぎ」を煮る煙が見られたにちがいない。古くは、娘たちが若菜を摘み青年たちと共に食する行事があり、その場に神の資格をもつ者が訪れて「成女戒《せいじょかい》」を与えたという。(42) 食べることは、しあわせの第一番の象《かたち》だろう。歌は「煮らしも」だから、うたい手は春日野にいるのではなく、そのあたりから立ちのぼる煙を見上げながら、娘たちの華やぎを想像している。のどかな春は恋の季節でもある。

「うはぎ」は今でいうキク科のヨメナ。代表的な野菊で、秋に小輪の淡い紫色の花を咲かせる。しかし、ここでは羹《あつもの》にするために摘んだ若い葉や芽。平安時代には「うはぎ」の名が見えず、『和名抄』に「和名於波岐《おはぎ》」とあるから、どうやら「おはぎ」(緒剝菜)と呼ばれたらしい。若菜を摘む頃、古い茎の皮がほそく剝《は》げるからだというのだが、なんだかとってつけた理由のように思われないこともない。ヨメナ(嫁菜)は、シラヤマギクのムコナ(婿菜)に対して付いた名。ずいぶんしゃれた名称である。別に嫁萩《よめはぎ》や嫁草ともいい、漢名は鶏児腸《ジーアルチャン》、馬蘭《マーラン》。

野道の若草

野路の若草で食用になったのは、もちろんヨメナだけではない。長意吉麻呂《ながのおきまろ》の「醬酢《ひしほす》に蒜搗《ひるつ》き合《か》てて鯛願《たひ》ふ我《われ》にな見えそ水葱《なぎ》の羹《あつもの》」(巻16三八二九)では、ナギとともに香辛料として食されたヒルがうたわれている。(43) その辛さが鯛の旨さをさらにひきたてたのだろう。ヒルの語源は、噛めば口がヒリヒリするからというが、たしかなことはわからない。

『古事記』の歌謡でも、ヒルがうたわれている。

いざ子ども　野蒜《のびる》摘みに　蒜《ひる》摘みに　我《わ》が行く道の　香《か》ぐはし　花橘《はなたちばな》は　上枝《ほつえ》は　鳥居枯《ゐが》らし　下《しづ》
枝《え》は　人取り枯《が》らし　三つ栗の　中つ枝《え》の　ほつもり　赤ら嬢子《をとめ》を　いざささば　良らしな
（記四四）

「三つ栗の」は「中」にかかる枕詞。毬《いが》につつまれた栗の実は、両端より中央にあるのが大きい。「三つ栗の那賀《なか》に向かへる曝井《さらしゐ》の」（巻9一七四五）と、地名の那珂にもかかっている。「ほつもり」の「ほ」は穂・秀だろう。語源は、フホミツボマリがつづまったことばで生《な》り初めの橘の実のありさまをいう、フホゴモリと同じで実がまだ花の中にかくれているさまをいう、いや丹《に》の頰《ほ》と同じように赤らんでいるありさまをいうと、説はあれこれある。

どれにしても、「赤ら嬢子」をほめたことばである。「赤ら」とは赤みをおびて照り輝く美しさを形容する。「さす」は自分のものにすること。ほんのりと桜色した頰の魅力ある女性だったのに、自分のものにできずに、別の男に先を越されてしまったとうたう。ノビルを摘む野遊びは、そのまま男女の出逢いの場でもあった。

応神天皇のもとに入内した日向国の髪長比売《かみながひめ》を、皇太子大雀命《おおさざきのみこと》（のちの仁徳天皇）が難波の港で見初《みそ》めた。大雀は大臣の建内宿禰《たけうちのすくね》に頼み込んで、わが妻のひとりにいただきたいと天皇の許しを請う。応神は主催した宴の席で、髪長比売に酒を盛った柏の葉をもたせ、大雀に下賜《かし》して願いをかなえてやった。そして、右のような歌謡を披露したというのである。つづけて天皇は、

水溜《た》まる　依網《よさみ》の池の　堰杙《ゐぐひ》打ちが　刺《さ》しける知らに　蓴繰《ぬなはく》り　延《は》へけく知らに　我が心しぞ　いや

愚《をこ》にして　今ぞ悔《くや》しき　（記四五）

ともうたったと、記されている。「依網の池」は堺にあった池で、堤がくずれるのを防ぐために杭を打った（刺した）。「蓴」は蓴菜《じゆんさい》のこと。沼に生え、水面まで長くのびている茎が縄に似ているところから沼縄《ぬなわ》。寒《かん》天《てん》質におおわれた新葉が食用となる。水があふれる依網の池で、杭打ち男が打ったのもしらないで、ジュンサイ採りの男が手をのばして採ったのも知らないで、おれの心はなんと愚かなことよ、悔しいことに。杭を打つのもジュンサイをたぐり寄せるのも、ともに女性を手に入れることの比喩となっている。何のことはない、この歌謡も好《す》いた女をほかの男にとられてしまった、悔《くや》しさつのる恨み節なのである。

二首ともに応神天皇がうたい手となっているが、もともとは野遊びでうたわれた歌謡だろう。男たちも野に出てノビルを採り、また水に足をぬらしてジュンサイを採った。「いざ子ども　野蒜《のびる》摘みに　蒜《ひる》摘みに　我が行く道の」は、手拍子がほしくなるほど明るい歌謡だ。ここに深刻な嘆きがないのは、どこにでもありそうな烏滸《おこ》の沙汰《さた》を皆して笑いとばすことのできる、集団歌謡だからだろう。

『万葉集』にもジュンサイがうたわれていて、こうだ。

我《あ》が心ゆたにたゆたに浮き蓴辺《ぬなはへ》にも沖にも寄りかつましじ　（巻7一三五二）

ほかに「紫の名高《なたか》の浦のなびき藻の心は妹《いも》に寄りにしものを」（巻11二七八〇）、「飛鳥川瀬々《せぜ》の玉藻《たまも》のうちなびき心は妹に寄りにけるかも」（巻13三二六七）、「今更《いまさら》に何をか思はむうちなびき心は君に寄りにしものを」（巻4五〇五）といった歌もあるから、男がうたったとも読めるし、女がうたったとも読める。

「ゆたにたゆたに」のユタは、「豊かなさま」「ゆるやかなさま」を意味するユタと同根。沼池の水にゆらぐジュンサイ。もしこれが求婚された女性の歌だとすると、ことここにいたってなお、摘んでいるジュンサイよろしく心がゆれ動くのである。幸いなのだとよくよく知りながら、それでもなお決心がつかない。当世風ならマリッジ・ブルーの歌か。

春菜を贈る

（1）戯奴《わけ》がため我《あ》が手もすまに春の野に抜ける茅花《つばな》そ召して肥《こ》えませ　（巻8一四六〇）
（2）君がため山田の沢にゑぐ摘むと雪消《ゆきげ》の水に裳《も》の裾濡《すそぬ》れぬ　（巻10一八三九）
（3）あしひきの山沢ゑぐを摘みに行かむ日だにも逢はせ母は責むとも　（巻11二七六〇）
（4）伎波都久《きはつく》の岡の茎韮《くくみら》我摘めど籠《かご》にも満たなふ背《せ》なと摘まさね　（巻14三四四四）

「茅花」は茅《ちがや》の初穂。ツはチの転音だろう。チガヤはあまり丈《たけ》高くはならず群生するから、「浅茅が原」とも。（1）は紀女郎《きのいらつめ》が大伴家持に贈った歌の一首。紀女郎は名を小鹿といい、父の紀鹿人《かひと》も『万葉集』に歌をのせる歌人である（巻6九九〇）。夫の安貴王《あきのおおきみ》もしかり（巻3三〇六）。よくはわからないが、家持よりはずっと年上の女性であって、いわゆる男女の仲ではなく、歌のやりとりを楽しむような続き合いだったらしい。

「戯奴」は年少の召使いを呼ぶことば。家持を戯れてそう呼んでみたということだろう。おまえのために、手を休めもせずに春野で摘んだツバナですよ、召し上がってお肥《ふと》りなさいの意。たしかに、チガヤの根茎を乾燥させた白茅根《はくぼうこん》は漢方薬でもあるから[44]、体に悪いわけではない。しかし、もっぱら消炎・利尿・止血などの効能はあっても、滋養にすぐれているわけではない。多量の蔗糖《しょとう》を含んでおり、嚙《か》むとすこし甘みも感じられるが、ツバナをたらふく食べてみても、さて肥るかどうかは疑問である。

和《こた》えた家持の歌は、次のとおり。

　我《あ》が君に戯奴は恋ふらし賜《たば》りたる茅花《つばな》を食《は》めどいや痩《や》せに痩す　（巻8一四六二）

ご主人さまにわたしは恋をしているようでございます。いただいたツバナをどれほど食べても、ますます痩せるばかりです。主人と下僕という道ならぬ恋のわずらいで痩せております。これが家持の弁である。わが恋のはげしさに窶《やつ》れ、ツバナの薬効も期待できないと、戯れたのである。

紀女郎は家持のもとへ摘んだツバナの籠を送り、それに自身の歌をそえたのだろう。ただ、それだけではなしに、どうやら彼女は「静女」（『詩経』邶風《はいふう》）をふまえているらしい。「静女」は逢い引きの歌謡。三章のうちの最終章を引用してみる。

　牧《の》より荑《つばな》を帰《おく》る、洵《まこと》に美《うる》はしくまた異《めづ》らしき。女《それ》をし美《うる》はしとは為《おも》はず、美人《よきひと》の貽《おく》りものなる。

朱熹《しゅき》によると「静」は閑雅。したがって、「静女」はしとやかで雅やかな女性の意。古注は、この「静女」一編は風俗の乱れに反発し、貞淑な女性をたたえた作品と注釈している。紀女郎が、わが身を「静女」になぞらえうたってみた。とうぜん家持も下地となった「静女」を知っていて、女郎の歌に応酬する。贈答の実態はそのようなところかもしれない。もしも紀女郎が美麗の盛りも過ぎた肥満気味のミズ・メタボ、いっぽうの家持は何を食べても肥らず痩せに痩せたミスター瘦骨《そうこつ》だったと想像してみよう。互いの歌は大いに笑いをさそったことだろう。

（2）（3）（4）も若菜を摘む女性の歌。「ゑぐ」はカヤツリグサ科の多年草で、山沢に自生するクログワイというのが有力な説。レンゲソウ・セリ・クワイ・オモダカなどの説もある。クログワイには塊茎《かいけい》があり、白い鱗片を煮て食べる。それでも「ゑぐ」の塊茎はせいぜい直径一〜二センチほどしかなく、食用にするにはかなりの数を採らなければなるまい。愛しい夫（恋人）のためなら、冷たい雪解けの水に手がかじけようが、裳すそがぐっしょり濡れようが、けっして厭《いと》わないとうたっている。

（3）も「ゑぐ」摘みの歌。寒さのなかでのつらい仕事も、ことによっては心ときめく時間をもたらす。当時、娘の恋愛と結婚は、ことごとく母親が管理していた。わが娘に不相応な男が近づくのを、見逃すはずはない。「誰《たれ》そこの我《わ》がやど来呼《きよ》ぶたらちねの母に嘖《ころ》はえもの思ふ我《われ》を」（巻11―二五二七）という万葉歌もある。

叱《しか》られてふさぎ込んでいる折りも折り、こともあろうに、その原因である男がやって来て、しきりに女の名を呼ぶのだ。母に叱責《しっせき》されたばかりの娘にしてみれば、なんてデリカシーの「デ」もない男と、やるせない思い。未熟な恋の始まりというのは、おそらくそうしたものだろう。（3）では、母親の監視の目から解放された逢引への期待が、助詞「だに」「も」にうまく表われている。

（4）は東歌。「伎波都久」は地名だろうが場所不明。伎波都久の岡で「茎韮《くくみら》」を摘むとうたっている。ミラは韮《にら》の古名で、花茎のたったニラをククミラと呼んだらしい。ニラといえば、ラッキョウ（薤）・ワサビ（山葵）・ネギ（葱）・マメ（藿）とならび、中華料理五菜のひとつであるように、古い時代に大陸から日本に伝えられたもの。畑で栽培されるもののもあったようだが、右の歌では、山野に自生しているものを摘んでいる。

「どれほどニラを摘んでも籠いっぱいにならない」と嘆く若い女性。「それならあなたのいい人とお摘みなさいよ」とうたって、からかう年長の女性。上四句に別の人物が結句をつけ合わせた、かけ合いの歌になっている。若菜を摘む労働の場でうたわれたのだろう。そこは、年長の女たちが娘たちに恋愛と結婚の手ほどきをする場でもあった。ニラは、もっぱら扁平《へんぺい》で細くのびた葉が食用となるが、花茎の先端につく白い花も塩漬けにして美味。これまたチガヤと同じように、漢方薬として重宝されていること、周知のとおりである[45]。

ヨメナの草藪

妻もあらば摘《つ》みて食《た》げまし沙弥《さみ》の山野の上《うへ》のうはぎ過ぎにけらずや　（巻2二二一）

題詞に「讃岐《さぬき》の狭岑《さみね》の島にして、石《いは》の中の死人《しにひと》を見て、柿本朝臣人麻呂の作る歌一首并せて短歌」とある、長歌一首・短歌二首組みの第一短歌である。

長歌によると、人麻呂は「那珂《なか》の港」から東へ向けて船を出したものの、まもなく突風に遭い、かろうじて「狭岑の島」（沙弥島）にこぎつき泊まったという。そこで「波の音の　しげき浜辺《はまへ》を　しきたへの枕になして　荒床《あらとこ》に　ころ臥《ふ》す君」（巻2二二〇）を発見する。「しきたへ」は「枕」にかかる枕詞。栲《たえ》は楮《こうぞ》の繊維を織った布で、ときに枕にもした。もちろん、ここで行路死人が枕にしているのは、波の音がとどろく浜辺でしかなく、臥せっているのも荒々しい岩床である。

「ころ臥す」は原文では「自伏」。「自」はコロと訓《よ》み、自分自身あるいは一人を意味するから、死者がただ一人で横たわっているのをいう。「ころ臥す」ということばには、たえず潮騒《しおさい》が聞こえはしても、なおひっそり閑《かん》と静まりかえった、寂寞《せきばく》たる光景がうかんでくるようだ。だから人麻呂は、死者にむかって、家がわかったら行って知らせもしようし、あなたの妻が知ったらここへやって来て声をかけもしようものをと、慰めうたい続けるのである。

それにしても、なぜ人麻呂は、沙弥の山の「うはぎ」をうたうのだろうか。摘まれることなく若芽の頃も過ぎ、すでに薹《とう》がたち、茂りに茂ったヨメナの草藪《くさやぶ》に、かえって行路死の悲しみをおぼえたのかもしれない。ヨメナは春の語らいを記憶した野の花なのだから(46)。

夏の海がひろがる瀬戸内、狭岑の島の一景である。

第二章　灌仏と行像【4月】

首夏をうたう

四月の異称に初夏・正陽月《せいようづき》・首夏《しゅか》など。首夏といえば、例の白楽天の「首夏」と題する格詩（古詩）が思い出される。いまは冒頭の一部だけを引用してみよう。

林静かにして蚊《かい》未《ま》だ生ぜず、池静かにして蛙《かはづ》未だ鳴かず。
景長くして天気好《よ》く、竟日《きやうじつ》和にして且《かつ》清なり。
春禽余哢《しゅんきんよろう》在り、夏木《かぼく》新陰成る。
兀爾《こつじ》として水辺に坐し、翛然《せうぜん》として橋上を行く。

林は静か、池も静か。蚊はまだわかず、蛙の大合唱もまだ聞こえない。日が長くなり晴れわたった一日。鳥は春のなごりかさえずってはいるけれど、夏木立の陰はますます濃くなっていく。することもなく水辺で坐り込んだり、ぶらぶらと橋の上を歩いてみたり。白楽天がうたうのは、すがすがしい初夏の風景である。

「首」は、正月（一月）を「首春」（『初学記』巻3「歳時部」）というのにひとしく、「はじめ」の意、よって「首夏」とは「夏のはじめ」という意味になる。白楽天の作品が人口に膾炙《かいしや》したのは平安時代になってからだから、万葉びとが作品「首夏」を知っていたわけではない。が、四月の異名「首夏」は、はやくに梁の簡文帝蕭綱《しようこう》（五〇三〜五五一）の「湘東王の首夏の詩に和す」（『初学記』同右）があるので、とうぜん万葉びともなじみの異名だっただろう。(47) 蕭綱は、こううたう。

涼風細雨を雑《まじ》へ、垂雲麥涼《ばくりやう》を助く。
竹木倶《とも》に蔥翠《そうすゐ》、花蝶両《ふた》つながら飛翔す。
燕《つばくらめ》　泥を銜《ふく》みて復《ま》た落ち、　鵑《ほととぎす》　吟じて更に揚《あが》らんと歛《ねが》ふ……。

「麥涼」は麦畑を吹きわたる涼しい風だろうか。竹も木々も一面にみどり色、花は散り蝶が舞う。ツバメが泥をはこんできて巣を営むのは、その家に吉兆である。

釈迦の誕生を祝う

首夏の八日には、釈迦の誕生を祝う灌仏会《かんぶつえ》が催された。右手で天を左手で地をさした誕生仏の像を、ハリコの白象に乗せて引っぱりまわしたり甘茶をかけたりする。今日ではもっぱら子どもの行事になってしまったが、はやく後漢の時代には灌仏の行事が、そして東晋の時代には釈迦像の巡行の行事が、すでにインドから将来されて、各寺院では盛大な法会がおこなわれていたようである。

やや時代がくだるが、北魏末の楊衒之《ようげんし》がまとめた『洛陽伽藍記』(「長秋寺」)には、祭日には刀を呑んだり火を吐いたりする奇術や、竿登りや綱渡りなど雑技団の小屋がけもあり、いよいよ六つの牙をもった白象に乗せられた釈迦像が通りに出てくると、それはたいへんなにぎわいで、山車《だし》のお旅所《たびしょ》は、一目見ようとおしよせた見物人でごった返し、死人までも出るほどだと書かれている。

東晋時代に漢訳された『仏説観仏三昧海経』(天竺三蔵仏陀跋陀羅《ぶつだばつだら》の訳出)に、

仏世を去りし後、三昧《ざんまい》正受して仏行を想《おも》ふ者は、亦《また》千劫極重の悪業《あくごう》を除かん。行を想はずと雖《いへど》も仏跡を見、像行を見る者は、歩歩に亦、千劫極重の悪業を除かん。

とあり、こころ静かに瞑想して釈迦が歩むすがたを想えば、それまでの重なる悪業をのぞくことができるし、たとえそうでなくとも、仏の足跡や仏像を山車に乗せてねり歩くのを見るだけでも、これまた悪業をのぞくことができると説いている。何ともありがたいことではないか。足跡を刻んだ仏足石については、のちに話題にしよう。

そもそも、釈迦が誕生するさまはどうだったのだろうか。敦煌出身の竺法護《じくほうご》が訳出した『仏説普曜経』「欲生時三十二瑞品」が説くところは、こうだ。

爾《こ》の時、菩薩右の脇より生じ、忽然《こつぜん》として身宝蓮華に住するを見る。地に堕《お》り七歩行き、梵音《ぼんおん》を顕揚《かか》げ無常なるを訓教す。我当《まさ》に天上天下を救度し、天人尊と為《な》り、生死の苦を断じ、三界に上なく、一切衆をして無為常安ならしむるべし。天帝釈梵、忽然《こつぜん》として来下《らいげ》し、名だたる香水を雑《まじ》へて菩薩を洗浴す。九龍上に在り、香水を下して聖尊を洗浴す。洗浴竟已《をは》りて身心清浄なり。

母摩耶夫人《まやぶにん》のわき腹から生まれ落ち、すぐに七歩あゆんで、一切衆生を救うために現れたことを宣言する。この仏はどうやら、現世にはじめて誕生したわけではないらしい。『長阿含経』「大本経」を読んでみると、過去荘厳劫三仏（毘婆尸《びばし》・尸棄《しき》・毘舎浮《びしゃぶ》）と現在賢劫四仏（拘楼孫《くるそん》・拘那含牟尼《くながんむに》・迦葉《かしょう》、それに釈迦）と七度も生まれかわって、衆生を世間の苦しみから救済するというのだ。

誕生すると、すぐに仏法をまもる帝釈天《たいしゃくてん》と梵天《ぼんてん》の神が天から降りてきて香水をかけて沐浴の奉仕をするし、龍王も飛び来たってまた奉仕する、と。この灌仏のできごとは、釈迦の生涯の「八相（八相成道《じょうどう》）」のひとつといわれている。「八相」とは、次のとおり。

降兜率《ごうとそつ》：前生の釈迦が兜率天から白い象に乗ってこの世に降りて来る。
托胎《たくたい》（入胎）：摩耶夫人の右脇から入って胎内にやどる。
出胎：四月八日に、右脇から出て誕生する。帝釈天らが大いに祝福し香水を浴びせる。
出城：無常を感じ、妻の耶輸陀羅《やしゅだら》を残して城を出る。妻は身ごもっていた。
降魔《ごうま》：六年修行して、菩提樹の下で悟りをひらこうとすると、そうはさせじと悪魔がじゃまをする。
成道：一二月八日に悟りをえて仏陀《ぶつだ》となる。
転法輪：鹿野苑《ろくやおん》で説法をはじめ、四五年の間、教えをひろめる。
入滅《にゅうめつ》：二月一五日に最後の説法を終えて、八〇歳で入滅。

釈迦がこの世に誕生しなければ、何もはじまらないのだから、仏教徒にとって「出胎」は「入滅」と同じように、たいへん重要なできごととして位置づけられていたのである。

元興寺の灌仏会

日本の正史に灌仏会が登場するのは、推古天皇一四年（六〇六）四月八日である。

銅《あかがね》・繡《ぬひもの》の丈六の仏像《ほとけのみかた》、並に造りまつり竟《をは》りぬ。是の日に、丈六の銅の像を元興寺《ぐわんごうじ》の金堂に坐《ま》せしむ。時に仏像、金堂の戸よりも高くして、堂に納《い》れまつること得ず。是に、諸の工人等《たくみども》、議《はか》りて曰はく、「堂の戸を破《こほ》ちて納れむ」といふ。然るに鞍作鳥《くらつくりのとり》の秀《すぐ》れたる工《たくみ》なること、戸を壊《こほ》たずして堂に入るること得。即日《そのひ》に、設斎《をがみ》す。是に、会集《つど》へる人衆《ひとども》、勝《あ》げて数ふべからず。是年より初めて、寺毎に、四月の八日・七月の十五日に設斎す。

「元興寺」という名称は、養老二年（七一八）九月に平城京へ移転してからで、それまでは飛鳥寺とも法興寺とも呼ばれている。丈六の仏像とは、明日香村の安居院にいます大仏さまらしい。丈《たけ》が高すぎて金堂の戸から入らないのを、戸口をこわすことなく堂に納めた鞍作鳥は、法隆寺金堂の釈迦像を作ったことでも有名な仏師である。この元興寺で、はじめて灌仏会と盂蘭盆会《うらぼんえ》がはじまったというのである。

元興寺は、大安寺・薬師寺・興福寺とならんで、朝廷の信仰が厚かった。大伴坂上郎女に、「元興寺の里を詠む歌」と題する、

故郷《ふるさと》の飛鳥はあれどあをによし奈良の飛鳥を見らくし良しも　（巻6九九二）

の一首がある。うたわれた天平五年（七三三）には、新京の元興寺は移ってすでに一五年の歳月を経ており、落ち着いたたたずまいを見せていたことだろう。坂上郎女は、飛鳥旧京にある本元興寺の里もよいが、それはそれとして新京の元興寺の里はさらにいっそうすばらしい、と讃美している。

毎年四月には、元興寺に花御堂《はなみどう》がもうけられ、灌仏会がひらかれていたはずで、そこに坂上郎女のすがたがあったかもしれない。すこし時代がくだるが、天平一九年（七四七）に伽藍の縁起と寺の財産を記録した『法隆寺伽藍縁起并流記資財帳』と『大安寺伽藍縁起并流記資財帳』に、それぞれ「金涅灌仏像一具」が記されているのは（『寧楽遺文』宗教編・経済編上）、元興寺にかぎらず、さまざまな寺院で灌仏会が続いていたことを語っていよう。

『続日本後紀』によると、仁明天皇の承和七年（八四〇）四月八日に、律師として伝灯法師をまねき、清涼殿ではじめて灌仏会がもよおされている。その後、毎年宮中でもとりおこなうのが恒例になったらしい(48)。

仏を讃える歌

灌仏会では、誕生仏に香水や甘茶をかけるとき偈文《げもん》を唱えた。「我今《がこん》灌沐《くわんぼく》諸如来《しよによらい》、浄智《じやうち》功徳《くどく》荘厳聚《しやうごんじゆ》、五濁《ごじよく》衆生《しゆじやう》令《りやう》離垢《りく》、願証《ぐわんしよう》如来《によらい》浄法身《じやうほつしん》」（『仏説浴像功徳経』）。それでは、万葉時代の灌仏会に、和歌の一首もうたわれなかったのだろうか。一〇月の維摩会《ゆいまえ》では、唐楽や高麗楽など外来楽の伴奏で「仏前の唱歌」（巻8一五九四）が唱和されているから、灌仏会にも多くの歌がうたわれていたとみるほうが自然だろう。

先に『仏説観仏三昧海経』から、行像とともに仏足石が信仰の対象となっているのを紹介した。四月八日ではないけれど、じつは日本でも仏足石を供養し、そこで仏足石歌体の歌謡が創作されていることが、この想像を援《たす》けてくれる。

仏足石は、釈迦の足跡を石に刻んだものだが、実際の足跡ではない。仏の仏らしさをあらわす「三二相八〇種好」にしたがって、「足下《そくげ》安平立相《あんぴょうりゅうそう》」（足の裏と地面がぴたりと密着する扁平足）、「足下二輪相」（足の裏に輪のかたちの千輻輪がある）、「足跟広平相《そくげんこうびょうそう》」（かかとが広くて平ら）、「長指相《ちょうしそう》」（手や足の指が長い）、「手足指縵網相《しゅそくしまんもうそう》」（手足の指のあいだに水かきのような金色の膜がある）、「手足柔軟相」（手足がやわらかで赤い）、「七処隆満相《しちしょりゅうまんそう》」（両掌、両足の裏、両肩、うなじの七か所の肉が円満で清らか）などといった特徴をもって彫れている。

わたしたちが薬師寺で拝する仏足石は、万葉びとが見ていたのと同じもので、天平勝宝五年（七五三）七月二七日に、智努王《ちぬのおおきみ》（文屋智努真人《ふんやのちぬのまひと》）が亡き夫人（あるいは母か）の追善のために造立したもの。智努王は、長皇子の子で天武天皇の孫にあたる。天平勝宝四年九月に文屋真人の姓を賜っている。宝亀元年（七七〇）一〇月に七八歳で没しているから、仏足石と歌碑を建てたのは五一歳のときである。『万葉集』にも歌を残している。「二十五日、新嘗会《にひなめまつり》の肆宴にして詔に応ふる歌六首」（巻19四二七三〜四二七八）の一首。

天地《あめつち》と久しきまでに万代に仕へ奉らむ黒酒《くろき》白酒《しろき》を　（巻19四二七五）

これは天平勝宝四年（七五二）、孝謙天皇のご座所だった東院で新嘗祭が執りおこなわれたときの歌である。天地とともに遠い先まで、万代までもお仕えしよう、このめでたい黒酒や白酒をささげて、の意。[49]

それよりさかのぼる天平一八年（七四六）正月に、元正太上天皇の西院で雪掃きの奉仕をし、その労をねぎらった肆宴を賜った官僚たちのひとりとして、智努王の名が出てくるが、歌は見ることができない。大伴家持によれば、「右の件《くだり》の王卿等は、詔に応へて歌を作り、次《つぎて》に依りて之を奏す。登時《そのとき》記さずして、その歌漏《も》り失《う》せたり」（巻17三九二二〜三九二六の左注）と。智努王は歌才のある人物であり、家持とも親交があったようだ。

さて、智努王が建てた仏足石は、正面の高さは七〇センチ・奥行きが七五センチ・幅一〇八センチほど不規則な六面体の角礫《かくれき》岩である。銘文によると、釈迦がはじめて法を説いた鹿野苑《ろくやおん》にあった仏足石を、唐の王玄策なる人物が写して長安の普光寺に伝え、それを遣唐使黄文本実《きふみのほんじち》が写して本国にもたらした。さらに智努王が絵師に写しとらせ、一三日をかけて石工に刻ませて完成したという。

模写に模写をかさね、はるばるインドから日本へやってきたのが仏足石であって、『仏説観仏三昧海経』の説く「千劫極重の悪業を除」こうとするひたむきな信仰と祈りが、それを可能にしたのだろう。

このありがたい仏足石のそばには、高さ一九〇センチ・幅五〇センチ・厚さ四センチほどの粘板《ねんばん》岩の歌碑があり、「仏跡を恭《うやま》ふ」一七首と「生死を呵嘖《かしゃく》す」四首の歌が彫られている。[50]「生死を呵嘖す」とは、現世の生死に迷うこころを責め、成道を勧めるという意。

第一首目は、こうである。第一首目だけは、刻まれた本文のまま引用しよう。［ ］内は打刻された仏足石歌の順番である。

美阿止都久留《みあとつくる》　伊志乃比鼻伎波《いしのひびきは》　阿米尔伊多利《あめにいたり》　都知佐閇由須礼《つちさへゆすれ》　知々波々賀多米尔《ちちははがために》　毛呂比止乃多《もろひとのた》
米尔《めに》［1］

わかりやすく表記するなら、「御足跡《みあと》作る　石の響きは　天に至り　地さへ揺すれ　父母がために　諸人のために」。仏足石を彫り造る石の響きが、天地までも震動させる。その功徳は父母のためであり、衆生のためである。仏教には「四恩」すなわち父母の恩、衆生の恩、国王の恩、三宝（仏・法・僧）の恩があり、それらの恩にむくいようとうたった。

（1）三十余り《みそちあまり》　二つの相《かたち》　八十種《やそくさ》と　具足《そだ》れる人の　踏みし足跡《あと》どころ　稀《まれ》にもあるかも［2］
（2）善き人の　正目《まさめ》に見けむ　御足跡《みあと》すらを　我はえ見ずて　石《いは》に彫《ゑ》りつく　玉《たま》に彫りつく［3］
（3）釈迦《さか》の御足跡　石《いは》に写し置き　敬《うやま》ひて　後《のち》の仏に　譲りまつらむ　捧《ささ》げまうさむ［9］
（4）釈迦の御足跡　石に写し置き　行き廻《めぐ》り　敬《うやま》ひまつり　我が世は終へむ　この世は終へむ［14］
（5）この御足跡を　廻《まわ》りまつれば　足跡主《あとぬし》の　玉の装ほひ　思ほゆるかも　見る如《ごと》もあるか［16］
（6）大《おほ》御足跡を　見に来る人の　去《い》にし方《かた》　千世《ちよ》の罪さへ　滅ぶとそいふ　除くとぞ聞く［17］

（1）は先にふれた仏の「三二相八〇種好」をうたったもの。仏足石の外側の五か所からはそれぞれ三本の光芒《こうぼう》が出ているが、一説に、これは光背とおなじで、衆生の迷妄の闇をやぶり真理をあらわす智慧《ちえ》を象徴しているといわれている。「この御足跡　八万光《やよろづひかり》を　放《はな》ち出《い》だし　諸々《もろもろ》救ひ　済《わた》したまはな　救ひたまはな」［4］とも。仏の足跡から放たれた光に照らされて、わたしたちは済度されるのである。

（2）の「善き人」とは、釈迦がまだ世にあった時代の善男・善女をいうのだろうか。釈迦にしたがっていた諸仏諸菩薩ととる解釈もある。「如何《いか》なるや　人に坐《いま》せか　石《いは》の上を　土と踏みなし　足跡残《の》けるら

む　貴《たふと》くもあるか」［5］。

玄奘三蔵の『大唐西域記《さいいきき》』には、屈支《クチヤ》国や那掲羅曷《ナガラハル》国、烏仗那《ウツデヤーナ》国、摩掲陀《マガダ》国などに仏足石が見られるが、ことに摩掲陀国波吒釐子《パータリプトラ》城のそれについて、次のようなエピソードがある。釈迦が北の拘尸那掲羅《クシナガラ》城に行こうとして、阿難《アーナンダ》に向かって、最後にここに足跡をのこして寂滅《じやくめつ》に入ろうと思うといい、一〇〇年後に無憂王《アショーカ》（阿育王）が天下を統一し、ここを都に、三宝を護持し神がみを使役するだろうと予言する。

その後、設賞迦王《シャシャーンカ》が仏法を破壊し、仏足石にも鑿《のみ》をいれてこわそうとしたが、たちまちもとどおりになり、河に棄ててしまっても、すぐにもとあった場所へもどったというのである。この仏足石こそ、唐使の王玄策が写しとったものにほかならない。

（3）の「後のほとけ」とは、現在は兜率天で説法をしているが、釈迦入滅の後、五六億七千万年経ったら、この世にあらわれて衆生を救う、弥勒菩薩のこと。その弥勒が降臨するまでのとほうもない時間、入滅した釈迦のよすがとして、いや釈迦そのものとして、仏足石を伝えていこうとうたうのだ。

仏足石を拝んだ人びとは、その功徳で、現世でおかした罪業だけでなく、過去世の数かぎりない罪業も消滅してしまう。だからこそ、仏足石の周囲をぐるぐる廻り礼拝しながら、今生を終えたいと祈るのである［14］。『西域記』ではインドの総説を展開しているが、そのなかで貴人や仏・仏塔に向かって礼拝する場合、一回あるいは三回、周囲をめぐる習俗があることを書いている。もし仏なら、仏を自身の右側に向けながら、右周りに三回めぐるのである。これを仏典では「右遶三匝《うにようさんそう》」という（一例に『大無量寿経』）。

仏足石をめぐると、釈迦の「玉の装ほひ」がこころに浮かんでくる［16］。「三二相」によると、釈迦は「上身如獅子相《じようしんによししそう》」（上半身が獅子のように威風堂々としている）であり、「肩円満相《けんえんまんそう》」（肩先が円くて剛腕である）でもある、すこぶる屈強な人物だったらしい。一〇歳にして、うずくまった象を空へ放り投げ、落ちてきたのを傷つけることなく受けとめたといったエピソードがあるくらいである(『過去現在因果経』求那跋陀羅《ぐなばつだら》の訳出)。

さて、万葉びとは、いったいどのような釈迦のすがたを、イメージしていたのだろうか。

やがて結夏へ

『万葉集』に、灌仏会の歌は残されていないけれど、歌人のひとり智努王が仏足石をめぐりながらうたったように、灌仏会の日には、花御堂の周りも万葉の歌があふれていたのではないか。「ナーム」(南無)ととなえ合掌するすがたは、誰も彼もうつくしい。灌仏会のにぎわいも遠のいた寺院に、やがて結夏《けつげ》がやってくる[51]。

第三章　時鳥、鳴く【5月】

悪月と善月

旧五月の異名は、まずひろく知られるように、皐月《さつき》である。そのほかに、暑月・悪月・善月・甤賓《ずいひん》とも。悪月の由来はすでにのべたとおりで[52]、高温多湿で食中毒や疫病が流行しやすくなることからだが、まったく逆に善月だというのは、正月・五月・九月が三長月で、この月は狩猟や殺生を禁止する月でもあったからである。

万葉の時代、ことに天平勝宝四年（七五二）の大仏開眼会で呪願をつとめた、大安寺の僧道璿《どうせん》の活躍でひろまった『梵網経《ぼんもうきょう》』（後秦の鳩摩羅什《くまらじゅう》の訳出）によると、「六斎日と年の三長斎月とに於《お》いて、殺生・劫《こふ》盗《たう》・破斎・犯戒を作《な》さば、軽《きやう》垢罪《くざい》を犯す」（「第三十軽戒」）と戒めている。つまり仏教のサイドからいうなら、五月とは、ほとけの教えがまもられ殺生のない月、つまり「善月」なわけだ[53]。

甤賓とは、これまた聞きなれない五月の異称。ふるく漢の班固の『白虎通義』[54]に「甤は下なり。賓は敬なり。陽気上りて極まり、陰気始まる、之を賓敬して言ふなり」とあり、夏至となって陽と陰の気が分岐するところから、名づけられたらしい。

五月はホトトギス

こうした五月を万葉歌のことばで形容するなら、「ほととぎす　鳴かむ」（巻17三九九六、三九九七）、「ほととぎす　来鳴く」（巻10一九八一、巻18四一〇一、四一一六、巻19四一六九）だろうか。『万葉集』に「ほととぎす」をうたう歌は一四〇首ほどもある。万葉の五月といえば、どうやら時鳥《ほととぎす》でなければならないようだ。

たとえば、大伴家持は、「独《ひと》り幄《とばり》の裏《うち》に居りて、遙かに霍公鳥《ほととぎす》の喧《な》くを聞きて作る歌」と題して、こううたっている。

高御座《たかみくら》　天《あま》の日継《ひつぎ》と　天皇《すめろき》の　神の命《みこと》の　聞こし食《を》す　国のまほらに　山をしも　さはに多みと　百《もも》
鳥《とり》の　来居《きゐ》て鳴く声　春されば　聞きのかなしも　いづれをか　別《わ》きてしのはむ
（巻18四〇八九の前半）

右は長歌の前半部。天平感宝元年（七四九）五月一〇日に、越中国守の家持がうたった。「高御座」とは、八角造りの天皇の御座。皇位とは聖なる日の神を継ぐものであり、天皇が治める国の「まほら」には、山がたくさんあるとうたう。「まほら」の「ま」はパーフェクトをしめす接頭語、「ほ」は秀、「ら」は接尾語で、すばらしいの意。天皇が支配するところは、天皇の徳が及んでいるのだから、当然、泰平であるという意識がある。

「国のまほら」には山がたくさんあるからと、さまざまな鳥がやって来ては鳴く、その声は、春ともなれば聞いていて感動もので、どの声がすばらしいと心をよせて区別するわけではないけれど。「かなし」は、「悲し」ではなく「愛し」。春の鳥たちのさえずりは、聞いていてかわいいと思うが、だからといって、どの鳥を愛でるというわけではない。これが家持の思いである。ところが、である。

卯《う》の花の　咲く月立てば　めづらしく　鳴くほととぎす　あやめ草　玉貫くまでに　昼暮らし　夜渡《よわた》し聞けど　聞くごとに　心つごきて　うち嘆き　あはれの鳥と　言はぬ時なし（巻18四〇八九の後半）

「心つごく」は、心がかき立てられて落ち着かないようす。「あはれ」は、しみじみとした感動を形容することばである。昼はひねもす、夜は夜通しホトトギスの声を聞いていても、聞くたびに心がときめき、ため息をつくほど趣《おもむき》深い鳥だ、と。

家持のホトトギスへの思い入れは大したもので、天平一九年（七四七）夏から天平勝宝三年にかけて、四三首ものホトトギス詠がある。ツル（タヅ）一〇首、タカ・ウグイスが七首、チドリが三首、キジ・カモが二首、そしてシマアジ・トラツグミ・カイツブリ・シギ・ツバメ・ニワトリが各一首で、ホトトギスへの執心は圧倒的だ。

これは長歌につづく反歌でも、同じ。

行《ゆ》くへなくあり渡るともほととぎす鳴きし渡らばかくやしのはむ（巻18四〇九〇）
卯の花のともにし鳴けばほととぎすいやめづらしも名告《なの》り鳴くなへ（巻18四〇九一）

ほととぎすいとねたけくは橘の花散る時に来鳴きとよむる　（巻18四〇九二）

「行くへなくあり渡るとも」の意味がはっきりしない。かつてはホトトギスが飛びまわって行方が知れないと解釈されていたが、近年では、そうでなくて、家持自身のことだろうとするのが一般的になった。暮らしの中で、たとえ途方にくれるようなことがあっても、ホトトギスが鳴いて渡っていったら、いまそうであるように、きっとその声に聞き惚《ほ》れるだろうというのだ。

「名告り鳴く」は、自分がホトトギスだと名のって鳴く、の意味だが、もちろんホトトギスは「ホトトギス、ホトトギス」と鳴くわけではない。ホトトギスの「ス」はウグイスやカラスの「ス」と同じで、もとは鳥をあらわす語で、「鳴き声」プラス「ス」らしい。すると、鳴き声が「ホトトギ」と聞こえたので、ホトトギスという名がついたことになるだろう。

反歌三首目では、ホトトギスを恨むポーズをとってうたう。ホトトギスが憎らしいのは、タチバナの花が散るころにやって来て、鳴きたてるからだ、と。ウノハナは満開でも、すでにタチバナは花の盛りが過ぎていたらしく、ホトトギスの声と同時に楽しめない物足りなさをうたった。

過注の人を連れて来る鳥

家持の歌以外の万葉歌にも、眼をむけてみよう。

（1）五月山《さつきやま》卯の花月夜《づくよ》ほととぎす聞けども飽《あ》かずまた鳴かぬかも　（巻10一九五三）

（2）神奈備《かむなび》の磐瀬《いはせ》の杜《もり》のほととぎす毛無《けなし》の岡にいつか来鳴かむ　（巻8―四六六）
（3）ほととぎすなかる国にも行きてしかその鳴く声を聞けば苦しも　（巻8―四六七）
（4）ほととぎす来鳴きとよもす卯の花の共にや来しと問はましものを　（巻8―四七二）

「五月山」は特定の山の名ではなく、次の「卯の花月夜」とともに、うたい手の造語。なかなかしゃれた表現で、のちに結句を「また鳴かむかも」として、『新古今和歌集』（巻3―九三）に採られている。「五月山」「卯の花」「月夜」「ほととぎす」と、花鳥風月のみやびがそろっているところから、王朝の人びとに好感をもって受けとめられたのだろう。

（2）は志貴皇子の歌。「磐瀬の杜」(55)は、額田王の姉らしい鏡王女もうたい（巻8―四一九）、『懐風藻』に詩二首をのこす刀理宣令《とりのせんりよう》なる人物もうたっている（巻8―四七〇）。鏡王女は「呼子鳥」を、刀理宣令は「ほととぎす」をうたっている。「呼子鳥」はどのような鳥かは不明だが、ホトトギス科のホトトギス・ツツドリ・カッコウ・ジュウイチなどの総称ともいわれている。磐瀬の杜は、万葉びとにひろく知られた、ホトトギスの鳴く聖地だったらしい。

ただし、志貴皇子は、「毛無の岡」で鳴いてくれることを願う。ケナシノオカは土がやせていて木があまり育たない、緑にとぼしい岡の意。そのような岡であっても、夏ともなれば精一杯の緑を茂らせようとする、だから、ホトトギスよ鳴き渡ってほしい、というのだ。志貴皇子の歌には、いつも小さなものや弱いものへのまなざしがある。

（3）でホトトギスがいない国へいきたいものだ、とうたうのは弓削皇子《ゆげのみこ》。皇子にとって、ホトトギスの鳴く声は、風流韻事のそれにとどまるだけでなくて、それどころか心を苦しめるつらい声であるという。

もちろん、心情は真逆。それほどホトトギスの到来が待たれるのだろうし、その声は感動をいざなうのだろう。

（4）には、すこし長い左注がある。神亀五年（七二八）四月初旬に、大宰帥《そち》大伴旅人の妻大伴郎女《いらつめ》が亡くなり、都から勅使の石上堅魚《いそのかみのかつお》が筑紫にくだってきた。その弔問がすんだのちに、「城の山」(56)に、帥の旅人をはじめ大宰府の文武百官とともに遊んだ。その宴で堅魚が旅人にうたいかけた歌である。しきりに鳴くホトトギスに、ウノハナの開花とともにやって来たのか、と問いたいものだ。ホトトギスとウノハナの取り合わせに、妻を亡くした旅人への同情をよせた歌。連れ合いがないので、こんなにもお前は鳴きたてるのだろうというのである。

旅人は和《こた》えて、

橘《たちばな》の花散る里のほととぎす片恋《かたこひ》しつつ鳴く日しそ多き　（巻8一四七三）

とうたっている。「橘」は妻を托したことば。散った花に恋焦《こ》がれながら、ホトトギスは鳴く日が多いと、妻を亡くした悲しみをうたった。「片恋」は相手のいない一方的な恋（片思い）であり、どれほど生前の妻を思慕してみても、もはやしかたのないことだけれど、と。参考までに、次のような作者未詳の歌を併記しておこう。

大和《やまと》には鳴きてか来らむほととぎす汝《な》が鳴くごとに亡き人思ほゆ　（巻10一九五六）

鳴き渡るホトトギスは、なつかしい過往《かおう》の人を連れてくる鳥であった。

ウグイスの愛し子

ひとりぼっちのホトトギスといえば、高橋虫麻呂のうたう「霍公鳥を詠む」歌を一読したい。長歌の前半は、こうである。

うぐひすの　卵《かひご》の中に　ほととぎす　ひとり生まれて　己《な》が父に　似ては鳴かず　己《な》が母に　似ては鳴かず……　（巻9一七五五の前半）

万葉びとも、ホトトギス科の鳥が自分では巣を営《いとな》まず、ウグイスの巣に産みこんでヒナを育てさせる托卵《たくらん》の習性があることを知っていたようだ。ウグイスはおよそ四、五個、ホトトギスは二個ほどを産むから、巣の中はヒナたちでひしめきあい、にぎやかなはずである。それなら「ひとり生まれて」とうたうのでは、辻褄《つじつま》があわない。

じつは、ウグイスとホトトギスでは、孵化《ふか》するまでの日数が、ホトトギスのほうがすこしだけ短い。したがって、最初に生まれてくるのは、かならずホトトギスである。それだけではない、生まれたヒナは、まだかえっていない卵を背中で押して、巣の外にすべて落としてしまう。こうして「ひとり生まれ」たホトトギスは、ウグイスの父母がせっせと運んでくれる餌を独り占めしながら、大きく育っていくのだ。

別に、かの家持は、「鳴くほととぎす　古《いにしへ》ゆ　語り継ぎつる　うぐひすの　現《うつ》し真子《まこ》かも……」（巻19四一六六）とうたい、ウグイスの現実の「真子」（愛《いと》しい子）だとうたっている。家持は、家族を血筋上の親子の関係ではなく、育てる・育てないかの関係で考えていたらしい。

ところが、虫麻呂といえば、もっと生物学的に見てしまう。父に似て鳴く・母に似て鳴く、つまり家族なら、何よりもまず似ていなければならないのだ。こうして虫麻呂は、ホトトギスは宿命として父や母を知らない孤児、親に似ていない孤児、家族のない鳥だというのである。

卯の花の　咲きたる野辺ゆ　飛び翔《かけ》り　来鳴きとよもし　橘の　花を居散《ゐち》らし　ひねもすに　鳴けど聞き良し　賂《まひ》はせむ　遠くな行きそ　我がやどの　花橘に　住み渡れ鳥　（巻9一七五五の後半）

虫麻呂は庭先に橘を植えていたのだろう。卯の花の咲いている野辺から飛んで来ては、一日中鳴いていても聞き飽きることがない。「賂」は贈りもの・褒美《ほうび》の意。贈りものをするから、遠くへ行かず、わたしの家に住んでほしい。これでは、父にも母にも似ては鳴かないホトトギスを、家族の一員としてあたたかく迎えようという口ぶりではないか。

長歌につづく反歌では、

かき霧《き》らし雨の降る夜をほととぎす鳴きて行くなりあはれその鳥　（巻9一七五六）

とうたっている。霧雨の降る暗い雨の夜、かん高いひと声を響かせながら、飛んでいってしまったホトトギス。「なり」は伝聞推定の助動詞だから、虫麻呂は声を聞いている。いや「鳴きて行く」だから、やがてはその声さえ消えてしまう、夜の闇を前にしているのだろう。雨夜のホトトギスは、あるいは虫麻呂の「孤独」というものだったかもしれない。

蜀魂の故事

先に弓削皇子の歌を見たが、皇子には額田王にうたい贈ったホトギスの歌もある。

吉野宮に幸《いでま》す時に、弓削皇子、額田王に贈り与ふる歌一首

古《いにしへ》に恋ふる鳥かもゆづるはの御井《みゐ》の上より鳴き渡り行く　（巻2一一一）

額田王の和《こた》へ奉《まつ》る歌一首　大和の京《みやこ》より進《たてまつ》り入る

古に恋ふらむ鳥はほととぎすけだしや鳴きし我《あ》が恋ふるごと　（巻2一一二）

持統天皇が吉野へ行幸したおりに、弓削皇子が飛鳥浄《あすかきよ》御《み》原宮《はらのみや》にいた額田王とやりとりした歌二首。かりに持統七年（六九三）の行幸だとするなら、弓削皇子は二三、四歳、額田王は六六、七歳くらいだろう。天智一〇年（六七一）に天智天皇が崩御、壬申の乱（六七二）では娘婿の大友皇子が自死、天武七年（六七八）に愛娘の十市皇女《とおちのひめみこ》が大友の遺児葛野《かどの》王を残して逝去、朱鳥元年（六八六）に天武天皇が崩御。持統四年（六九〇）には皇太子の草壁皇子の薨去をうけて鸕野《うの》皇后が即位する。そしてこの天子のもとで、柿本人麻呂が宮廷歌人として大いに活躍していた。額田王の周囲は、ずいぶんさびしくなっていたにちがいない。

古を恋う鳥でしょうか、ユズリハの御井のうえを鳴きながら大和のほうへ飛んで行きます（弓削）。古を恋うて飛び渡るというのはホトトギスでしょう、その鳥はひょっとしたら鳴いたかもしれません、わたく

しが遠い昔を恋い慕うように（額田）。これがふたりの歌の大意。弓削皇子は、中国の故事をふまえ、古を恋う鳥は何かと謎かけ歌を贈ったのだった。さすがに一世を風靡《ふうび》した歌人の額田王で、返歌をもって即答している。

昔、蜀王の望帝杜宇《とう》は位を宰相《さいしょう》にゆずり、のちに復位しようとしたが果たせず、異郷で没した。死後、望帝はホトトギスとなり、春ともなれば昼夜わかたず悲しみ鳴いた。そこで、蜀の人びとはそれが王の魂であると知り、ホトトギスを「蜀魂《しょくこん》」というようになった。これがおおまかな蜀魂故事である。

老いてなお衰えることのない、額田王の歌の才《ざえ》は、吉野離宮でも喝采を得たことだろう。往年をなつかしむ最晩年の歌である。額田王は、『荊楚歳時記《けいそ》』の次のようなくだりも、ぼんやりと思い出していたかもしれない。

三月三日、杜鵑《ほととぎす》初めて鳴く。先づ聞く者、離別を主《つかさど》り、其の声を学び、人をして血を厠溷《かはや》の上に吐かしむ。聞く者、不祥として、之を厭《はら》ふ法、当《まさ》に狗の声を為《つく》り以て之に応ずべし。

ホトトギスの初音《はつね》は別れの兆し。声をまねる者は喀血《かっけつ》するし、厠《かわや》で声を聞くと不吉。これを祓《はら》うにはイヌの鳴き声を発すべし。額田王がイヌの鳴きまねをしたかどうかはともかくも、ホトトギスの初声は、離別の予兆なのだ。

こののち数年を経て、文武三年（六九九）に弓削皇子が三〇歳前後で他界する。額田王の没年はわからないけれど、皇子の訃報《ふほう》を聞くことはなかっただろうといわれている。

第四章　蟾蜍をとらえる【5月】

仙薬の材料

万葉びとが読んでいた舶来の一書に、葛洪《かっこう》の『抱朴子《ほうぼくし》』がある。儒家の四書五経とちがい、もっぱら仙人や神仙の世界が実際に存在するのだと説き、「あなたも学んで仙人になるべし」と主張する。いわば仙術のマニュアル本である。さまざまな仙薬の材料に解釈をほどこすなかに、次のようなくだりがある。

肉芝とは、万歳の蟾蜍《ひきがへる》を謂《い》ふ。頭上に角有り、頷《あご》下に八の字再重せるを丹書せる有り。五月五日の中時を以て之を取り、陰乾《かげぼし》にすること百日、其の左足を以て地に画すれば、即ち流水を為《な》し、其の左手を身に帯《お》ぶれば、五兵を辟《さ》け、若《も》し敵人の己《おのれ》を射る者あれば、弓弩《きゅうど》の矢は、皆反《かへ》つて自らに還《かへ》り向かふべし。（巻11「仙薬」）

五月五日は、肉芝をとらえる日である。「肉芝」とは肉の霊芝《れいし》とでもいう意味だろう。一万年生きた蟾蜍《せんじょ》（ヒキガエル）を捕獲し、それを陰干しにすること一〇〇日。その左足で線を引くと水が流れ出し、その左手を体につけておくと、「五兵」を避《さ》けることができるという。「五兵」とは戈《か》・戟《げき》（矛の一種）・鉞《えつ》（まさかり）・楯《たて》・弓矢といった兵器の意。弓や弩《いしゆみ》で射かけられても、放たれた矢は一八〇度くるりと反転して飛んでいく。乾《ひ》からびたヒキガエルが、その効能を発揮するのである。

『抱朴子』（巻3「対俗」）によると、人間の寿命は一二〇歳なのに、けものの寿命はこうだ。ヘビはおどろくなかれ、無限である。脱皮をくりかえすところから、不死を想像したのだろう。獼猴《びこう》（チンパンジーの類）は八〇〇年、その後に猨《えん》（テナガザル）となる。蟾蜍は三〇〇〇年。この「対俗」篇ではそれほど長寿ではない。聖人が現れるきざしとして世にすがたを見せるという麒麟《きりん》（オスは麒でメスが麟）は二〇〇〇年。めでたい神獣で有名なわりには、大して長くも生きていない。

そのほかに、騰黄《とうこう》馬（駿馬の類）・吉光《きっこう》獣（神獣の類）は三〇〇〇年、虎・鹿・兎は一〇〇〇年、狐・狸・豺《やまいぬ》・狼は八〇〇年、猨は五〇〇年の寿命だが、変化《へんげ》して玃《かく》（オオザル）となり、玃の寿命は一〇〇〇年である。鼠は三〇〇年まで生き、満一〇〇歳になると色が白くなり、人にとり憑《つ》いて未来を告知する。

ヒキガエルが肉芝となるのは一万年をこえてからだが、たとえ肉芝になっていなくとも三〇〇〇年の寿命があり、人間のおよそ二五倍の長さをもつという。ヒキガエルの俗説を語るのは、もちろん『抱朴子』だけにかぎらない。隋の杜台卿《とだいけい》が編纂した『玉燭宝典《ぎょくしょくほうてん》』（五月）には、『玄中記』なる一書から「千歳の蟾蜍、頭に角を生ず。得て之を食らへば、寿千歳」を引用している。ふりかかる危険から身を守れるだけでなく、食べれば一〇〇〇年の長寿をたもつことができるというのである。

「万歳の蟾蜍」だの「千歳の蟾蜍」だのと、まさに噴飯ものだろうが、ただし、すべてを馬鹿げているとしりぞけるわけにはいかないようだ。後漢の崔寔《さいしょく》は、『四民月令《しみんげつれい》』で、是の月の五日、酢《す》を作るべし。利《げり》を止むる黄連丸・霍乱《かくらん》丸を合はす。葈耳《をなもみ》を采《と》る。蟾諸《ひきがへる》及び東行の螻蛄《けら》を取る〔蟾諸、京師は之を蝦蟇《がま》と謂ひ、北州は之を去甫《きよほ》と謂ひ、或は苦蠪《くろう》と謂ふ。以て悪しき疽《そ》創《さう》の薬を合はすべし。螻蛄は刺《とげ》を去り、産婦難《くる》しみて、児衣《えな》の出でざるを治《なほ》す〕。

と著している。黄連の根は、大腸菌やコレラ菌・チフス菌・赤痢菌などの殺菌作用をもち、「黄連丸」「霍乱丸」はその黄連を主成分とする漢方。葈耳の成熟した実は解熱・発汗・頭痛に効く。漢方でいう蒼耳子《そうじし》である。

蟾蜍はイヌに咬まれた傷や悪性の腫《はれ》ものに効き、その耳腺から出る分泌液である蟾酥《せんそ》は、こどもの疳《かん》の虫に効くといわれる。東行のケラは、方位の吉凶を占い、東の方角で採集したそれというのだろう。丸乾しにして難産の薬にした。

ヒキガエルはりっぱな漢方薬なのだ。

憶良、ヒキガエルをうたう

万葉歌人のなかで、もっとも『抱朴子』を愛読していたのは、山上憶良だろうか。作品には「人は但その当《まさ》に死ぬべき日を知らず、故に憂へぬのみ。若《も》し誠に羽翮《うかく》の期を延ぶること得べきを知らば必ず之を為《な》さむ」、「神農《じんのう》云はく、百病愈《い》えず、安《いか》にして長生すること得む」など、やたら『抱朴子』からの引用が多い。その憶良が、ヒキガエル（たにぐく）をうたうのである。

「惑《まと》へる情《こころ》を反《かへ》さしむる歌」の一部を読んでみよう。

……天《あめ》へ行かば　汝《な》がまにまに　地ならば　大君《おほきみ》います　この照らす　日月《ひつき》の下《した》は　天雲《あまくも》の　向伏《むかぶ》す極み　たにぐくの　さ渡る極み　聞こし食《を》す　国のまほらぞ　かにかくに　欲《ほ》しきまにまに　然《しか》にはあらじか　（巻5八〇〇）

神亀五年（七二八）七月二一日の日付のある作で、「子等を思ふ歌」（巻5八〇二・八〇三）や「世間《よのなか》の住み難きことを哀《かな》しぶる歌」（巻八〇四・八〇五）とともに、嘉摩三部作(57)と呼ばれている。天平元年（七二九）四月三日に、次のような勅が出ている。すこし長いが、憶良歌を理解するうえで参考になるだろう。

内外の文武の百官と天下《あめのした》の百姓《はくせい》と、異端を学び習ひ、幻術を蓄《たくは》へ積み、厭魅《まじもの》呪咀《とご》ひて百物《ひやくもち》を害《そこな》ひ傷《やぶ》る者《ひと》有らば、首《しゆ》は斬《ざむ》、従《じゆう》は流《る》。如《も》し山林に停《とど》まり住み、詐《いつは》りて仏の法《のり》を道《い》ひ、自ら教化《おもぶけ》を作《な》し、伝へ習ひて業《なり》を授け、書符を封印し、薬を合せて毒を造り、万方に怪《くゑ》を作《な》し、勅禁に違《たが》ひ犯す者有らば、罪亦《また》此《か》くの如くせよ。

「異端」とはよこしまな宗教。目くらましの術をつかい、まじないをして人びとをのろう。僧や尼となっても定められた寺院に住まず、大衆の面前であやまった説教をして扇動する、呪文を書いた書きつけをばらまく、あやしげな薬を調剤する、万民をあやしませ、勅で禁じられている行為の数かずを犯す。こうした不穏な動きが、憶良の周囲でも、社会問題となっていた。耕すべき田畑を放りだし、家族も棄てて、宗教ともいえぬ宗教にはしった「倍俗《ばいぞく》先生」なる人物を、歌をもって諭《さと》すのである。その反歌は

「ひさかたの天路《あまぢ》は遠しなほなほに家に帰りて業《なり》をしまさに」（巻5八〇一）。あなたの目ざす理想郷ははるか天のかなた、すなおに家に帰って家業にはげみなさい、の意。まずは足もとを見よというわけだ。
太陽や月が照らすこの大地は、天の雲がたなびくかなたまで、ヒキガエルがはい回るはてまで、大君が支配しているすばらしい国なのだから、思いのままにしてよいはずはないと結んでいる。「たにぐく」の名は、谷間にすんでククと鳴くからとも、谷間を潜《くぐ》るようにはい回るからとも、谷間にクグマル（うずくまる）からとも、いわれている。

さ渡るたにぐく

憶良以外にも、高橋虫麻呂が「たにぐく」をうたう。

白雲の　龍田《たつた》の山の　露霜に　色付《づ》く時に　うち越えて　旅行く君は　……山彦《やまびこ》の　応《こた》へむ極み　たにぐくの　さ渡る極み　国状《くにかた》を　見《め》したまひて　冬ごもり　春さり行かば　飛ぶ鳥の　早く来まさね　龍田道《たつたぢ》の　岡辺《おかへ》の道に　丹《に》つつじの　薫《にほ》はむ時の　桜花　咲きなむ時に　山たづの　迎へ参《ま》ゐ出む　君が来まさば　（巻6九七一）

これは、「四年壬申《じんしん》、藤原宇合卿《うまかいまへつぎみ》、西海道の節度使に遣《つか》はさるる時に、高橋連虫麻呂の作る歌」と題された歌。天平四年（七三二）に、藤原宇合が西海道の節度使となったときの餞《はなむけ》の歌である。当時は都から龍田山のふもとまで行き、そこで見送るのがならいだった。

白雲が立つというその龍田の山が、つめたい露霜に赤く色づくときに、越えて遠く地方へと旅立つ宇合さま、山彦のこだまする限り、ヒキガエルのはい回るはてまで、国情をつぶさに視察し、木々が芽生える春になったら、飛ぶ鳥のようにお帰りください。まず「白雲の　龍田の山の」と白色をうたい、さらに「丹つつじの　薫はむ時」「桜花　咲きなむ時」と真紅や淡紅色の明るい彩りをうたい重ねて、出立に花をそえている。

反歌は、「千万《ちよろづ》の軍《いくさ》なりとも言挙《ことあ》げせず取りて来ぬべき男《をのこ》とそ思ふ」（巻6九七二）。「取る」とは「殺す」の意。敵が幾千万あろうと、とやかく言わずに討ちとって来る、そうしたりっぱな男子だとうたう。今回の派遣は、地方監察官の性格が濃く、有事の軍事行動ではない。しかし、朝鮮半島にある新羅とのあいだでは、外交上の緊張がしだいに高まっており、防人らの軍備の充実が急務だった。別れの宴では、戦意の高揚をはかる歌も、もとめられたのだろう。

虫麻呂は、じかに憶良の作品にふれたようだが[58]、ここでも「たにぐくの　さ渡る極み」とうたっている。ヒキガエルがはい回る表現「さ渡る」の「さ」は、もともと一語で用いられていたが、やがて霊妙な・摩訶不思議な力のあるものに付く接頭語となった。ヒキガエルは、あの小さなからだで、ましてやあの短い四肢で、どこまでも這いまわる。それこそまるで神ワザなのだが、もうすこし「さ」をつけて形容される意味を考えてみる必要がある。

「たにぐく」は、祈年祭《としごいのまつり》の祝詞《のりと》にも、次のように出ている。

……生《い》く島の御巫《みかむなぎ》の辞竟《ことを》へまつる、皇神等《すめがみたち》の前に白《まを》さく、生く国・足《た》る国と御名は白して、辞竟へまつらば、皇神の敷きます島の八十《やそ》島は、谷蟆《たにぐく》のさ渡る極み、塩沫《しほなわ》の留まる限り、狭《さ》き国は広く、峻《さが》しき国は平らけく……。

ここでは、「塩沫の留まる限り」と対句。神たちが支配するたくさんの島は、「谷蟆のさ渡る極み」そして、海水の泡がとどまるはてまで、神の力によってせまい国土はひろく、けわしい国土はたいらかにしてと、豊饒《ほうじょう》の「大八州豊葦原《おおやしまとよあしはら》の瑞穂《みづほ》の国」（日本の美称・「大殿祭」祝詞）をことほぐのである。「たにぐくのさ渡る極み」は、かなり古い詞章だといってよいだろうし、祝詞にまで登場するのだから、ヒキガエルが「渡る」おこないそのものが、じつは重要な意味をもっていたにちがいない。

重ねて、その住処《すみか》をたずねてみよう。

ヒキガエルと案山子

『古事記』の神話から。国土の神である大国主神《おおくにぬしのかみ》が出雲国の美保《みほ》の岬にいると、波の上をガガイモの実[59]で作った舟に乗ってやって来る神がいるが、名前をたずねても答えてくれない。おともの神たちの誰も、その神の名前を知らない。

ここにたにぐく白言《まを》さく、「此《こ》は久延毘古《くえびこ》ぞ必ず知りたらむ」とまをせば、即ち久延毘古を召して問ひたまふ時、「此は神産巣日神《かむむすひのかみ》の御子《みこ》、少名毘古那神《すくなびこなのかみ》ぞ」と答へ白《まを》しき。……故《かれ》、其の少名毘古那神を顕《あら》はし白せし、謂はゆる久延毘古は、今に山田のそほどといふ者《かみ》なり。此の神は足は行かねども、尽《ことごと》に天下《あめのした》の事を知れる神なり。

海のかなたから訪れた神の名は、スクナビコナ。知っていたのはクエビコという神だった。この神は別に「山田のそほど」ともいい、田の神である案山子《かかし》である。クエビコは八百万の神がみのなかの、最高の知恵者なのだ。

（1）山田の中の一本足の案山子、天気のよいのに蓑笠《みのかさ》着《つ》けて、朝から晩までただ立ちどほし。歩けないのか、山田の案山子。

（2）山田の中の一本足の案山子、弓矢で威《おど》して力《りき》んで居《を》れど、山では烏がかあかと笑ふ。耳が無いのか、山田の案山子。

昭和七年（一九三二）の『新訂尋常小学唱歌』（第二学年用）から引用する、周知の「案山子」（武笠三《むかささん》作詞・山田源一郎作曲）である。尋常小学校の校舎に、「案山子」をうたうこどもたちの歌声がはじめてながれたのは、明治四四年（一九一一）といわれるから、今日まで、およそ一〇〇年にわたってうたい継がれてきたことになる。

うたわれる「山田」は山あいにある田んぼなのだろうが、そうした山と野が接するところは、村に住む人びとにとって、山からおとずれる神を迎える境界でもあった。「山田」は神まつりがおこなわれる場所だったといってよいだろう。

「天気のよいのに蓑笠」を着けているのは、神の神たるよそおいである。「歩けない」「一本足」であるこの異形《いぎょう》のすがたこそ、じつはクエビコの神の正体。こうして、歩くことのできないクエビコの足となり、メッセンジャーボーイとして活躍するのが、「たにぐく」である。だから、とうぜんのことながら神託を伝えるために、はるかかなたまで力づよくはい回るのであって、まさに神ワザなのだ。ここに「渡る」に接頭語の「さ」を冠して形容される意味がある。

「耳が無い」のも、クエビコらしいすがただろう。案山子はお世辞にも雄雄《おお》しくりっぱだとはいえず、醜《みにく》くこっけいな風貌《ふうぼう》で立っている。醜いといえば、ヒキガエルは皮膚があつく背中のいぼ状の突起は何ともグロテスクで、案山子に負けずおとらず、といえそうだ。この醜さもまた、神威を発する力だとみるべきだろう。

そもそもヒキガエルというのも、変わった名前である。これは「日招《ひお》き」つまり太陽を招くという意味に由来するらしい。ヒキガエルは、太陽がおとろえる冬は土中で冬眠してすがたを見せず、一陽来復のころになってふたたびすがたを見せるところから、ヒキガエルが太陽を招きよせる力をもっていると考えたのである。山田、稲作、案山子（クエビコ）、太陽信仰、そしてヒキガエル。こうして連想してみると、もはやヒキガエルは神そのものというしかあるまい。

中国のヒキガエル

また、あらたにヒキガエルの住処をさがそう。漢の時代、淮南王《わいなん》劉安が編んだ『淮南子《えなんじ》』にも、ヒキガエルが登場している。

日中に踆烏《しゅんう》有り、月中に蟾蜍《せんじょ》有り（「精神訓」）。

太陽には「踆烏」(三本足のカラス)がすみ、月にはヒキガエルがすんでいる。太陽の黒点から「踆烏」が想像されたようだが、なぜ三本足なのかは不明。これもまた、案山子が一本足であるように、異形の主である。日本では、「踆烏」は神武天皇の東征のくだりに見られる「頭八咫烏《やたからす》」だろう。神武が行軍に難渋していると、その夜、天皇の夢に天照大神があらわれて、次のように教えている(『日本書紀』神武天皇・即位前紀戊午《ぼご》年六月)。

天照大神、天皇《すめらみこと》に訓《をし》へまつりて曰《のたま》はく、「朕今《あれ》し頭八咫烏を遣《つかは》さむ。以ちて郷導者《くにのみちびき》としたまへ」とのたまふ。果して頭八咫烏有り、空より翔《と》び降《くだ》る。天皇の曰はく、「此の烏の来ること、自づからに祥《よ》き夢《いめ》に叶《かな》へり。大きなるかも、赫《さかり》なるかも。我が皇祖《みおや》天照大神、以ちて基業《あまつひつぎ》を助け成《な》さむと欲《おもほ》せるか」とのたまふ。

「咫《あた》」は、親指と中指とをひろげた長さ。頭が八咫もあるような大きなカラスの意で、太陽の女神である天照が、太陽にすむというカラスを使いによこしたのは、理にかなっていよう。このカラスの導きによって、神武天皇は、ついに大和の地に兵を進めるのである。

さて、この「踆烏」(ヤタガラス)と対になるのが、月の中の「蟾蜍」というわけだが、先に引いた『淮南子』には、じつはこの「蟾蜍」の出自を語る別のくだりもある。

羿《げい》、不死の薬を西王母に請《こ》ひしに、姮娥《こうが》竊《ぬす》みて以て月に奔《はし》り、悵然《ちやうぜん》として喪《うしな》ふ有りて、以て之に続くこと無きが若し。(『覧冥訓』)

弓の名人で一度に一〇ずつ出ていた太陽を九まで射落とした羿が、西王母に不死の薬を請うた。羿がこれを飲むまえに、妻の姮娥（嫦娥《じょうが》ともいう）が盗んで飲み、仙女となって月へ逃げた。それを知った夫は茫然として、追いかけることもできなかった。不老不死の薬を服用した姮娥が月精となったのだから、月は満ち欠けをくりかえしながらも、けっして滅びることはないわけだ(60)。

さらに、『芸文類聚』（「歳時中」）が引用する張衡の「霊憲」によると、「月は陰精の宗、積もりて獣と成り、蜍兎《じょと》を象《かたど》る」「又曰く、姮娥月へ奔る。是、蟾蜍と為《な》る」。つまり、月は陰の気がこりかたまったもので、やがてヒキガエルとウサギとなったといい、月へ逃げた姮娥がそのヒキガエルだともいう。死と再生の象徴が、ヒキガエルなのである。

姮は女の名、娥はぎざぎざのある斧のかたちで、転じてぎざぎざの髪飾りをつけたうつくしい女性をあらわす。つまり、姮娥はすこぶる美人だったのであり、それがグロテスクな蝦蟇・ヒキガエルになったところにも、この故事の面白さがある。

古墳にもヒキガエル

筑後川左岸に点在する屋形古墳群の一基に、珍敷塚《めずらしづか》古墳がある(61)。代表的な装飾古墳なのだが、すでに墳丘も玄室もなく、かろうじて奥壁といくつかの腰石が残っている。赤と青の顔料で描かれたその壁石に、ヒキガエルを見ることができる。

中央に三つの巨大な靫《ゆぎ》（矢をいれて携帯する道具）と大きな蕨手文《わらびてもん》、その下に舟をこぐ人。舟のなかにはポールが二本立っている（あるいは船室か）。舳先には鳥がとまり、舟をこぐのは、三角のとがった帽子をかぶった（あるいは三角な頭をした）人物で、おそらくこの墓の主か、墓の主のたましいを霊界へ送るシャーマンだろう。

靫の右側には、盾《たて》をもつ人物と同心円。同心円の下に、ヒキガエルが描かれている。ヒキガエルには、赤い斑点がたくさんあるが、目は青い。さらにその下には、箱または垣根にとまるカラスがいる。『淮南子』の「日中に踆烏有り、月中に蟾蜍有り」という世界が、ここにも存在するのだ。墓の主の死をかなしみ、再生を祈ったのだろうか。

五月五日はヒキガエルをとらえる日。そういえば、はるか遠い敦煌《とんこう》で発見された文書に、「蝦蟇の左足、右臂《うで》の上に繋《つな》ぎて著《つ》ければ、博戯決《かなら》ず勝を得る。吉なり」とあるのを思い出した。どうやらヒキガエルの足は、連戦連勝がかなう博打《ばくち》のお守りにもなったらしい。ヒキガエル、おそるべし。

第五章　水無月の小旱【6月】

水の月

水無月《みなつき》は六月の別称である。「な」を「ない」の意にとり「無」を入れて水無月と書かれるが、もともと「な」は「の」の意で「水の月」だったらしい。語源は、諸説あっておもしろい。雷月《かみなりづき》を省略してミナ月、暑さで水が涸《か》れるところから水無月《みずなしづき》の意、水がすくなく悩まされるところから水悩月《みずなやみづき》の意、農作業を皆し尽きる月の意、夏も盛りとなりホトトギスが鳴きやむ月（声皆尽《こえみなつ》き）の意などなど。ホトトギスは、シデの山からやって来て農を勧める田長《たおさ》で、シデノタオサとも呼ぶ。こうして六月は、農事と水にかかわる月である。

日本は、紀元前四〇〇年頃に稲作がはじまって以降、イネを中心に五穀を育てる農業をもって国の営みの大本《たいほん》としてきた。[62] よってもって、「豊葦原《とよあしはら》の千五百秋《ちいほあき》の瑞穂《みづほ》の地《くに》」（『日本書紀』神代上）という。これは、高天原にいる神がイザナキ・イザナミの二神に、行って治めよと命じるくだりにあることばである。天も地も混沌としてかたちも定まらずただよう中、アシの芽をモノザネにして国常立尊《くにのとこたちのみこと》が誕生したという。ある書によると、最初生まれた神は可美葦牙彦舅尊《うましあしかびひこじのみこと》だと記されている。湿原の葦はあふれる生命力を象徴しているのだ。

「千《ち》」も「五百《いほ》」もたくさんの意。「千五百秋」はいまでいう千秋万歳《せんしゅうばんぜい》で、ひじょうに長い時間（永久）を表しているのだろう。「瑞穂」を清音でミツホとよめば神の力によって栄える稲穂であり、濁音でミズホとよめば瑞々しい稲穂。日本とは、「アシがいっぱいに生えた湿原の、とこしえに豊かな秋の稔《みの》りある国」なのである。

したがって、当然のことながら、日照と天水の恵みのありなしは重大事である。作物の生育や収穫高のいかんでは、農民たちの暮らしぶりどころか、律令国家の安寧までもが大きくゆさぶられることになるだろう。

越中の旱魃

越中国に赴任していた大伴家持は、次のような歌をうたっている。長くなるが、あまり話題にならない作品なので、全体を引用して一読しておこう。

天平感宝元年閏《うるふ》五月六日より以来《このかた》、小旱《せうかん》を起こし、百姓の田畝《でんぼ》稍《やくや》くに凋《しぼ》む色有り。六月朔日に至りて忽ちに雨雲の気を見る。よりて作る雲の歌一首　短歌一絶

天皇《すめろき》の　敷《し》きます国の　天《あめ》の下《した》　四方《よも》の道には　馬の爪《つめ》　い尽くす極み　舟《ふな》の舳《へ》の　い泊《は》つるまでに
古よ　今の現《をつつ》に　万調《よろづつき》　奉《まつ》る官《つかさ》と　作りたる　その生業《なりはひ》を　雨降らず　日の重なれば　植ゑし田も
蒔《ま》きし畠《はたけ》も　朝ごとに　凋《しぼ》み枯れ行く　そを見れば　心を痛み　みどり子の　乳《ち》乞《こ》ふがごとく　天《あま》

つ水　仰ぎてそ待つ　あしひきの　山のたをりに　この見ゆる　天《あま》の白雲　海神《わたつみ》の　沖つ宮辺《みやへ》に　立ち渡り　との曇《ぐも》りあひて　雨も賜《たま》はね（巻18四一二二）
反歌一首
この見ゆる雲ほびこりてとの曇り雨も降らぬか心足《だ》らひに（巻18四一二三）
右の二首、六月一日の晩頭《ゆふぐれ》に守大伴宿祢家持作る。

雨落《ふ》るを賀《ほ》く歌一首
我《わ》が欲《ほ》りし雨は降り来《き》ぬかくしあらば言挙《ことあ》げせずとも稔《とし》は栄えむ（巻18四一二四）
右の一首、同じ月四日に大伴宿祢家持作る。

閏五月六日からこの一か月ばかり、越中では旱魃《かんばつ》がつづいていたらしい。「調《つき》」は成人男子の人頭税として徴収する各地の特産物をいうが、ここでいう「万調」は、「租」・「庸《よう》」をふくめた、すべての献上物の意。なかでも第一とするのは稲作によるコメである。ところが、水稲も陸稲も、水不足でしだいに凋《しぼ》んで枯れていく。それらを見ていると心が痛み、幼子《おさなご》が母の乳をもとめるように、天をふり仰いで雨を待つ。白雲よ海神《わたつみ》の宮まで立ち渡り、空一面にかき曇って、恵みの雨を与えてほしい。まぎれもなく祈雨《きう》の歌である。
つづいて雨が降ったのを祝う歌。「言挙げ」とは、降雨を祈り、ことごとしく言い立てることをいう。もともと「葦原の　水穂《みずほ》の国は　神《かむ》ながら　言挙げせぬ国」（巻13三二五三）である。大和の国は、高天原の神（天《あま》つ神）が統治しており、その秩序のもとにある国なのだから、神意にしたがってさえいれば、ことさら口に出してあれこれいう必要はないというのである。家持もまた、あえて喋喋《ちょうちょう》せずとも、天つ神の神意のままに、秋には豊かな実りとなるだろうとうたっている。日本は、基本的には人びとが〈する〉国ではなく、おのずから神意のままに〈なる〉国なのだ。

ところで、家持が海神への雨乞いをうたうのは、海の神（蛇・龍）が水・雨をつかさどるからである。今日の雨乞いも、しばしば龍神（蛇神）信仰と深く関係している。後代の例だが、天長元年（八二四）に弘法大師空海が祈雨法を修した神泉苑《しんせんえん》は、風水でいうところの「龍穴」で、池には龍が棲《す》んでいたといわれる。また修法の際に現れたのが善女龍王だったというのも有名だ[63]。

万葉の時代は、吉野から熊野にわたる聖水信仰があった。奈良県と和歌山県の県境にそって、山間部を高野山あたりから南下すると、空海の夢に難陀《なんだ》龍王が現れた龍神村にいたる。いわば、ここも広大な「龍穴」である。

ふれる順序が前後するが、長歌の「馬の爪《つめ》　い尽くす極《きは》み　舟の舳《へ》　い泊《は》つるまでに」も、家持の作品を私的な慰み歌でなく、公的な儀礼歌へと方向づけている。これは祈年祭《としごいのまつり》でとなえられる祝詞《のりと》をふまえたものである。祝詞のごく一部を読もう。

> 辞別《ことわ》きて、伊勢に坐《ま》す天照《あまて》らす大御神《おほみかみ》の大前に白《まを》さく、皇神《すめがみ》の見霽《みはる》かします四方《よも》の国は、天《あめ》の壁《かき》立つ極み、国の退《そ》き立つ限り、青雲《あをくも》の靄《たなび》く極み、白雲の堕《お》り坐向伏《ゐむかぶ》す限り、青海《あをみ》の原は棹柁《さをかぢ》干《ほ》さず、舟の艫《へ》の至り留まる極み、大海《おほみのはら》に舟満ち続けて、陸《くが》より往く道は、荷の緒《を》縛《ゆ》ひ堅めて、磐《いは》ね木ね履《ふ》みさくみて、馬の爪の至り留まる限り、長道《ながぢ》間《ひま》なく立ち続けて、狭《さ》き国は広く、峻《さが》しき国は平らけく、遠き国は八十綱《やそつな》うち掛けて引き寄する事の如く、皇大御神《すめおほみかみ》の寄《よ》さしまつらば……

地平線のはて、青みをおびた雲がたなびくはて、白い雲がこちらに向いて伏しているはて、さおや櫂《かい》がかわく間もないほどに船を進めた海のはて、しっかり荷の綱を引き締《し》め、岩や木を踏み破って、馬のひづめがたどり着いた地上のはてまでも、遠いところはたくさんの綱をかけて引き寄せるように、国土の神霊が天皇に八方の国土をさしあげるという。「わが大君」にかかる枕詞に「やすみしし」があるが、そのことばの原風景ともいうべき表現が、ここにある。

祈雨の祭事

家持が、六月の小旱に祈雨歌や喜雨歌をうたったのは、一国守としての意識、「みこともち」としての意識があったからにほかならない。「みこともち」とは、天皇の御言《みこと》を受け、それをもって任国にくだり、政治をおこなう官吏を意味する。つまり天皇の代行者である。まつりごとが政事であると同時に祭事でもある以上、季節の秩序ある順行は、天皇の徳行とけっして無縁ではありえなかった。史料から小話を二題。まずは皇極天皇の御代から。

六月（一六日に）微雨《こさめ》ふる。是の月に、大きに旱《ひでり》す。……（七月二五日）群臣《まへつきみたち》相語りて曰く、「村村の祝部《はふりべ》の所教《をしへ》の随《まにま》に、或いは牛馬を殺して、諸の社の神を祭《いは》ひ、或いは頻《しきり》に市を移し、或いは河伯《かはのかみ》に禱《いの》るも、既に所効《しるし》無し」といふ。蘇我大臣報《こた》へて曰く、「寺寺にして大乗経典を転読《てんどく》しまつるべし。……（二八日に）微雨《こさめ》ふる。（二九日に）雨を祈ふこと能《あた》はず。故《かれ》、読経《きやうよむこと》を停《や》む。八月の甲申《かふしん》の朔《つきたち》に、天皇《すめらみこと》、南淵《みなぶち》の河上《かはかみ》に幸《いでま》して、跪《ひざまづ》きて四方《よも》を拝《をろが》み、天を仰ぎて祈《いの》りたまふ。即ち雷なりて大雨《ひさめ》ふる。遂に雨ふること五日、天下《あめのした》を溥《あまね》く潤《うるほ》す。是《ここ》に、天下の百姓《おほみたから》、倶《とも》に万歳《よろづとせ》と称《よろこびまを》して曰《まを》さく、「至徳《いきほひま》します天皇なり」とまうす。

皇極天皇元年（六四二）、この年は三月、四月に雨が多かったが、六月に入って一六日に小雨は降ったものの、大旱魃となった。そこで、村びとは祝部（神官）のいうままに牛馬を殺していけにえにし、神がみを祀った。また、たびたび市場を別の場所にうつしたり、河の神に祈ったりもしたが、まるで効験はなかった。雨乞いの祭りで牛馬を屠殺《とさつ》するのは、中国の習俗だが、日本でもおこなわれていたらしい。

そこで、大臣の蘇我入鹿《いるか》が、寺で経典を唱え雨乞いをすることを提案。ことに百済大寺では、『仏説大雲輪請雨経』が唱えられた。三宝（仏・法・僧）の力にすがろうというのである。入鹿自身も香をたいて熱心に祈ったけれど、二六日に小雨が降っただけで、これまたかんばしい効験はない。二九日には、ついに経典の転読もやめてしまったという。

八月一日に、皇極天皇がみずから飛鳥川の川上にある南淵に行幸し、そこで四方を拝して雨を祈った。これは、のちに宮廷で元旦におこなわれる、四方拝の初めだといわれている。四方拝は、元旦の寅の刻に清涼殿の東庭で（今は午前五時半に神嘉殿の南殿）、天皇が属星《ぞくしょう》・天地・四方・父母の山陵を遥拝《ようはい》して、年災を祓い五穀の豊穣を祈念する儀式である。もともと中国でおこなわれていたものだが、この当時日本にもたらされたらしい。

皇極が祈雨の祭祀をとりおこなった南淵あたりは、たくさんの渡来人が住んでおり、彼らのもつ気象学の新しい知識を導入したのだろう。祭祀は成功し、五日間にわたって降りつづく雨は、乾いた天地を潤《うるお》す。その結果、皇極をすぐれた天皇として、人びとは大いに讃仰したのである。

次に紹介するのは、家持の祈雨歌がうたわれたのと同じ天平時代から、天平四年（七三二）七月五日に発せられた詔勅の一部である。

春より亢旱《かうかん》して、夏に至るまで雨ふらず。百川《はくせん》水を減《へ》し、五穀稍《やや》彫《しぼ》めり。実《まこと》に朕《わ》が不徳を以て致す所なり。百姓《はくせい》何の罹《うれひ》ありてか、燋《かし》け萎《な》えたること甚《はなは》だしき。京と諸国とをして、天神地祇《てんしんちぎ》、名山大川に自ら幣帛《みてぐら》を致さしむべし。

この年は五月以来まったく雨が降らず、二三日に畿内では雨乞いがおこなわれた。六月二八日にふたたび雨乞い。七月五日にも仏典による雨乞いをしてみたが、やはり効験は見られない。そこで、右のように聖武天皇はみずからの不徳を懺悔《ざんげ》し、伊勢や住吉をはじめ大神《おおみわ》など「天つ神」と「国つ神」、そして山口神や水分神《みくまり》といった名山・大河を支配している神がみに、幣帛《へいはく》を奉げて降雨を祈ったのである。

もちろん、それだけではない。冤罪《えんざい》で苦しんでいる人びとの救済・引き取り手のないしかばねの埋葬と供養・仏が戒めている飲酒と屠殺の禁止・七〇歳以上の高齢者、六〇歳以上で妻のいない者（鰥《かん》）、五〇歳以上で夫のいない者（寡《か》）、一六歳以下で母子家庭の子（孤）、六〇歳以上で子をもたない者（独）への福祉の充実そして罪人の大赦など、施策のめじろ押しである。安直な「徳」のバラマキともいわれかねないほどの勢いだ。

翌日の六日にふたたび詔勅を発布し、飼育されていたイノシシ四〇頭を、わざわざ国庫で買いあげたうえ山野に放っている。不殺生と放生《ほうじょう》を実践して、加護を求めようというわけだ。はたして時雨《じう》の恵みがあっただろうか。一五日には地震。八月四日になって、はじめて雨が降る。『続日本紀』には、「始めて大風ふき雨ふる」とあるところから、おそらく台風だろう。過ぎたるは何とやらで、二七日にもふたたび台風が襲い、住宅や寺の堂塔に被害が出ている。この年の収穫は絶望的だった。

不順な天候は、天皇の寡徳《かとく》によるものと考えられた。いや天候だけではない。三才（天・地・人）の森羅万象ことごとく、天皇の一挙手一投足と大きくかかわっていたのである。家持は、そうした天皇につかえる「みこともち」である。「百姓の患《うれ》へ苦しぶ所を知り……農功《のうくう》を勧《すす》め務《つと》めしめよ」（『戸令』）。これが国守の重要な責務であって、家持もつよく自覚していたはずである。空が一面にかき曇り雨となったとき、「我が欲《ほ》りし雨は降り来ぬ」と喜びうたう家持の心に、何も嘘《うそ》はなかった。

祈雨の文学

それでは、家持の祈雨や喜雨の歌は、雨乞いの祭祀のなかでうたわれたのだろうか。長歌に祈念祭の祝詞から表現を借りてきた部分があるのは、すでに見てきたとおりなのだが、これらの歌が神仏に奉られたとするのは、あやまりだろう。国守である家持が、主催者として祈願文の草案に目を通すことはあっても、実際に神を祭るのは神主や禰宜《ねぎ》・祝《はふり》など専門の職掌だったはずだ。

したがって、家持の歌は、文人としての作品であると、考えたほうがよいだろう。(64) 越中国にあった家持が、中国文学に親しみふかく学んでいたのは、周知のとおり。曹植《そうち》・謝恵連・鮑照《ほうしよう》・謝朓《しやちよう》・庾信《ゆしん》など、万葉の歌人に影響を与えている文人たちにも、喜雨を主題にした多くの作品がある。たとえば、太和二年（二二八）の曹植の作品は、こうだ。

天覆《おほ》ふこと何ぞ弥《いよいよ》広く、苟《まこと》に此の群生を育《はぐく》む。棄つれば之《これ》必ず憔悴《せうすい》し、恵めば之則《すなは》ち滋栄す。慶雲北より来り、鬱述《うつじゆつ》として西南へ征《ゆ》く。時雨《じう》終夜降り、長雷《ちやうらい》我が庭を周《めぐ》る。嘉種羨壌《かしゆせんじやう》に盈《み》つれば、登秋必ず成ること有らん。

（「喜雨詩并せて序」）

天はひろく地上をおおい、さまざまな命をはぐくみ育てる。雨雲が北方から湧《わ》き立ち、西南の空へと広がっていく。「鬱述」とは、勢いよく雲がはびこるさまをいうのだろう。雨は夜を徹して降りつづき、雷が庭をかけめぐる。たっぷり潤った大地にまかれた種は、やがては豊かな秋の実りをもたらすのである。

家持の歌は、この曹植の作品にとてもよく似ている。だからといって、家持がこっそりまねてみたというわけではあるまい。むしろ、積極的に中国文学わけても祈雨や喜雨の詩賦をまなぶところから、創作をこころみたというべきだろう。越中時代の家持の作品は、意外にゆたかな海彼性にささえられている。

止雨の歌も

ここでは旱魃を話題にしてきたのだが、それでは長雨や大雨の場合はどうするのか。雨乞いだけではなく、止雨《しう》の祭祀もおこなわれた。いうまでもなく、中国文学には止雨を祈り喜ぶ詩賦群がある。そして、かの家持にも、もちろんある。

霖雨《ながめ》の晴れぬる日に作る歌一首

卯《う》の花を腐《くた》す霖雨《ながめ》の始水《はなみづ》に寄る木屑《こつみ》なす寄らむ児《こ》もがも　（巻19四二一七）

「始水」は水量を増した流れの先端をいう。卯の花を腐らせるような長雨のせいで、流れ出す大水の鼻先に寄ってくる木端のように、そばに寄ってくる女性でもいないものかといったうたいぶり。雨上がりのうきうきした気分を、恋歌仕立てでうたってみたのである。

第六章　鵜飼の夏【6月】

蒸暑の楽しみ

蒸暑《じょうしょ》の宵に楽しむといえば、いまも鵜飼《うかい》は夏の風物詩だろうか。鳥の名は、しばしばその鳴き声からつけられるものだが、鵜の名はすこしちがっていて、浮く・産むのウ、追うのオが転じた、魚（ウヲ）を好むから、魚潜（ウヲカヅク）・魚呑（ウヲノミ）が約されたから、など。おもしろい語源では、ウッと丸呑みにするから、あるいはまた、ウの音は自然に発せられる安らかな音で、ものをたやすく呑む鳥の意から、といった説もある。

のどに魚の骨をつき立てたときに、「鵜ののど、鵜ののど、鵜ののど」ととなえながら、のどもとを両手でなで降ろすまじないがある。ウが水にもぐり、やすやすと魚を呑みこむことから連想されたのだろう。「ひいき鵜は又もから身で浮かみ《ママ》けり」とは、小林一茶の句（『おらが春』）。じつは、ウは餌をとる以外に水に入ることはあまりない。水鳥なのに、どうやら水に入るのが好きではないようだ。

かつては一八もの寺坊があったと伝えられる鵜戸山《うどやま》大権現、現在の鵜戸神宮（日南市宮浦）は、鵜《う》草葺不合命《がやふきあえずのみこと》を主神として祀っている。ウガヤフキアエズは、海の女神豊玉姫《とよたまびめ》が、

> 爾《ここ》に即《すなは》ち其の海辺の波限《なぎさ》に、鵜の羽を以ちて葺草《かや》に為《し》て、産殿《うぶや》を造りき。是に其の産殿未《いま》だ葺《ふ》き合へぬに、御腹《みはら》の急《せま》るに忍びざれば、産殿に入り坐《ま》しき。（『古事記』神代）

と、海宮からやってきて産んだ、火遠理命《ほおりのみこと》の子であり、神倭伊波礼毘古命《かむやまといわれびこのみこと》（神武天皇）の父である。

普通、屋根は芒《すすき》や茅《ちがや》、菅《すげ》などで葺くのだが、ここではウの羽根で葺いている。もちろん全体を羽根で葺いたのではなく、海鳥であるウの羽根を産屋《うぶや》にさすことで、海神を迎えようとしたのだろう。沖縄では、ウの羽根に安産の霊力がそなわっていると信じられており、これは中国からもたらされた習俗だといわれている。

鵜戸神宮の「ウド」は、空（ウツ）・洞（ウロ）に通じた「ウト」、あるいは、さらに出たり入ったりする場所をあらわす「ト」がついた「ウロト」が、つづまったのかもしれない。どちらにしても、自然の海食洞のさまからつけられた名だろう。それが主祭神であるウガヤフキアエズの「鵜草葺」に因《ちな》んで、鵜戸と書かれるようになったものと思われる。

ウはカツオドリ目ウ科の鳥で、世界には約四〇種もいる。[65] そのうち日本で見られるのは、ウミウ・カワウ・ヒメウの三種類で、鵜飼につかうのはもっぱらウミウである（ただし中国大陸ではカワウ）。漁法としては、ウをつかって魚を網に追いこむ「追鵜《おいう》」もあるが、もっとも知られているのは、夏の夜にかがり火をたき、舟にのった鵜匠《うしょう》がウの首に鵜縄《うじょう》をかけて、それをあやつりながら水中の魚を呑ませる「獲鵜《とりう》」だろう。

そもそも鵜飼は、四季それぞれにおこなわれ、夏の季節にかぎるわけではないけれど、季語は夏。そこで、便宜的に六月にすえて、万葉びとの鵜飼をのぞいてみることにしよう。

鵜飼の歌

まずは、『万葉集』からウをうたう歌を。越中国守時代の大伴家持がうたった天平二〇年（七四八）の「鸕を潜《かづ》くる人を見て作る歌」は、こうである。

（1）婦負《めひ》川の速き瀬ごとに篝《かがり》さし八十伴《やそとも》の緒《を》は鵜川《うかは》立ちけり　（巻17四〇二三）

「鵜川立つ」は鵜飼をするの意。婦負郡で鵜飼のさまを見て、婦負川の早瀬ごとにかがり火をともして、「八十伴の緒」が鵜飼をしている、とうたった。「伴の緒」は本来、官人を意味する。そこで、一説に、家持に見せるために管内の郡司たちが鵜飼をしていると解釈するのである。また別の一説によると、「八十伴の緒」をそこまでこまかく解釈しなくともよい、地元の漁労民の生業だともいわれている。どちらにしても、家持は鮎漁を見物して楽しんだのだろうし、歌もうたってみたのだろう。(66)

さらに、家持の「鸕を潜《かづ》くる歌」では、見て楽しむばかりでなく、家持自ら川の瀬に入って鵜飼をするとうたう。

（2）あらたまの　年行き反《がへ》り　春されば　花のみにほふ　あしひきの　山下とよみ　落ち激《たぎ》ち　流る辟《さき》田《た》の　川の瀬に　鮎子《あゆこ》さ走る　島つ鳥　鵜養《うかひ》伴なへ　篝さし　なづさひ行けば　我妹子《わぎもこ》が　形見がてらと　紅《くれなゐ》の　八入《やしほ》に染めて　おこせたる　衣《ころも》の裾《すそ》も　通りて濡れぬ　（巻19四一五六）

（3）紅の衣にほはし辟田川絶ゆることなく我《われ》かへり見む　（巻19四一五七）

（4）毎年《としのは》に鮎し走らば辟田川鵜八《や》つ潜《かづ》けて川瀬尋ねむ　（巻19四一五八）

作品には日付けがないが、天平勝宝二年（七五〇）三月八日の「八日に白き大鷹を詠む歌」（巻19四一五四、四一五五）と「季春三月九日に出挙《すいこ》の政に擬《あた》りて、旧江村に行く。道の上に物花を属目する詠《うた》并せて興中に作る所の歌」（巻19四一五九〜四一六五）のあいだに載せられている。

ふたつの作品のあいだに日数がないところから、八日に鵜飼をおこなって歌をうたったとも断言できない。まず鷹狩につかう「真白斑《ましらふ》の鷹」をうたっており、山野での鷹狩と河川での鵜飼の楽しみを、ここにならべてうたってみたのだろう。

年もあらたまり春がおとずれると、花が一面に咲いて色うつくしい山すそ、その山すそに瀬音を響かせて流れくだる辟田川には、若いアユが走り回る。「島つ鳥」は鵜の枕詞。記紀歌謡の、

……青山に　鵼《ぬえ》は鳴きぬ　さ野つ鳥　雉《きぎし》はとよむ　庭つ鳥　鶏《かけ》は鳴く　（記2）

といった表現のしかたと同じである。野にすむ鳥であるキジ（キギシはキジの古名）、庭で飼う鳥であるニワトリ（カケはニワトリの古名）の意から、「さ野つ鳥」「庭つ鳥」はそれぞれ枕詞となっている。「島つ鳥」も、ウが島にすむ習性から生まれたことばだろう。

家持は、鵜飼の人びとを引き連れ、かがり火を焚《た》きながら、流れをさかのぼっていく。「なづさふ」は水にもまれる・浮かびただようの意。舟から鵜縄をあやつるのではなしに、家持もじかに水に入って漁をしている。危険もともなっただろうが、その分、スリリングな醍醐味《だいごみ》もあったことだろう。いとしい妻が形見にしてほしいと、念入りに染めあげて送ってくれた着物も、すっかり濡れとおってしまった。つまりは、

それほど鵜飼が面白いというわけだ。

つづいて短歌の二首。紅の着物を色鮮やかに照り映えさせながら、この川の流れがたえることのないように、（たえることなく幾度も）おとずれて見よう。来る年ごとに、アユが走って飛びはねるようになったら、辟田川にウを幾羽ももぐらせて、アユを追いながら瀬をたどろう。ともに鵜飼をおこなっている辟田川を讃美してうたった。

平城京やその周辺に見られる河川とちがい、越中の雪どけ水で奔騰《ほんとう》する川面に、家持は強烈な印象をもったことだろう。残念ながら、辟田川の所在は明らかではないが、公務の合間に鵜飼を楽しむことができたのだから、国庁の近くの川であったと思われる。

池主にウを贈る

家持は、ひとり楽しんだだけではない。じつは、かつての下僚でいまは越前判官（掾《じょう》）となっている大伴池主に、わざわざ「水烏《う》」を贈っている。池主にも鵜飼を楽しむことをすすめているのだ（「水烏を越前の判官大伴宿祢池主に贈る歌」）。

（1）天離《あまざか》る　夷《ひな》にしあれば　そこここも　同じ心そ　家離《いへざか》り　年の経《へ》ぬれば　うつせみは　物思繁《ものもひしげ》し
そこ故《ゆゑ》に　心なぐさに　ほととぎす　鳴く初声を　橘の　玉にあへ貫き　かづらきて　遊ばむはしも
ますらをを　伴《とも》なへ立てて　叔羅《しくら》川　なづさひ泝《のぼ》り　平瀬には　小網《さで》さし渡し　速き瀬に　鵜を潜《かづ》
けつつ　月に日に　然《しか》し遊ばね　愛《は》しき我《わ》が背子　（巻19四一八九）

（2）叔羅川瀬を尋ねつつ我《わ》が背子は鵜川立たさね心なぐさに　（巻19四一九〇）
（3）鵜川立ち取らさむ鮎のしが鰭《はた》は我《われ》にかき向け思ひし思はば　（巻19四一九一）

これらの作品には、「右、九日に使ひに付けて贈る」の左注が付記されている。九日とは天平勝宝二年四月九日のこと。先の「鵜を潜くる歌」を創作してから一か月が経《た》っている。池主は、天平一九年（七四七）八月頃には転任していたようである。旧暦四月九日は、現在の太陽暦でいうなら五月一八日頃にあたり、アユがだんだん旨《うま》くなる季節だ。

奈良の都をはなれた鄙《ひな》暮らしということでは、そこ（越前にいるあなた）もここ（越中にいるわたし）も似たようなもので、同じ気持ちのはず。家をはなれて歳月も経ち、人の身ゆえにもの思いとやらも絶えない。そこで、気晴らしのために、ホトトギスの鳴く初声をタチバナの花玉とあわせ緒に貫いて、かずらにして遊ぶその間にも、ますらおのこたちをさそって、叔羅川の波になんぎしながらもさかのぼり、流れのゆるやかな瀬では小網《さで》を張ったり、ほとばしる早瀬ではウをもぐらせたりして、月ごと日ごとに遊びたまえ、わがいとしい朋友よ。

「橘の玉」は、五月の節句につくる薬玉《くすだま》のたぐいで、五色の糸で飾ったり、タチバナの花や実、ショウブ、ヨモギなども付けたりした。この薬玉にホトトギスの初鳴きの声をいっしょに通そうという趣向をうたった。「小網」は、水中に張り魚がはいる頃合いをはかってすくいあげる網とも、箕《み》のかたちをした四つ手網ともいわれているが、不明。

「鵜川立つ」は四〇一三でも見られたが、「小網さし渡す」とともに、後に紹介する、柿本人麻呂が吉野離宮でうたった歌（巻1三八）にあって、家持はこれに学んだのだろう。

（3）の「しが鰭」は、すこし補説が必要だろう。ハタは端《はた》・辺《はた》と同じでほとり・縁・わずかな部分を示し、ここでは魚の体側に張りだした部分、つまりヒレのこと。万葉びとは「鰭狭物《はたのさもの》」で小さな魚を、「鰭広物《はたのひろもの》」で大きな魚をあらわした(67)。

「し」は上にある「鮎」をさす指示語だから、アユの身はともかくも、せめてヒレくらいは切りとって越中へ送ってくれたまえ、とうたうのだろう。暗に、池主のもとに贈呈したウがたいそう有能であり、たっぷり鮎をとらえてくれるはずだといわんばかりである。冗談めいたうたい口が、かえって家持と池主の深い親交をかたってもいよう。

吉野の鵜飼

柿本人麻呂は、次のようにうたう。

やすみしし　我が大君《おほきみ》　神ながら　神さびせすと　吉野川　激《たぎ》つ河内《かふち》に　高殿《たかどの》を　高知りまして　登り立ち　国見をせせば　たたなはる　青垣山《あをかきやま》　やまつみの　奉《まつ》る御調《みつき》と　春へには　花かざし持ち　秋立てば　黄葉《もみち》かざせり　行き沿ふ　川の神も　大御食《おほみけ》に　仕《つか》へ奉ると　上つ瀬に　鵜川を立ち　下つ瀬に　小網さし渡す　山川も　依《よ》りて仕ふる　神の御代《みよ》かも　（巻1三八）

反歌

山川も依りて仕ふる神ながら激つ河内に舟出せすかも　（巻1三九）

「吉野宮に幸《いでま》す時に、柿本朝臣人麻呂の作る歌」と題された作品。持統天皇が吉野に行幸し、それにしたがったときの歌なのだろうが、持統は在位した一一年間に三〇回以上も吉野をおとずれており、いつの作なのかわからない。

あまねく天下を支配されているわが天皇が、神であるままに神らしくなさるとて、吉野川のほとりの高殿で、国見をなさる。すると、山の神も川の神もこぞって天皇にご奉仕するのだ、と。人麻呂は、持統が現人神《あらひとがみ》であることを前面に押しだし、自然の神（国つ神）たちを支配するありさまをうたった。川の神は天皇の食事に奉仕するために、上の瀬で鵜飼をし、下の瀬ですくい網を張っている。「鵜川」は川魚漁の一種。「上つ瀬に……下つ瀬に……」は、かなり古い表現らしい。宮廷古歌集をベースにして編まれたという巻一三の歌に、挽歌だが、

こもりくの　泊瀬《はつせ》の川の　上つ瀬に　鵜を八つ潜《かづ》け　下つ瀬に　鵜を八つ潜け　上つ瀬の　鮎を食《く》は
しめ　下つ瀬の　鮎を食はしめ……　（巻13三三三〇）

といった表現がある。人麻呂は、こうした伝統的な表現にのっとり、天皇讃美の宮廷歌を創作したのである。『日本書紀』には、神武天皇東征のおりに、吉野川の流域にすみ「梁作《やなう》ち取魚《すなどり》する者有り。天皇《すめらみこと》問ひたまふ。対《こた》へて曰《まう》さく、『臣《やつかれ》は是《これ》苞苴担《にへもつ》が子なり』とまをす。此則ち阿太《あだ》の養鸕部《うかひら》が始祖なり」といったくだりがある。[68]「苞苴担が子」は、稲・塩・鳥・魚など神や天皇に献上する御撰《みけ》を持っている若者の意。吉野川のアユは有名で、さかんに鵜飼がおこなわれていた。

同じ神武紀に、次のような歌謡もある。

楯並《たたな》めて　伊那瑳《いなさ》の山の　木《こ》の間《ま》ゆも　い行き瞻《まも》らひ　我はや飢《ゑ》ぬ　島つ鳥　鵜飼が伴《とも》　今助《す》けに来ね（紀一二）

伊那瑳山は、宇陀《うだ》郡榛原にある墨坂の古名とも山路山ともいわれているが、くわしくはわからない。兄《え》磯城《しき》のはげしい抵抗にあって、皇軍の兵士たちは難渋する。そこで、天皇が右のような歌をうたってなぐさめたという。楯をならべて射る、その「伊那瑳」山の木の間を通り、敵を見張りながら戦ってきたので、腹はペコペコ、鵜飼をしている者たちよ、助けに来ておくれ。戦いには後方の兵站《へいたん》も大事である。「鵜飼が伴」とは、ウを飼い漁労をもって天皇につかえる部民をいう。

『律令』「職員令」（宮内省・大膳職《だいぜんしき》）に、

大夫一人〈掌らむこと。諸国の調《でう》の雑物《ざふもち》のこと、及び庶《もろもろ》の膳羞《ぜんしゅ》造らむこと、醢《ししびしほ》・葅《にらぎ》・醤《ひしほ》・豉《くき》・未醤《みそ》・肴《さかな》・菓《くだもの》・雑《くさぐさ》の餅《もちひ》・食料《じきれう》のこと、膳部《かしはで》を率《ゐ》て以て其の事に供《ぐ》せむこと〉。亮一人。大進一人……使部《しべ》三十人。直丁《ぢきちやう》二人。駈使丁《くしちやう》八十人。雑供戸《ざふぐこ》。

とある。大膳職は、宮内省にあって朝廷での会食料理を担当する。朝廷に食品を供給するのが「雑供戸」である。水産物だけでも、鵜飼三七戸・江人八七戸・網引一五〇戸があてられていたようだ。一戸平均二〇人あまりとして計算すると、鵜飼に七〇〇人ほどが従事していたことになる。「上つ瀬に　鵜川を立ち」とうたう人麻呂が、吉野の川で見ていたのは、このような漁労民の奉仕するすがたなのだろう。

反歌では、「激つ河内に舟出せすかも」とうたっている。向こう岸に渡るために舟を出すと解してもよいが、長歌の流れから解釈するなら、鵜飼を見物する、観漁のための遊覧とみたほうがよいかもしれない。

殺生戒と食肉戒

万葉歌人のなかで、この鵜飼をいささか異なるまなざしで眺めている人物がいる。山上憶良である。天平五年（七三三）の作「沈痾自哀文」の冒頭で、こう論じている。

竊《ひそ》かに以《おもひ》みれば、朝夕に山野に佃食《でんしょく》する者《ひと》すらに、猶《なほ》し災害なくして世を渡ること得《う》〔常に弓箭《ゆみや》を執り、六斎《りくさい》を避けず、値《あ》ふ所の禽獣《きんしゅ》の、大きなると小《ちひ》さきと、孕《はら》めると孕まぬとを論《い》はず、並《とも》に皆殺し食《くら》ふ、こを以《もち》て業《なり》とする者を謂ふ〕。昼夜河海に釣魚《てうぎょ》する者すらに、尚《なほ》し慶福ありて俗《よ》を経《ふ》ることを全《また》くす〔漁夫《いをとり》・潜女《かづきめ》　各《おのもおのも》　勤むる所あり、男は手に竹竿を把《と》りて、能《よ》く波浪《なみ》の上に釣り、女は腰に鑿籠《のみこ》を帯びて潜《かづ》きて深き潭《ふち》の底に採る者を謂ふ〕。（巻5八九七の右）

考えてみると、朝夕山野で狩猟をしてそれを食べている者も、殺生の罪をうけることなく暮らしているし、昼夜河や海で釣りをしている者も、なお幸せに暮らしている。注では、さらに具体的に生業のありさまをつづる。仏教でいう殺生戒、もうすこしこまかくいうなら「一〇重四八軽戒」（『梵網経』）の第一重戒である殺生の禁断と、第三軽戒である食肉の禁断をふまえて、狩猟や漁労にたずさわる者たちは、これを犯している人びとだというのである。にもかかわらず、幸いに暮らしているのは理に合わない、といいたげな口ぶりではないか。

『梵網経』では、「自ら心を恣《ほしいまま》にし、意を快くして殺生せば、これ菩薩の波羅夷《はらい》罪なり」（第一重戒）・「肉を食せば、無量の罪を得ん」（第三軽戒）と説いている。「波羅夷罪」とはもっとも重い罪で、死後は「無《む》間《げん》地獄」（阿《あ》鼻《び》地獄）に堕《お》ちるらしい。

もちろん、こうした殺生戒・食肉戒は、憶良ひとりが意識していたわけではない。聖武天皇が建立した大仏が、『梵網経』の本尊である盧舎那《るしやな》仏だっただけに、万葉の人びとに殺生戒・食肉戒はふかく浸透していたはずだ。

ずっと時代はくだるが、後白河院が編んだ『梁塵秘抄』(69)によると、今様に、

鵜飼はいとほしや　万劫《まんごふ》年経る亀殺し　また鵜の首を結《ゆ》ひ　現世《げんぜ》はかくてもありぬべし　後生《ごしやう》わが身をいかにせん　（雑三五五）

とうたわれている。華やかな鵜飼のかがり火のむこうに見えてくる、鵜匠たちの逃れられない宿命をなげいた歌謡。ウの餌にするために「万劫年経る」めでたい亀を殺し、またそのウを使役してアユをとって喰らう。漁師たちは、たとえ二重に殺生の罪を犯しても、この世は何とか過ごしていけようが、後生の責め苦をいったいどうするのだろう、と。

はかなきこの世を過ぐすとて　海山稼《かせ》ぐとせしほどに　万《よろづ》の仏に疎《うと》まれて　後生わが身をいかにせん　（雑法文二四〇）

慈悲にあふれる仏の教えも、時として残酷である。

万葉食堂

夏のひと品

うざく

大伴家持の歌に、

石麻呂に我《われ》もの申す夏痩《なつや》せに良《よ》しといふものそ鰻《むなぎ》とり食《め》せ　（巻16三八五三）

痩す痩すも生けらばあらむをはたやはた鰻を取ると川に流るな（巻16三八五四）

がある。題詞には「痩《や》せたる人を笑ふ歌」とあり、わざわざ左注までも添えるという大仰さである。その左注によると、石麻呂は名医吉田宜の子だというから、おそらく彼も医者だったろう。また「多く喫《くら》ひ飲めども、形《かたち》飢饉《ききん》に似たり」と。大食いなのだが、それでいてガリガリに痩せていた。それをからかってうたった戯れ歌だろう。

ウナギは、万葉の時代も養生によいものの、例のヌルヌル（成分は糖たんぱく質のムコプロテイン）で捕まえにくいものだったらしい。じつはこのムコプロテインこそ、胃腸の粘膜を保護して消化吸収を助け、夏バテの栄養不足をふせぐ栄養成分だ。

【レシピ】ウナギ・蒲焼きのタレ（酒、みりん、醤《ひしお》、水飴＝砂糖の代用品、捌《さば》いたウナギの骨や頭）・三杯酢（米酢、みりん、水飴）・キュウリ（シマ目に皮をむき、好みによってさまざまなかたちに切り、軽くしぼって水気をとっておく）

タレはまず酒とみりんを強火で沸騰させアルコール分をとばす。醤と水飴を入れ、匙《さじ》で線が引けるほどまで煮詰める。切った蒲焼きのウナギ、キュウリ、三杯酢を全体まんべんなくあえる。冷やすとさらに美味。

「うざく」とは、ウナギと「ざく」っと切ったキュウリをあえることから、らしい。

秋

第一章　七夕【7月】

七夕の星祭り

七月の催事でことに有名なのは、牽牛《けんぎゅう》（一名を河鼓《かこ》ともいう）と織女《しょくじょ》が年一度の逢瀬をゆるされる、七夕《たなばた》の星祭りだろうか。「七夕」と書いてタナバタと読むのだが、もともと「七夕《チーシー》」と「たなばた」は異なるものだった。七夕は中国の行事だ。民俗学者の折口信夫は、いにしえ、おとずれる神《まれびと》を迎えるために、とくに選ばれた少女が「棚機《たなばた》つ女《め》」となり、海岸に棚作りして機《はた》を織りながら待つという儀式があった、儀式そのものはしだいにおこなわれなくなったけれど、伝説となって残っていた、それが外来の星神祭りの信仰とひとつになったのだ、というのである(70)。

他方、中国では裁縫がじょうずになるように祈る乞巧《きっこう》の行事があり、これが牽牛と織女が出会う七夕の伝承と結びつけられたらしい。たとえば、王仁裕《おうじんゆう》の『開元天宝遺事』（天宝下「乞巧楼」）によると(71)、

宮中、錦を以て結び楼殿を成す。高さ百尺、上は以て数十人に勝《た》ふべし。陳《なら》ぶるに瓜果・酒炙《しゅしゃ》を以てし、坐具を設けて以て牛女二星を祀《まつ》る。嬪妃、各九孔《きゅうこう》の針に五色の線を執《と》り、月に向かひて之を穿《うが》つ。

透《とほ》る者、巧を得たるの候《しるし》と為《な》す。清商の曲を動《ひびか》し、宴楽して旦《あした》に達《いた》る。士民の家、皆之に効《なら》ふ。

とあって、祭壇をもうけ、月に向かって針をとおしたり、にぎやかに宴がおこなわれたりしている。

こうした伝承と行事とが、中国から朝鮮半島を経て、日本に伝えられたのだろう。もうすこしうがった見方で史書をさぐると、『日本書紀』(応神天皇三七年二月)に、天皇のもとめにこたえて、呉の国から「工女《ぬひめ》兄媛《えひめ》・弟媛《おとひめ》・呉織《くれはとり》・穴織《あなはとり》、四婦人《よたりのをみな》」が派遣されている。

同じ内容の記録は、雄略天皇一四年正月にもあって、使者の身狭村主青《むさのすぐり》が呉から「手末《たなすゑ》の才伎《てひと》、漢織《あやはとり》・呉織《くれはとり》及び衣縫《きぬぬひ》の兄媛《えひめ》・弟媛《おとひめ》等」を連れて、帰朝している。中国のすぐれた織物の技術者たちが日本へやって来たのである。七夕は、乞巧の神事とともに、機を織ったり布を縫ったりする技術者の人びとがもたらしたようだ。

万葉びとが楽しんだ七夕は、すでにこのような中国の七夕と習合した行事だった。その雰囲気をよく語っているのは、『懐風藻』に見られる七夕詩だろうか。その一篇を読んでみたい。

仙期織室に呈《あら》はれ、神駕河辺《しんがかへん》を逐《お》ふ。笑瞼飛花《せうけんひくわ》に映《は》え、愁心燭処《しうしんしよくしよ》に煎《に》る。昔は河の越え難《かた》きことを惜しみ、今は漢《かは》の旋《めぐ》り易《やす》きことを傷《いた》む。誰か能《よ》く玉機の上に、怨《うらみ》を留めて明年《くるつとし》を待ためや。

(但馬守百済公和麻呂《たじまのかみくだらのきみやまとまろ》「七夕」)

大意は、こうである。七月七日の逢える日がきたので、織女星の乗った車は河辺に向かう。「笑瞼」は笑顔の意味。織女の笑顔は、飛び散る花びらに美しく映えるというのだ。逢えなかった「昔」は天の川の渡りにくいことを残念に思っていたけれど、逢えた「今」となっては天の川が旋回《せんかい》して時がたつのが口惜しい。「旋」とは、天空が北極星を中心にぐるりとまわることで、時間が過ぎ、別れねばならないあかつきになるのを恨んでいる。誰が美しい織物の機の上に、逢えぬ恨みをとどめ、来年の七夕を待つことができようか、誰もできないだろう。百済和麻呂は、(72) 逢えぬつらさをいだいた女の立場で創作している。来年の七夕まで待つことができようか、織女もわたしも。

このような作品からうかがえるのは、大陸渡りの七夕の華やぎであり、天上界のロマンに自らの恋愛をひきよせてみたポーズ。ハイカラなみやびに遊ぼうというのである。

人麻呂の七夕歌

七夕の万葉歌は一三〇首ほどあるのだが、ここでまず紹介したいのは、『柿本人麻呂歌集』の次のような歌。

天《あま》の川安《やす》の川原に　定而神競者磨待無　（巻10二〇三三）

この歌一首、庚辰《かうしん》の年に作る。

「秋の雑歌」冒頭にあつめられた七夕の歌三八首の最後の歌である。これにつづいて作者のわからない七夕歌六〇首が採録されている。二〇三三歌は三句以下をどのように訓《よ》むのか、いまのところ定訓がない。古い西本願寺本では「定まりて心競《くら》べば時待たなくに」と訓んではいるが、これでは歌の意味がはっきりしない。

そこで「定而《サダマリテ》　神競者《カミツドヒハ》　磨待無《トキマタナクニ》」「定而《サダマリテ》　神競者《カミシキホヘバ》　磨待無《トシマタナクニ》」「定而《シヅマリテ》　神競者《ココロキホヘバ》　磨待無《トキマタナクニ》」「定而《サダマリテ》　神競者《カミシキホヘバ》

麻呂《マロ》待無《モマタナク》」などなど、さまざまな訓みがこころみられてきた。とはいえ、どれもこれも歌の意味がいまひとつわからない。

定訓がないことで注目されるとともに、くわえて「庚辰の年に作る」の左注の記事もしばしば話題になるくだりである。この「庚辰」を天平一二年（七四〇）とする説もあるけれど、『人麻呂歌集』の七夕歌であることから、天武九年（六八〇）だろうというのが大方の説で、この左注は人麻呂自身が書いた自注が、そのままのかたちで現在の『万葉集』に転記され、残されたものらしい。[73]

（1）天の川安の渡りに舟浮けて秋立つ待つと妹《いも》に告げこそ　（巻10二〇〇〇）
（2）八千桙《やちほこ》の神の御代《みよ》よりともし妻人知りにけり継ぎてし思へば　（巻10二〇〇二）
（3）ひさかたの天《あま》つしるしと水無《みな》し川隔《へだ》てて置きし神代《かみよ》し恨めし　（巻10二〇〇七）

なんだか七夕の歌らしからぬこれらの歌も、人麻呂がうたった七夕歌。「安の渡り」は記紀の神話にあらわれる、高天原にある川の名だ。スサノオと姉のアマテラスが両岸に立って誓約《うけい》をしたのも、その後、石《いわ》屋戸《やと》にこもってしまったアマテラスを招き出すために、八百万《やおよろず》の神がみが集まって善後策を話し合ったのも、この天の安河《やすかわ》である。

安河の渡し場に舟をうかべて、秋が来るのを待っていると、あの女に伝えてほしいというのが、（1）歌の大意。もし七夕歌のグループで括られてないなら、たぶん牽牛も織女もイメージさえできないだろう。この歌からは、在来の神話を介しながら、中国の七夕の伝承がだんだん定着していったプロセスが想定できそうだ。

（2）のヤチホコは、小《ちい》さ子《こ》神の少名毘古那《すくなびこな》とともに国土を造った大国主《おおくにぬし》の別名。ここでは、「神代の大昔から」くらいの意味しかないのだろうが、『古事記』によると、ヤチホコ（オオクニヌシ）には「神語《かむがたり》」と呼ばれる歌謡物語がある。ヤチホコの妻問《つまど》いのイメージと牽牛が織女をたずねるそれとを重ねたのだろう。

（3）は、この広々とした天上界の、みだりに越えてはならぬしるしとして、水の流れていない川を、わたしたち二人をわける隔てとした神代のさだめが恨めしい、の意。「水無し川」は水が砂のなかを伏流するので、表面には流れが見えない。ところが、（1）歌のように、あるいはまた同じグループにある「我《わ》が背子《せこ》にうら恋ひ居《を》れば天の川夜舟《よふね》漕ぐなる梶《かぢ》の音聞こゆ」（巻10二〇一五）とうたっているので、「水無し川」では不都合。ここにも、神話に見える天の安川、その河原のイメージがはたらいている。もうすこし七夕の歌を紹介する。

（4）天の川水陰草《みづかげくさ》の秋風になびかふ見れば時は来にけり　（巻10二〇一三）
（5）遠妻《とほづま》と手枕《たまくら》交《か》へて寝たる夜《よ》は鶏《とり》がねな鳴き明けば明けぬとも　（巻10二〇二一）
（6）一年《ひととせ》に七日《なぬか》の夜のみ逢ふ人の恋も過ぎねば夜《よ》はふけ行くも　（巻10二〇三二）

（4）の歌は、牽牛の心とも織女の心ともいえそうだ。「時は来にけり」に、いよいよ秋の到来に心躍《おど》らせる語勢がある。「水陰草」は『万葉集』にこの一例のみ。水辺の陰に生えている草といった意味だろうが、なかなか気のきいた表現ではないか。人麻呂の造語なのかもしれない。（5）は、やっと逢えたのにはやくも夜が明け、別れなければならなくなった牽牛の心をうたった。いつも遠くに離れている妻とこうして手枕をかわした夜、鶏よ鳴きたてるな、夜が明けるなら明けたってかまうものか。鶏が鳴く時間を朝戸出《あさとで》の時といい、逢った男女が別れる時刻である。だから、鶏よ鳴くなというわけだ。（6）は、第三者が牽牛・織女の恋の苦しみを思いやった歌となっている。

『人麻呂歌集』歌につづく作者未詳歌のなかから、さらに四首を読もう。

（1）秋風の吹き漂《ただよ》はす白雲は織女《たなばたつめ》の天《あま》つ領巾《ひれ》かも　（巻10二〇四一）
（2）秋風の清き夕《ゆうへ》に天の川舟漕《こ》ぎ渡る月人《つきひと》をとこ　（巻10二〇四三）
（3）この夕降り来る雨は彦星のはや漕ぐ舟の櫂《かひ》の散りかも　（巻10二〇五二）
（4）天の川霧立ち上《のぼ》る織女《たなばた》の雲の衣の反《かへ》る袖かも　（巻10二〇六三）

（1）と（2）は、同じ秋風からうたい起こしながら、（1）では秋風に吹き漂う雲を、織女がうなじにかけている領巾に見立ててうたった。白雲は人をしのぶよすがであり、女たちが首にかけている領巾は、招きよせる力があるとされていた。牽牛の訪れをたたずんで待つ、織女のすがたが浮かんでくる一首だろう。

（2）でうたわれる「月人をとこ」には、すこし説明がいるかもしれない。「月人をとこ」は、天を渡っていく月をたとえたもの。古代の人びとは、牽牛と織女の再会は、夜空を渡っていく月が渡り終えてから始まると考えていたらしい。秋風がすがすがしく吹く宵、「月人をとこ」が天の川を渡ってしまえば、いよいよ待ちに待った牽牛が舟をこぎ出すのだ。

そこで（3）の歌。これも第三者の立場からうたった。七夕の宵《よい》に降る雨は、牽牛がせわしなく舟の櫂《かい》をうごかしたために飛び散ったしぶきだろう、と見立ててうたっている。これも先の二首と同じように、見立てに面白さがある。晴れてこそ天の川や牽牛・織女の二星もふり仰いで見ることができよう。この宵はあいにく雨。それをかえって楽しみにかえた歌となっている。
（4）も見立ての歌。天の川にたつ霧を、ひるがえる織女の袖と見た。「雲の衣」は、もともと中国語の「雲衣」で、これを翻訳して歌のことばとして用いたようだ。「雲衣」は、もちろん七夕詩では織女の袖を意味しているものの、それを和歌でうたってみようとしたところが、中国詩にもなれ親しんでいた万葉びとならではの、ちょっとした工夫である。

憶良の七夕歌

七夕歌といえば、山上憶良のそれもふれておきたい作品である。憶良には一二首の七夕歌があり、東宮（のちの聖武天皇）、左大臣長屋王、大宰帥《そち》大伴旅人などの主催する七夕の宴でうたっている。

（1）彦星し妻迎へ舟漕ぎ出《づ》らし天の川原《かはら》に霧の立てるは　（巻8―一五二七）
（2）たぶてにも投げ越しつべき天の川隔てればかもあまたすべなき　（巻8―一五二二）
（3）袖振らば見もかはしつべく近けども渡るすべなし秋にしあらねば　（巻8―一五二五）

中国の七夕は、織女が天の川を渡るのが基本的なパターン。憶良も大方、中国パターンで七夕をうたうのだが、ここではすこし変えてうたってみたようだ。渡河《とか》する織女を迎えに牽牛が舟を出すというのである。それにしても、（2）や（3）からは、大空にかかる天の川が、まるでどこにでもありそうな小川に思えてくる。小石を放りなげても届きそうな、袖を振ったら互いに顔と顔を見かわすことのできそうな、天の川なのである。

にもかかわらず、ふたりの出会いのむずかしさを、憶良は「すべなし」とうたっている。「すべなし」は、どのような方法もなく、宿命的に逃れようのない場合に用いられる。つまり牽牛と織女の悲劇は、宿命的なもので、どうしようもないというのだ。この「すべなし」は、憶良らしい表現で、たとえば、こう。

（4）世間《よのなか》の　すべなきものは　年月《としつき》は　流るるごとし　とり続《つつ》き　追ひ来るものは　百種《ももくさ》に　せめ寄り来《きた》る……たまきはる　命惜《を》しけど　せむすべもなし　（巻5八〇四）

（5）風交じり　雨降る夜《よ》の　雨交じり　雪降る夜は　すべもなく　寒くしあれば……かくばかり　すべなきものか　世間の道　（巻5八九二）

（6）すべもなく苦しくあれば出《い》で走り去《い》ななと思へど子らに障《さや》りぬ　（巻5八九九）

貧しさや病や老いなど、世の中の苦しみをうたう中で、「すべなし」が多用されている。（4）（5）（6）にくわしく説明の筆をくわえる紙幅はないが、こうした作品とならべて憶良の七夕歌を鑑賞すると、牽牛と織女のせっかくのロマンが、なんだかやたら苦渋と絶望に生きる人間味をおびてくるではないか。憶良らしいといえば、たしかに憶良らしい(74)。

中国の七夕詩に学ぶ

それでは、憶良より一首だけ多い、大伴家持の七夕の歌から五首ほどを。

（1）織女《たなばた》し舟乗《ふなの》りすらしまそ鏡清き月夜《つくよ》に雲立ち渡る　（巻17三九〇〇）

（2）天照《あまて》らす　神の御代《みよ》より　安の川　中に隔《へだ》てて　向かひ立ち　袖振りかはし　息の緒《を》に　嘆かす児ら　渡り守　舟も設《まう》けず　橋だにも　渡してあらば　その上《へ》ゆも　い行き渡らし　携《たづさ》はり　うながけり居《ゐ》て　思ほしき　言《こと》も語らひ　慰むる　心はあらむを　なにしかも　秋にしあらねば　言問《ことど》ひのともしき児ら　うつせみの　世《よ》の人我《ひとわれ》も　ここをしも　あやに奇《くす》しみ　行き変はる　年のはごとに天《あま》の原　振り放《さ》け見つつ　言ひ継ぎにすれ　（巻18四一二五）

反歌二首

天の川橋渡せらばその上ゆもい渡らさむを秋にあらずとも　（巻18四一二六）

安の川い向かひ立ちて年の恋日長《けなが》き児らが妻問ひの夜ぞ　（巻18四一二七）

（3）初秋風涼しき夕《ゆふへ》解かむとそ紐は結びし妹に逢はむため　（巻20四三〇六）

（4）秋風になびく川辺《かはび》の和草《にこぐさ》のにこよかにしも思ほゆるかも　（巻20四三〇九）

（5）青波《あをなみ》に袖さへ濡れて漕ぐ舟のかし振るほとにさ夜ふけなむか　（巻20四三一三）

（1）には、「（天平）十年七月七日の夜に独り天漢《あまのがは》を仰ぎて聊《いささ》かに懐《おもひ》を述ぶる」とあり、この年、家持二一歳。天平五年（七三三）に他界したらしい憶良が遺した歌巻に七夕歌があり、これに和するかたちでうたったようである。中国の七夕詩には、「落月粧鏡に移ろひ、浮雲別衣を動かす」（隋王眘《おうしん》「七夕詩」・『芸文類聚』巻4「七月七日」）といった表現もあり、若い家持はこうした中国詩に学びながら、創作にはげんだのだろう。

（2）は長歌と短歌二首の作品。じつは、これも憶良に長歌と短歌二首の七夕歌（巻8一五二〇～一五二二）があるところから、これにならって創作したもので、天平勝宝元年（七四九）の作。「安の川　中に隔てて」と、七夕を日本神話のなかでうたおうとしている。

天の安河を中に隔てたまま、恋焦がれているふたりだけれど、七夕の夜でもないかぎり渡し守は舟を出してもくれないし、せめて橋でもかかっていたら、その上を渡って行かれようけれど、あいにく橋もかかってはいないのである。

「うながけり居て」は、たがいにうなじに手をかけ合って、愛し合うことをいうのだろう。それもできないので、牽牛も織女も心慰められることがない。家持は、秋でなければことばさえ交わせないふたりの運命を、とうてい理解できぬ天上の不可解なできごととしてうたっている。

最後に（3）（4）（5）について。これは天平勝宝六年（七五四）にひとり天空をあおいで創作したもので、八首のうちの三首。「初秋風」は家持の造語だろう。「青波」は憶良の長歌（巻8一五二〇）からまなんだことばで、もとは七夕詩の「青波」・「青浪」・「蒼波」の翻訳語らしい。「かし振る」の「かし」は舟をつなぐための杭。青波に袖をぬらして舟を漕いでいるのは、おそらく牽牛だろう。その舟を杭につなぎ留めるのももどかしいほどに、大いに焦っているわけだ。

『万葉集』に見るかぎり、万葉びとはあまり星座に関心がない。雪月花をみごとにうたいあげるのに、なぜだか星をうたおうとはしないのだ。そのような中で、七夕歌は一三〇余首もあるのだから、ワシ座のアルタイルと琴座のベガは別格だったというべきか。

第二章　盂蘭盆【7月】

夏安居

夏安居《げあんご》は、旧暦四月一六日（日本では一五日）にはじまり、七月一五日をもって終わる。もともと安居とは、雨季に外へ出ると草木や小さな虫をふみ殺すおそれがあるところから、もっぱら洞窟や寺院にこもって、修行に専念することを意味したようだ。夏安居のほかに、雨安居・夏行・夏講・夏臘《ろう》・夏書・夏経・夏断・夏籠・坐夏・坐臘《ろう》・安居一夏などの呼び名がある。こうしたさまざまな呼称があるのは、それだけ年中行事としてひろくおこなわれていたからにほかならない。

そのはじまりを結夏《けつげ》・結制《けつせい》といい、終わりを解夏《げげ》・解制《かいせい》という。解夏には、信者たちは長いあいだ修行をつづけた僧尼のために、普段よりもいっそう多くの食べ物や金品を喜捨《きしや》した。解夏の旧暦七月一五日は、盂蘭盆の法会のおこなわれる日でもある。

かの中国では、たとえば六世紀にまとめられた『荊楚《けいそ》歳時記』に、「四月十五日、天下の僧尼、禅刹《ぜんさつ》に就きて掛搭《げたふ》す。之を結夏と謂ふ。又、之を結制と謂ふ」とある。「禅刹」は禅寺、「掛搭」は衣鉢袋を鉤《かぎ》にかけるの意。つまり、僧たちが寺院内にとどまり托鉢や修行・説法に外出しないというのである。(75)

わが国では、『日本書紀』推古天皇一四年（六〇六）に「是《こ》の年《とし》より初めて、寺毎《てらごと》に、四月八日、七月十五日に設斎《をがみ》す」とあるのが、初出。ただし、具体的にどのような法会がおこなわれたのかは、わからない。

天武一二年（六八三）七月にも、夏安居にふれたくだりがある。

> 秋七月の丙戌《へいしゆつ》の朔にして己丑《きちう》（四日）に、天皇、鏡姫王《かがみのおほきみ》の家に幸《いでま》して、病を訊《と》ひたまふ。庚寅《かういん》（五日）に、鏡姫王薨《みまか》りぬ。是の夏に、始めて僧尼を請《ま》せて、宮中《みやのうち》に安居せしむ。因《よ》りて浄行者《じやうぎやうじや》三十人を簡《えら》びて出家《いへで》せしむ。

七月に安居のくだりがあり、よく修行する者を選んで出家させているのは、結夏でなく解夏に際しておこなわれたからだろう。右に見るように、この月の五日には鏡王女が亡くなっている。鏡王女は額田王の姉ともいわれるものの、たしかなことはわからない[76]。

鏡王女は、鎌足の正妻として不比等を生むのだが、じつは鎌足に降嫁するまえに身ごもっていて、それが不比等だったという説もある。つまり不比等は鎌足の子ではなく中大兄の子だというわけだ。たとえこれが史実でなくとも、後代の不比等そしてその子どもたち（武智麻呂《むちまろ》・房前《ふささき》・宇合《うまかい》）の繁栄を考えると、鏡王女の死は丁重にあつかわれ、手厚い追善の供養がなされたことだろう。

解夏に三〇人もの人びとを出家させているのは、王女の逝去に関係しているかもしれない。くりかえせば、解夏は冥土から亡き人を迎え、追善の供養をする盂蘭盆の日でもあるからだ。

盂蘭盆会のはじまり

『日本書紀』斉明天皇三年（六五七）七月一五日に「辛丑《しんちう》に、須弥山《すみせん》の像《かた》を飛鳥寺の西に作り、且《また》、盂蘭《うら》瓫会《ぼんゑ》設《まう》く」とある。須弥山《しゅみせん》は、仏教の説く、世界の中心にそびえ立つという山である。その頂上は忉利天《とうりてん》で、梵天《ぼんてん》とともに仏法を守る神である帝釈天が住んでいるといわれている。須弥山を模した石造物を作って、飛鳥寺の西にすえたのだろう。

明治三五年（一九〇二）に、飛鳥寺の北西にひろがる石神《いしがみ》遺跡から、須弥山石が発掘された。高さは二・三メートル、上段は半球体の石で、中段は円柱、下段は臼形《うすがた》の三段重ねなのだが、もとは中段と下段の間や下段の下に、それぞれもうひとつずつ石があったようだ。中をくりぬき四方に穴がうがたれているところから、噴水庭園の施設として用いられていたらしい。

石神遺跡出土の須弥山が、斉明紀に記録されたそれであるとは断言できないにしても、斉明の時代に須弥山石のある施設が、衆目を集めていたのはまちがいあるまい。こうした石造物による環境づくりが仏教文化のハード面だというなら、盂蘭盆会はソフト面での充実というべきか。斉明紀では三年につづき、五年にも盂蘭盆会の記事がある。

庚寅《かういん》に、群臣《まへつきみたち》に詔《みことのり》して、京内《みやこのうち》の諸寺《てらでら》に、盂蘭盆経を勧講《と》かしめ、七世父母《しちせいぶも》を報いしむ。

飛鳥地域の寺院で、盂蘭盆経を講じ「七世父母」の供養をするように、詔を発した。ここで講じられた「盂蘭盆経」とは、竺法護《じくほうご》が訳出した『仏説盂蘭盆経』だろう。あるいはこれよりややみじかい『仏説報恩奉《ほう》

『盂経』だったかもしれない。どちらにしても、釈迦の高弟である目連（摩訶目犍連）が、餓鬼となってしまった母を救おうとする、ドラマ仕立ての経典だ。「七世父母」は上掲二経のどちらにも出てくることばで、自分にいたるまでの七つの世代をいう。

右のような記録が見られる斉明天皇三年から五年といえば、四年五月に中大兄皇子と越智娘《おちのいらつめ》の子である建王《たけるのみこ》が八歳で夭逝《ようせい》している。この孫の死は天皇をひどく悲しませたようで、『日本書紀』は、天皇が「万歳《ばんざい》千秋《せんしう》の後に、要《かなら》ず朕が陵《みささぎ》に合葬《あはせはぶ》れ」といい、折おりに口ずさんで泣いたという歌謡を載せている。

（1）今城《いまき》なる　小丘《をむれ》が上に　雲だにも　著《しる》くし立たば　何か歎《なげ》かむ　（紀一一六）

（2）射《い》ゆ鹿猪《しし》を　つなぐ川上《かはへ》の　若草の　若くありきと　吾《あ》が思はなくに　（紀一一七）

（3）飛鳥川　漲《みなぎら》ひつつ　行く水の　間《あひだ》も無くも　思ほゆるかも　（紀一一八）

今城の里の群山《むらやま》に、目印になるほどに雲が立ってくれるなら、何でこれほどまでに嘆いたりするものか。弓で射られた手負いの鹿や猪《いのしし》を追って足跡をたどる、その川辺にはえる若草のように、けっして幼かったとは思わないのに。飛鳥川にあふれて流れつづける水のように、とぎれる間もなく、あの子が思われてならないことだ。三首ともに平易な表現で、幼子に語りかけるような歌の調べからは、皇孫をいたむ斉明の悲しみがうかがえる。(77)

建王は「有順《みさをか》」（従順で節操があるさま）だったという。皇位継承者として血統も地位も恵まれながら、逆縁の不孝を負って亡くなった男児だけに、悲しみのなかにもおごそかな盂蘭盆の法会がとりおこなわれたことだろう。

すこし時代をくだってみよう。『続日本紀』天平五年（七三三）七月六日に、

庚午《かうご》、始めて大膳をして盂蘭瓮《うらんぼん》の供養を備《そな》へしむ。

とある。はじめて諸寺の盂蘭盆会の供物を、宮内省大膳職《だいぜんしき》の担当にしたという。正月一一日に、光明皇后の母である県犬養　橘　三千代《あがたいぬかいのたちばなのみちよ》が没しており、その死去が関係するのだろう。三千代は、はじめ美努　王《みぬのおおきみ》に嫁して葛城王（橘諸兄）・佐為王（橘佐為）・牟漏女王《むろのおおきみ》らの母となったが、のちに藤原不比等と結婚して安宿媛《あすかべひめ》（光明子）をもうけた。

天雲《あまくも》をほろに踏みあだし鳴る神も今日にまさりて恐《かしこ》けめやも　（巻19四二三五）

の一首を『万葉集』に残す歌人でもある。題詞には「太政大臣藤原家の県犬養命婦《みやうぶ》、天皇に奉《たてまつ》る歌」とあり、聖武天皇に献じた宴席歌である。「命婦」は後宮の女官の名称。天の雲をちぢに蹴《け》散らして鳴る雷のおそろしさも、今日にまさっておそれ多いことがありましょうか。宴席で雷鳴が聞こえ、それを即興歌にして、雷にもまさる天皇の権威を讃《たた》えたのだろう。

犬養三千代は、仏教に深く帰依し、光明皇后の信仰心への影響も大きいといわれている。橘諸兄や光明子の母でもあり、当然のことながら、母三千代の盂蘭盆の追善供養は、宮廷をあげておこなわれたはずである。

『仏説盂蘭盆経』の教え

それでは、盂蘭盆会のよりどころとなっている『仏説盂蘭盆経』とは、いったいどのような経典なのだろうか。摘記しながら、その内容をたどってみよう。

聞くこと是《か》くの如し。一時、仏、舎衛国の祇樹給孤独園《ぎじゅぎっこどくをん》に在《いま》したまふ。大目乾連、始めて六通《ろくつう》を得、父母を度して乳哺《にゅうほ》の恩に報ぜんと欲す。即ち道眼を以て世間を観視し、其の亡母を見るに、餓鬼《がき》の中に生じ、飲食《おんじき》を見ず。皮骨連立す。目連悲哀し、即ち鉢に飯を盛り、往きて其の母に餉《おく》る。母、鉢の飯を得て便《すなは》ち左手を以て鉢を障《ささ》へ、右手にて飯を摶《と》る。食、未《いま》だ口に入らざるに化して火炭と成り、遂《つひ》に食すること得ず。目連大いに叫びて悲号啼泣《ていきふ》し、馳《は》せ還《かへ》りて仏に白《まう》して具《つぶ》さに此くの如きを陳《の》ぶ。

仏の十弟子のひとり目連は、修行をかさね神通力を得た。さっそく生み育ててくれた父母に孝養をつくそうと、母の在処《ありか》をたずねると、死んで餓鬼道に落ちていたのだった。目連は鉢に飯をもって、痩せこけた母にささげるのだが、口元に入れるまえに火となって、一口も食べることができない。泣き嘆く目連は、仏に救いを乞うのである。一読しただけで、そのいたましい目連の亡母のすがたに、心ふるえる思いがする。

さて、釈迦の仰せられようは、こうだ。

汝の母は罪根深結なれば、汝一人の力の奈何《いかん》ともする所に非ず。汝、孝順の声、天地を動かすと雖《いへど》も、天神・地神・邪魔・外道・道士・四天王神も亦《ま》た奈何ともする能《あた》はず。まさに十方衆僧の威神の力を須《もち》ゐば、乃ち解脱するを得べし。吾今当《まさ》に汝がために救済の法を解き、一切の難、皆な憂苦を離れ、罪障消除せしむべし。

目連の母の罪根は深い。たとえ目連の「孝順」（心から親につかえ逆らわない）が天地を動かすほどであっても、天神も地神も、よこしまな悪魔や外道も、バラモンの道士も、はては仏法とそれに帰依する人びとを守る四天王さえも、どうすることもできないのだ。ただ唯一の救われる方法は、「十方衆僧」の力にすがることしかないのである。

十方衆僧、七月十五日、僧、自恣《じし》の時に於《お》て、当に七世の父母、及び現存の父母、厄難中の者の為に、飯・百味・五果・汲灌《きふくわん》・盆器・香油・錠燭《じやうそく》・床敷《しやうふ》・臥具を具《とと》へ、世の甘美を尽して以て盆中に著《つ》け、十方の大徳衆僧に供養すべし。

七月一五日すなわち解夏の日に、「十方衆僧」に飯や百味の食べ物、五果・什器《じゆうき》・香料・座具・寝具にいたるまでを、盆にもって供養しなさい。「十方衆僧」とは、ありとあらゆる方角の多くの僧の意だが、「衆僧」の中には声聞《しようもん》や縁覚《えんがく》の位の者もいれば、菩薩の位にある僧もいるだろう。たくさんの僧らを供養することにより、その功徳をもって、亡母は餓鬼道の苦しみを免れることができるというのである。

仏の説くように目連は「十方衆僧」を供養し、その「威神の力」で亡母は憂苦から解放されたのだった。

爾《か》の時に、目連比丘及び此の大会の大菩薩衆、皆な大いに歓喜し、目連の悲啼泣声、釈然として除滅す。是の時、目連の母、即《すなは》ち是の日に於て、一劫の餓鬼の苦を脱《まぬか》るることを得たり。

そこで、目連は仏にふたたび問う。自分の母は救われたけれど、未来世の仏弟子で父や母に孝順をつくそうとする者たちもまた、この盂蘭盆を奉じて供養するなら、父母そして過去七世の父母を救うことができようか、と。仏の説法は次のとおりである。

孝慈を行ぜん者は、皆な応《まさ》に所生の現在父母、過去七世の父母の為に、七月十五日、仏歓喜日《ぶつくわんぎにち》、僧自《じ》恣《し》日に於て、百味の飯食を以て盂蘭盆の中に安《お》き、十方自恣僧に施し、乞ひ願うて便《すなは》ち現在父母の寿命百年にして病無く、一切の苦悩患《うれひ》無く、乃至七世父母、餓鬼の苦を離れて天人の中に生ずることを得、福楽極まること無からしむべし。

盂蘭盆会をもうけ、誰もが父母の長養慈愛の恩に報いることができるのである。

ゆらぐ家族関係

中国では、例の『荊楚歳時記』に「七月十五日、僧尼道俗、悉《ことごと》く盆を営み諸寺に供す」と見え、夏安居とともに盂蘭盆会があったのは明らかである。他方、わが国で、『仏説盂蘭盆経』に登場する目連にならい、

「現在父母」の孝養と「七世父母」の追善をメインとする盂蘭盆会が始まったのが、推古天皇一四年（六〇六）なのか、それとも斉明天皇三年（六五七）なのか、じつのところよくわかっていない。しかしながら、万葉びとのあいだに、盂蘭盆会がしだいに浸透していったことだけは、まちがいないようだ。

それにしても、なぜ、盂蘭盆会は万葉びとにひろく受け入れられたのだろうか。仏教界の熱心な布教があったからだけではなさそうだ。もうすこし考えてみよう。薬師寺の僧景戒がまとめた『日本霊異記』に、次のような話がある。抄記しながら一読する（「凶人《あしきひと》の嬭房《ちぶさ》の母を敬養せずして、以て現に悪死の報《むくい》を得し縁」上巻・第二三話）。

（1）大和国添上郡《そふのかみのこほり》に、一《ひとり》の凶人有りき。其れが名詳《あきら》かならず。字《あざな》は瞻保《みやす》と曰《い》ひき。是は難波の宮に宇御《あめのしたをさ》めたまひし天皇のみ代に、学生《がくしやう》に類《たぐひ》せる人なりき。往《さき》に書伝を学ぶれども、其の母を養はず。母、子の稲をおきのりて物の償《つくの》ふべき无《な》し。瞻保、忽《たちまち》に怒りて逼《せ》め徴《はた》る。時に母は地に居《を》り、子は朝床に坐《を》り。

「おきのる」は利息をとってかけ売りをすること。ここでは、瞻保から高い利息で稲を借りたということである。瞻保は孝徳天皇の時代に大学寮の学生で、儒教の書物も読んでいたけれど、上っ面《つら》だけの学問で、母に孝養をつくそうとはしなかった。そればかりか、母が借りた稲を返せないと知ると、すぐに腹をたてて代価を出せと責めたてる。母は地面に土下座させられ、息子たるや朝床に寝そべったままという体たらくだった。

周囲の人びとが諭《さと》していうには、こうだ。人には、父母のために仏塔を建てたり、僧をまねいて夏安居をさせたりしている人もいる。君は財産もあり、ほかに貸した稲もたくさんあって、何不自由ない生活をしているのに、なぜ母に孝養をつくそうとしないのだ、と。しかし、瞻保は、そのアドバイスに耳をかそうとしない。まわりの人びとはあきれ果て、その母に代わって借財を代位弁済《だいいべんさい》して、さっさと外へ出て行ってしまった。

母は乳房を出して見せながら、泣き悲しみ、わが子にいうのだった。

吾《わ》が汝を育てしとき、日夜に憩《やす》むこと无《な》かりき。他《ひと》の子の恩に報ゆるを観《み》るときに、吾が児の斯《かく》の如きを持ち、反りて迫《せ》め辱《はづかし》めらる。願ひし心は違ひ謬《あやま》てり。汝も也《また》負へる稲を徴《はた》りたり。吾も亦《また》乳の直《あたひ》を徴らむ。母と子との道、今日に絶えぬ。天知る、地知る、悲しきかな、痛きかな。

これを聞いた瞻保は何もいわずに部屋の奥に入り、貸付証文を取り出して、すべてを焼いてしまう。それから山へとむかい、狂ってしまってなすすべがない。三日の後には家も倉も焼け失せてしまう。ついに瞻保は飢えこごえて、死んでしまうのである。

母が、わが息子の性根《しょうね》に失望し、かつてあたえた乳の代価を請求する。なんともやるせない気分にさせる話である。この話では、本来は愛情によって結ばれているはずの母子の関係に、経済の貸借が大きくかげを落としている。逆にいうなら、悲しいかな、もはや賃貸借で母と子の関係を語ってしまう、そのような社会が生まれていたのだ。(78)

和同開珎は、和銅元年（七〇八）八月に発行されている。翌年には二セ金が横行し鋳銭司《ちゅうせんし》（造幣局）は良銭の鋳造を迫られた。ほとんど慢性的とでもいえそうなインフレをかかえながらも、経済活動はますます活発化する。それを主導したのが律令体制だ。『大宝律令』（大宝元年・七〇一制定、令はその年に律は翌年に施行）そして『養老律令』（養老二年・七一八制定、天平宝字元年・七五七に施行）と、国家統治の「律」（刑法）と「令」（行政法・民法）の法体系がととのえられた。なかには「戸令」をはじめ、家族の秩序に関する規定も多く、その分、人びとにそれまでとは異なる家族や親子の関係を迫ったはずだ。万葉時代とは、それまでの家族という結びつきが、大きくゆらぐ時代でもあったといえそうである。

そうした家族関係のなかで、というよりほころび危うい関係があったがゆえに、「現在父母」のみならず「七世父母」への追善を説く『盂蘭盆経』に、かえって万葉の人びとは共感したのではなかったか、と思う。

盂蘭盆会と漢詩

『経国集』(79)から、「盂蘭盆会に悲感し帰心す」を紹介しよう。天応元年（七八一）一一月に外従五位下に叙せられた儒家、朝原忌寸《いみき》道永《みちなが》の作である。

三界《さんがい》の主に帰依し、六通の賢を景慕す。抜苦窮地に覃《およ》び、酬恩昊天《かうてん》に達す。花飄《ひるが》へりて法宇《はふう》を開き、香泛《うか》びて飢唇《きしん》を発す。既に如来の教《おしへ》を請《こ》ひ、還《ま》た餓鬼の神《たましひ》を休む。善《よ》い哉《かな》子為《た》るの道、抜苦遂《つひ》に親を安んず。

「三界の主」は、欲界・色界・無色界の主であるほとけ、「六通の賢」は目連。「六通」（六神通とも）は、天眼《てんげん》通（あらゆる世界を見通す能力）・天耳《てんに》通（すべての音や声を聞き分ける能力）・宿命《しゆくみよう》通（自他の過去のできごとを理解する能力）・神足通《じんそく》（あらゆる世界に出入りできる能力）・他心通《たしん》（すべての他人の心を読みとる能力）・漏尽通《ろうじん》（煩悩が尽きて今生《こんじょう》を最後に迷いの世界に生まれることのない能力）をいい、目連がマスターした六種類の能力をいう。「抜苦」は餓鬼道の苦しみから救うの意。「法宇」は寺院。「飢膚を発す」も救済するの意だろう。仏に教えを乞い、母だけでなく餓鬼道におちた一切衆生の心までも安堵させる。まことに善いかな、子として親につくし、苦しみをのぞき親を安堵せしめたことは。

合掌。

第三章　放生会【8月】

流水長者の恩

仲秋は八月の異称で、中秋とも書く。最近では仲秋だけが季節の話題になるものの、じつは仲春（二月）・仲夏（五月）・仲冬（一一月）もある。「仲秋の名月」のことばのとおり、仲秋の風物詩といえば、まずは観月会だろうか。これは平安時代の宮中にはじまったイベントである。秋の名月もよいが、ここではすこしかわったところで、同じ仲秋に催される放生会《ほうじようえ》をとりあげてみよう。

放生会は、明治の神仏分離政策によって名称をかえ、仏教では放生会、神道では仲秋祭と呼ばれるようになったが、そのまま放生会と称している神社も多い。旧暦では祭日は八月一五日だったが、新暦の現在では、九月一五日だけでなく、国民の祝日になっている「体育の日」を最終日とする三日間だったりする。

はるかいにしえのインドで、池の水が干あがってしまい、たくさんの魚が死にそうになった。流水《るすい》長者（じつは釈迦の前世の身）なる人物は、大きな象二〇頭を借りてジャラーガマーという大河から水を汲み入れ、魚たちを救ったという。やがて寿命のつきた魚たちはことごとく三三天に転生したが、長者の恩に報い財宝を天から降らせ、それは膝をうずめるほどだったというのである。これは義浄《ぎじよう》（六三五〜七一三）訳の

『金光明最勝王経』「長者子流水品《ちょうじゃしるすいぼん》」にある法話。
天台宗の実質的な開祖である智顗《ちぎ》（五三八〜五九七）は[80]、その慈悲行《じひぎょう》にならい、みずからの持ち物を売り金に換えては、漁師から雑魚を買って水に放した。これが放生会の起源だという。やがて日本では、神仏習合の流れのなかで年中行事としてひろまり、今日にいたっている。

香椎廟を拝す

放生会といえば、次のような万葉歌が連想される。

（神亀五年）冬十一月、大宰の官人等《たち》、香椎の廟《みや》を拝《をろが》みまつること訖《を》はり、退《まか》り帰る時に、馬を香椎《かしひ》の浦に駐《とど》めて、各《おのもおのも》懐《おもひ》を述べて作る歌

帥《そち》大伴 卿《まへつきみ》の歌一首

いざ子ども香椎の潟に白たへの袖さへ濡れて朝菜摘みてむ　（巻6九五七）

大弐小野老《おゆ》朝臣の歌一首

時つ風吹くべくなりぬ香椎潟潮干の浦に玉藻《たまも》刈りてな　（巻6九五八）

豊前守《とよくにのみちのくちのかみ》宇努《うの》首《おびと》男人《をひと》の歌一首

行き帰り常に我《わ》が見し香椎潟明日ゆ後《のち》には見むよしもなし　（巻6九五九）

放生会での作ではないが、題詞によると、神亀五年（七二八）一一月、大宰府の長官だった大伴旅人《おおとものたびと》を

はじめ官僚たちは香椎廟の大祭に参列したらしい。その参詣もとどこおりなく終わり、政庁へ帰る途中に香椎の浦に遊んだ。

旅人が、さあこの香椎の潟で袖をぬらして朝菜を摘もうとうたう。すると、例の平城京讃歌ともいうべき、

あをによし奈良の都は咲く花の薫《にほ》ふがごとく今盛りなり　（巻3三二八）

の歌で知られている小野老が、満ち潮にかわるきざしなのか「時つ風」が吹きそうだ、さあ美しい藻を刈りましょうと、旅人の歌に呼応してうたう。「時つ風」とは、沿岸にむかって海から吹く風をいう。日中は海から陸へ、夜は陸から海へ。どちらでもない無風が凪《なぎ》である。

さらに、豊前国守の宇努男人が、任地である豊前からの往来で、これまでなれ親しんできた香椎の潟だが、明日からはもう見ることもないだろうと、いかにも残念な思いをうたっている。男人はこの冬に人事異動がきまっていた。

旅人たちが参詣した香椎の廟は、神功皇后を祀った廟《みたまや》で、神亀元年（七二四）に創建されたと伝えられている。とすると、旅人らが参詣した頃は、創建当時ならではの敬虔《けいけん》な信仰心にあふれていただろう。皇后が香椎で祭祀されるようになる経緯を、かんたんにたどってみると、こうなる。

いにしえ、仲哀天皇は、南九州の土着民である熊襲《くまそ》を討伐するために、筑紫へ兵を進めた。ご座所を香椎宮としたが、そばにいた神功皇后が神がかりする。熊襲の地は荒れてやせているので、戦いをしかけて支配するまでもない。海上の西に栲衾新羅国《たくぶすましらぎのくに》と呼ばれる宝の国がある。天皇のご座船と穴門践立《あなとのほむたち》が献上した水田を供えものとし、わたしを祀《まつ》ればその国は武力によらずともしたがうだろう。これが神の啓示の

内容である。
ところが、仲哀天皇は神のことばをうたがい、西の方には海がひろがるばかりで国は見あたらないし、いたずらにどこかの神があざむこうとしていると、誇《そし》る。そして、ついに神に祟《たた》られて崩御するのである。天皇の葬儀は筑紫ではおこなわれず、大臣の武内宿祢《たけのうちのすくね》がこっそり遺骸を船に乗せて穴門豊浦宮《あなとのとゆらのみや》に移したという[81]。

神功皇后は七日七夜にわたり神を祀り、神意のままに西の国をもとめようと決心する。じつはこの時、皇后は懐妊していたのだが、たとえそうでも神意に逆らうことはなかった。依《よ》り憑《つ》いた神が、皇后がやがて産み落とす子こそ、支配者になるだろうと告げたからでもあるが、大きなおなかをかかえた彼女は、征西の謀議を具体化していくのだ。

そのひとつ。神功皇后は、香椎の浦に出て髪をとき海水にひたして、ことの成否を誓約《うけい》する。『日本書紀』（仲哀天皇九年四月）から本文を引いてみよう。

「吾《われ》、神祇の教《みをしへ》を被《かがふ》り、皇祖《おほみおや》の霊《みたまのふゆ》を頼《かがふ》り、滄海《あをうなはら》を浮渉《わた》りて、躬《みづか》ら西を征《う》たむと欲《おも》ふ。是《ここ》を以ちて、今し頭《かしら》を海水《うしほ》に滌《すす》ぐ。若《も》し験《しるし》有らば、髪《みぐし》自《おの》づからに分れて両《ふたつ》に為《な》れ」とのたまふ。

海水ですすいだ髪はひとりでにふたつにわかれ、皇后はそれを髻《みずら》に結いあげて、いくさ支度をする。延産のまじない石を腰にはさみ、対馬の鰐浦《わにうら》から出陣した皇后は、刃《やいば》をまじえることなくやすやすと新羅《しらぎ》をくだし、凱旋の途につく。その後、誉田別皇子《ほむたわけのみこ》（のちの応神天皇）を宇美の地で出産する。

先にふれたように、大伴旅人らは、香椎の祭事が終わった早朝に香椎の浦に出て歌をうたうのだが、そこは神功皇后ゆかりの地だったのである。

それにしても、大宰帥である旅人には、たくさんの官僚がつきしたがっていたはずで、旅人の歌に和したのが、なぜ小野老と宇努男人か。小野老は大宰大弐だから、身分の上からも、旅人についで歌をうたって、なにも不自然ではない。しかし、政庁の官僚ではなく地方国守にすぎない宇努男人がうたうのは、いったいなぜなのだろうか。放生会と香椎神社の祭神である神功皇后に着目すると、意外な関係が見えてきそうだ。

宇佐神宮の放生会

仏教の放生会は、すでに紹介したように、天台宗の智顗にはじまるといわれているが、神道だと宇佐神宮（大分県宇佐市）のそれを嚆矢《こうし》とすべきだろう。宇佐八幡宮は式内社であり、豊前国一宮で官幣大社、いうまでもなく全国四万四〇〇〇社あまりもある八幡社の総本社だ。欽明天皇三二年（五七一）、鍛冶翁が降臨し三歳のこどものすがたとなって、誉田天皇《ほむたのすめらみこと》広幡八幡麻呂《ひろはたやはたまろ》（応神天皇）であり護国霊験の菩薩であると託宣をくだしたというのである（『扶桑略記《ふそうりゃくき》』）。

和銅五年（七一二）に官幣社となり、神亀二年（七二五）に一之殿を建立、天平元年（七二九）に二之殿、やや時代をくだる弘仁一四年（八二三）に三之殿を建立。祀られている神はたいへん多いが、主祭神は八幡三神とよばれる応神天皇・比売大神[82]、そして香椎廟の祭神と同じ神功皇后の三柱である。神亀二年に一之殿が完成しているから、香椎廟の創建と前後して、宇佐の社も営まれたことになる。

さて、宇佐神宮の放生会だが、養老四年（七二〇）、それまでの叛乱で多くの死傷者を出した隼人供養のために放生をおこなうようにと、八幡神の神託があったことに由来するといわれている（『政事要略』）。同年二月、大宰府が奏上した報告によれば、隼人らが蜂起して大隅国守の陽侯麻呂《やこのまろ》を殺害。朝廷は大伴旅人を征隼人持節大将軍に、笠御室《かさのみむろ》・巨勢真人《こせのまひと》を副将軍に、それぞれ任命して筑紫へ下向させている（『続日本紀』）。

『軍防令』にしたがって派遣されたのなら、政府軍の兵士は一万人以上とたいへんな大軍。とはいえ、すぐに騒乱を鎮圧できたわけではなかったようだ。ここで持節大将軍だったのは、のちに大宰帥となる、大伴旅人その人である。この年、彼は五六歳。

六月一七日に、元正天皇は勅使を派遣して、征隼人将軍らを慰問している。そのことばは「……酋帥面《しゅうすいめん》縛《ばく》せられて命《いのち》を下吏《かり》に請ふ。寇党叩頭《かうたうこうとう》して争ひて敦風《とんぷう》に靡《なび》く。然《しか》れども将軍、原野に暴露《さらさ》れて久しく旬月を延ぶ。時、盛熱に属《つ》く。豈艱苦《あにかんく》無けむや。使をして慰問せしむ。忠勤を念ふべし」。隼人族の酋長らは、両手をしばりあげられ命乞いをし、こうべを垂れて相次いで服従するというが、ほとんど実《じつ》のない文飾だろう。

四か月を過ぎてなお鎮圧されてないところからみると、熾烈《しれつ》な死闘がくりかえされ、鎮圧軍はかなり苦戦を強いられていたとみたほうが、史実に近いようだ。何の問題もなく平定されていたのなら、わざわざこの時期に慰労の勅を発する必要もあるまい。

八月一二日にふたたび勅。副将軍以下を戦線においたままで、旅人ひとりに帰京を命じている。政府の重鎮で右大臣だった藤原不比等が、月初めに発病。容態はかんばしくなかった。そこで元正天皇は、天下に大赦の勅をだし不比等の快癒を祈願したのだが、あわただしくも同月三日には薨去《こうきょ》してしまったのだ。旅人は中納言兼中務卿であり、不比等亡きあとの政権を担うための、いそぎの帰還だった。

不比等が亡くなってしまい、結果的には祈願成就とはいかなかったけれど、元正がおこなった大赦は、養老四年八月一日正午以前の罪なら、たとえ「大辟罪《だいびやくざい》」（死刑に値する罪）でも、その罪の軽重にかかわらず、すべてを赦免するというものであった。

たとえ大赦であっても、その対象からのぞかれることの多い「八虐《はちぎやく》」(83)が、今回はことごとく赦免されている。そればかりか、体に障害がある人びとを救済したり、薬を与えたりするように命じているのだ。このような大赦からは、不比等をうしなうことが、当局にとってどれほどの重大事であったかが、推量できるだろう。

翌年の養老五年七月七日に、旅人が帰還したあとも従軍していた副将軍らが、平城京へ凱旋している。『軍防令』によれば、かならず太政官へ申告すべき事項があって、そのなかに「彼此《かれこれ》が傷《やぶ》り殺せる数、及び獲《え》たる賊」もあり、笠御室らは「斬りし首、獲《え》し虜《とりこ》合せて千四百余人」と報告している。この数は武器をとって反抗した隼人だろう。老人や婦女子で戦火の犠牲になったものたちを加算するなら、たいへんな数の殺戮《さつりく》ではないか。

『続日本紀』は、こうした征隼人軍の凱旋と惨劇の報告の直後に、二五日付けで、放生をおこなう旨の詔勅を発している。天皇の仁《めぐみ》と恩《うつくしび》は獣や鳥にもおよぶのだといい、放鷹司《ほうようし》が飼っている鷹《たか》や犬、大膳職《だいぜんしき》が魚をとらせるために飼っている鵜《う》、一般人が食用のために飼っている鶏や猪を野に放してしまえ、というのである。

養老四年の不比等の薨去（八月三日）、陸奥国で蝦夷《えみし》の騒乱（九月二八日）、養老五年に入って、地震（二月七日）、君主に危難がおよぶ予兆である白虹が日を貫く現象（二月一六日）、全国の水害と旱魃《かんばつ》（三月七日に減税・免税の勅）、ついには元明太上天皇の不予（五月六日）。元正は母の快癒を願って一〇〇名の男女を出家させている。放生のイベント（七月二五日）は、穏やかではない時世の施策のひとつだったのだろう。

こうしてみると、養老四年に宇佐神宮ではじめておこなわれたという放生会も、同然。『政事要略』には、豊前国守だった宇努男人が、国内から徴兵した軍団の長となって戦勝を宇佐宮に祈願し、賊徒の軍勢を打ち破った。そこで、死んだ隼人族の慰霊のために、八幡神の託宣にしたがって、放生会をもうけたという。(84)だが、騒乱に関係する施策が、国守ひとりの裁量だけでできたとは思われない。副将軍だった笠御室や巨勢真人、そしてなにより節刀をたまわっている（それは、とりもなおさず、命令や賞罰を一任されていることであるが）征隼人持節大将軍、つまり大伴旅人の決済があって、はじめて実施されたのではあるまいか。

神亀五年の香椎廟の大祭に参詣し、香椎の浦で馬をとどめ歌をうたう大伴旅人と宇努男人だが、じつはそれより八年も前に、ふたりは鎮圧軍の最前線にいたのだ。想像をたくましくすると、宇努男人が主催したと伝えられている宇佐神宮の放生会には、存外に大将軍だった旅人の意思が大きくはたらいていたかもしれない。

神功皇后への信仰

筥崎八幡宮（福岡県福岡市）の放生会《ほうじょうや》では、昭和一〇年頃まで「放生会幕出し」という催しものがあったようだ。箱崎松原の松に幕を張りめぐらせて、飲めや唄えの大騒ぎ。派手好きな博多の気風ならではの催しである。これまで大方を宇佐神宮の放生会について書き、筥崎宮の話題をとってつけたように思われるかもしれないが、ともに八幡社というのみならず、もうすこし近しい関係があるようだ。筥崎宮の祭神は、応神天皇・神功皇后・玉依《たまより》姫の三柱。あたりまえだが、主神が応神と神功であるのは共通。ここでも神功皇后が姿を見せている。

ただ、それだけではない。じつは、筥崎宮はもともと大分《だいぶ》八幡宮（飯塚市大分）の頓宮だった。大分は、神功皇后が征西軍をここで解散させたという伝承に地名の起源があり、宮の祭神は八幡神・神功皇后・竈《かま》門《ど》山神で、神亀三年（七二六）の創建だといわれている。時代がくだる延長元年（九二三）に「大分宮の三悪」[85]があって、八幡神の神託により箱崎の地に遷座した、と。つまり大分宮は筥崎宮の元宮なのだ。

一方、宇佐の元宮は、矢幡八幡宮（築上郡築上町の金富《きんとみ》神社）であるという。そしてそれと同時に、宇佐八幡宮の蔵する『八幡宇佐宮御託宣集』なる一書には、大分宮が宇佐の本宮だと記されている。つまり、豊前から筑前・肥前への古道にそって、神功皇后をコアにした信仰のネットワークが形成されていたことが明らかだろう。

大伴旅人が大宰帥であった時代をふくめ、いわゆる天平万葉の時代には、けっして日韓関係は穏やかだったわけではない。それだけに、『万葉集』にはさまざまかたちで神功皇后がうたわれている。ここで話題にしたのもその片鱗である。

第四章　萩の忌【8月】

歌よむ女

江戸の俳人森川許六(86)が書いた俳文『百花譜』は、〈言い得て妙〉の面白さがあり、草木を題材にしたエッセイのなかでも、秀逸な一作ではないか。

萩はやさしき花也。さして手にとりて愛すべき姿はすくなけれど、萩といへる名目にて、人の心を動かしはべる。たとへば地下《ぢげ》の女の、よく歌よむと聞き伝へたる、なつかしさには似たり。

これはその一部。ハギの花をたとえるなら、名家のお嬢さんではなくて、ありふれた家のありふれた娘だけれど、歌じょうずで評判の小町娘といったところか。なるほど、草藪《くさやぶ》に咲くハギの花は衆目を魅了するような大輪ではないし、眩《くら》むようなあざやかな彩りでもない。草冠に秋と書いてハギというが、これは国字であって、秋に咲く代表的な花ということから生じたものらしく、中国では胡枝子（胡枝条とも）と書く。万葉仮名では「芽（芽子）」と表記されていて、これはハギが古株から芽を出すので、生え芽《はき》という意味でもって名がついたようである。

万葉の人びとはなぜだか、このハギが好きだ。かの山上憶良は、「萩の花尾花《をばな》葛花《くずはな》なでしこが花　をみなへしまた藤袴《ふぢはかま》朝顔が花」（巻8一五三八）と旋頭歌をうたっている。秋を飾る七種の花を、『万葉集』から数えてみると、もっとも多いのがハギで一四一首。ちなみに「尾花」（ススキ）四六首・「葛花」一九首・「なでしこ」二六首・「をみなへし」一四首・「藤袴」一首・「朝顔」五首となり、秋といえば圧倒的にハギということになる。

八月はふるくはハツキと清音だったらしい。葉が落ちるハオチ月、稲の穂が育って張るホハリ月、初めて雁が飛んでくるハツキ（初来）とも。この八月の花といえば、はやりハギの花がふさわしいだろう。ここでは『万葉集』にうたわれたハギの歌をたどってみよう。

ハギの開花を待つ

まずは、その開花がたいそう待たれたようだ。

（1）春日野に咲きたる萩は片枝《かたえだ》はいまだ含《ふふ》めり言《こと》な絶えそね　（巻7一三六三）
（2）秋萩は咲きぬべからし我がやどの浅茅《あさぢ》が花の散りぬる見れば　（穂積皇子　巻8一五一四）
（3）高円《たかまと》の野辺の秋萩このころの暁露《あかときつゆ》に咲きにけむかも　（大伴家持　巻8一六〇五）

（1）は「花に寄する」にまとめられた六首の中の一首。ハギは「見まく欲《ほ》り恋ひつつ待ちし秋萩は花のみ咲きて成らずかもあらむ」（巻7一三六四）、「我妹子《わぎもこ》がやどの秋萩花よりは実に成《な》りてこそ恋増さりけれ」（巻7一三六五）とも、うたわれている。

春日野に咲いているハギは、片方の枝はまだつぼみのままですよ、咲くまで便りを絶やさないでください、の意。ハギのつぼみをうたっているようだが、じつは女を譬《たと》えたもの。古来、本意が何なのか、よくわからない歌である。歌人の土屋文明は、「いまだ含めり」は女がまだ幼いのをたとえていて、二人が結ばれるのは先のことだろうが、その間も音信がたえないようにうたった、と解釈している（『万葉集私注』）。ただし、それならそうで、「片枝」というのでは、やや疑問。

そこで別解もある。二人の娘をもっている母親がいて、ある男が姉のほうに求婚してきた。ところが、あいにく姉のほうは先約があり、まだつぼみの「片枝」（妹娘）のほうを紹介し、まだ誰とも約束をしていないから、「咲く」（成人する）まで便りをたやすな、といってやった（伊藤博『万葉集釈注』）。この解釈も、これはこれでなんだか話がややこしい。

「見まく欲り……」の歌も、同じようにハギは女で、男がうたったのだろう。美しく咲くのを待ちわびていたのに、どうやら恋は成就しないらしい。「我妹子が……」は、逆に結婚するにいたった歌。「実に成りてこそ」と、幸いにも恋愛がみのったのに、かえって恋しさがつのるようになった不可思議さをうたうのだが、男の惚気《のろけ》たっぷりのうたいぶりである。

穂積皇子は、異母妹の但馬皇女との劇的な恋で知られ、皇女の亡きあと坂上郎女を妻とした。「浅茅が花」は茅萱《ちがや》の花穂をいうのだろう。ただ「茅花《つばな》抜く浅茅が原」（巻8一四四九）といった表現がもっぱらで、茅萱はわざわざ庭先に植え込むようなものではなく、いわばありふれた雑草でしかない。

ありふれた雑草にも、もちろん秋はおとずれる。作歌時には、すでに穂積皇子は平城に住んでいたから、ここでうたわれるのはその庭。ささやかな秋の景に目を向けるのは、さすがに歌すじの繊細な穂積皇子らしい歌だ。

（3）の高円の野は春日山の南につづく地で、ここには聖武天皇の離宮や家持のおばにあたる坂上郎女の別邸があった。家持の歌は天平一五年（七四三）頃の作と思われ、このころ聖武天皇は平城をはなれて、山背国相楽郡（京都府）の恭仁《くに》京を都としていたから、家持も家族をおいて恭仁京にいたはずである。明け方の露に奈良の古都を偲んだのだろう。

「暁露《ぎょうろ》」は、「暁靄」「暁霞」「暁霜」「暁雪」「暁霧」などとともに、中国文学のことばである。(87)「あかときつゆ」は、この「暁露」を翻訳したことばだろう。はやくに大伯皇女の歌（巻2一〇五）にうたわれており、家持のオリジナルではない。文明は、きわめて平板な作品と酷評しているが、まあそこまで目角《めかど》をたてることもあるまい。

ハギの花散る

さて、花が咲けば咲いたで、またまたひとの心を気ぜわしくする。ましてや日が経って散りそうになると、なおさらである。

（1）草枕旅行く人も行き触ればにほひぬべくも咲ける萩かも　（笠金村　巻8一五三二）
（2）秋の野に咲ける秋萩秋風になびける上に秋の露置けり　（大伴家持　巻8一五九七）
（3）ま葛原なびく秋風吹くごとに阿太《あだ》の大野の萩の花散る　（巻10二〇九六）

（4）我が岡にさ雄《を》鹿来鳴く初萩の花妻《はなづま》問ひに来鳴くさ雄鹿　（大伴旅人　巻8一五四一）

（5）なぞ鹿のわび鳴きすなるけだしくも秋野の萩や繁《しげ》く散るらむ　（巻10二一五四）

（6）我がやどの萩花咲けり見に来ませいま二日だみあらば散りなむ　（巫部《かむなぎべ》麻蘇《のまそ》娘子《をとめ》　巻8一六二一）

金村の歌には「笠朝臣金村の、伊香《いかご》山にして作る歌二首」の題詞があって、もう一首は「伊香山野辺《のへ》に咲きたる萩見れば君が家なる尾花し思ほゆ」（巻8一五三三）。伊香山は琵琶湖の北端にある山で、金村は琵琶湖を北上し敦賀へと抜けたのだろう。越前国守として赴任する石上乙麻呂にしたがっていたらしい。旅人が行きずりにふれでもしたら、色がうつりそまるだろうと、伊香山のハギのみごとさをうたう。そして、この野辺のハギを見ていると、乙麻呂の屋敷のススキが思い出されると、乙麻呂と従者一行の郷愁をうたいそえた。

伊香山のハギから乙麻呂邸のススキへ――この連想は、次のような歌をならべてみるとわかりやすい。

人皆は萩を秋と言ふよし我は尾花が末《うれ》を秋とは言はむ　（巻10二一一〇）

世間の人びとは皆、ハギこそ秋の風情だというけれど、わたしはススキの穂先こそそれだと思うよ。つむじまがりのひねた歌とみるより、秋の風物としてハギかススキか好みに分かれて競《きそ》う、ディベートめいた遊戯があったのだろう。

（2）の家持の歌は、中国詩によくある技法(88)をまねたもので、秋の野に咲いている秋ハギ、そのハギが秋風になびいている上に、秋の露が置いている、の意。「秋」を意識して四回も重ねてうたった戯れ歌である。題詞には「大伴宿祢家持の秋の歌三首」とあり、その歌のなかの一首だが、左注には「右、天平一五年癸《き》末《び》の秋八月、物色《ぶつしよく》を見て作る」とある。「物色」とは風物や景色を中国風に形容したもの。「物色相召《あひまね》けば、人誰か安きを獲《え》ん」（自然の風物が人の心を刺激すると、誰が無関心でいられようか）というのは、南朝梁の文学理論家である劉勰《りゅうきょう》の言である（『文心雕龍』巻46「物色」）。

（3）は、かつて高木市之助が、後代の〈古今風〉ではなく〈万葉風〉のハギを表出しえた、一木一草の美しさというよりも群落的な大観のよさと高く評価した歌である。(89)「大野」とは人里の野をいう「小野」の反対で原野を意味するから、葛が生い茂る人里はなれた野原を、一しきり風が吹きわたるのだろう。野分《のわき》かもしれない。その風に萩は一斉に赤紫の花房をゆらし、ほろほろと花弁をこぼすのだ。

（4）は題詞に「大宰帥大伴卿《まへつきみ》の歌二首」とあって、大伴旅人が大宰帥として筑紫にあった頃の歌。「我が岡に……」をそのまま解釈すると、帥の公館のあった岡をさすことになるが、都府楼の北、大野山（現在の四王寺山）のふもとをいうのだろう。ハギの花を雄シカの妻と見るのは、

さ雄鹿の心相思《あひおも》ふ秋萩のしぐれの降るに散らくし惜しも　（巻10二〇九四）

さ雄鹿の妻ととのふと鳴く声の至らむ極《きは》みなびけ萩原　（巻10二一四二）

などと同じ。

この岡に雄シカが鳴いているのは、ハギの初花を妻としてもとめるためだ、とうたうのである。ハギとシカの組み合わせはたんなるデザインではない。万葉の人びとは、ハギの花がシカが好む匂いを発するのを知っていた。

だから（5）のように、ハギがしきりに散りはじめると、シカはそれを悲しんでわびしげに鳴くわけだ。なぜシカがわび鳴きしているのだろうか、ひょっとしたら秋野のハギが散りはじめたからか、の意。

（6）をうたうのは、おそらく家持の恋人のひとりだった巫部麻蘇娘子。どのような素性の女だったのかわからない。花見にこと寄せて来訪をもとめたものだが、「いま二日だみ」（もう二日ほどもしたら）の表現がよい。ハギが花開くのを待ちつづけ、逢瀬を待ちつづけていたのに、家持はすがたを見せず、庭先のハギだけがむなしく咲き乱れている。麻蘇娘子がうたうのは、「あと二日ほどもしたらハギ、散っちゃうよ、どうするの」。「逢いたい」と直言してうたわないのは、胸のうちの小さなプライドである。

手向けのハギ

万葉の歌人で、もっともハギを愛したのは、大伴旅人ではないか。天平二年（七三〇）一二月、筑紫大宰府にあった旅人は、大納言となって帰京した。

人もなき空《むな》しき家は草枕旅にまさりて苦しかりけり　（巻3四五一）
妹《いも》として二人作りし我が山斎《しま》は木高く繁くなりにけるかも　（巻3四五二）
我妹子《わぎもこ》が植ゑし梅の木見るごとに心むせつつ涙し流る　（巻3四五三）

これらは平城の自邸にもどった旅人が、筑紫で喪《うしな》った妻を偲び悲しんでうたった歌。あるじが久しく留守をしていたにもかかわらず、庭内の樹木は育ち、いまや繁茂している。亡き妻が大切にしていた梅の樹も、また然り。その樹を見るたびに、胸がつまって涙しとど。「見るごとに」の「ごと」は、梅樹を眺める行為が一回性ではなく、この先もずっとくりかえされることを意味していよう。おぼれてしまうほどではないけれど、ぬぐえぬ寂しさだけが、右の三首の歌から迫り出してくる。

やがて旅人は病床の人となった。

三年辛未《しんび》、大納言大伴卿、奈良の家に在《あ》りて、故郷を思ふ歌二首

しましくも行きて見てしか神奈備《かむなび》の淵は浅《あ》せにて瀬にかなるらむ　（巻6九六九）

指進乃栗栖《くるす》の小野の萩の花散らむ時にし行きて手向《たむ》けむ　（巻6九七〇）

「神奈備」は、明日香の雷丘とも橘寺の南東にあるミワ山ともいわれているので、そのふもとを流れている飛鳥川の流れをいう。ほんのちょっとでも行ってみたいものだね、神奈備の淵はいまは浅くなり瀬になっていることだろう、の意。「明日香川」（巻2一九七）といった呼び名があるのに、わざわざ「神奈備」の淵とうたっているのは、そこが何かの神祭りの場所だったからだろう。

「指進乃」には定訓がない。サシスキノ・サシススノ・サシスミノ・サシグリノなどの異なる訓みがある（伊藤博『万葉集釈注』）。「栗栖」にかかる枕詞として用いられている。「栗栖の小野」はどこなのか、これまた不明。明日香の人里の小さな地名なのだろう。だが、「手向けむ」と神に願いごとをして幣《ぬさ》を奉じようというのだから、ここもまた神祭りがおこなわれる土地だったにちがいない。

大伴旅人が生まれたのは、天智天皇称制四年（六六五）である。明日香の地をはなれ藤原から奈良へ遷都した和銅三年（七一〇）年に、四六歳となっている。つまり近代的な平城京に住みはじめて、すでに二

〇年ほどの歳月が過ぎている。それでもなお（いやそれゆえにというべきか）「神奈備」の川も「栗栖の小野」も、老いて病んだいまの旅人には、ただただ懐かしい場所なのだ。

「栗栖の小野」は、旅人の母巨勢郎女《こせのいらつめ》の里だという説もある。すると、花が散るまでには健康をとりもどして何としても訪れたい、ハギの一枝なりともたおって奉げたいと願う旅人の脳裏には、愛《いつく》しんでくれた生母と故郷の山河に遊んだ幼いわがすがたが、しきりに去来していたのだろう。[90]

天平三年辛未《しんび》の秋七月、大納言大伴卿の薨《こう》ずる時の歌六首　（のうちの一首）

かくのみにありけるものを萩の花咲きてありやと問ひし君はも　（巻3四五五）

旅人はこの年の秋七月二五日に没した。享年六七だった。こんなにもはかなくお亡くなりになるお命だったのに、ハギの花は咲いているかとお尋ねになったあなたは。旅人の死を悲しみうたったのは、資人《しじん》の余明軍《よのみょうぐん》である。大納言の旅人には、その官位（従二位）と職分（大納言）におうじて、朝廷から使人《つかいびと》が支給されていた。位分資人が八〇人、職分資人が一〇〇人である。資人たちは、主人の死亡により一年間は喪に服し、その後は解任された。余明軍はその名から百済系の人物らしいが、こうした資人のひとりである。

左注には「資人余明軍、犬馬の慕《した》ひに勝《あ》へずして、心の中《うち》に感緒《おも》ひて作る」とある。イヌやウマが主人を慕うように慕い、悲しみの心をおさえかねてうたったという。旅人は死地におもむく間際まで、「萩の花咲きてありや」と、かたわらの余明軍に問いかけていたのだろう。しかし、その開花をまつことなく、逝《い》ってしまったのだった。

旅人が没したのが七月二五日だから、七七忌にはすっかり秋も深くなっていただろう。「人の将《まさ》に死なんとするや、其の言ふや善《よ》し」とは、『論語』（泰伯）が伝える古語だが、「萩の花咲きてありや」とは、いかにも旅人らしいことばではないかと思われてならない。ハギの花群《はなむら》に心を遺《のこ》して逝《い》った旅人の忌日を、いま萩の忌といってもよいのではないか。

萩が花咲けばかつ散り散れば咲きこの頃やうやく散りしまひたり　（川田順(91)『定本川田順全歌集』）

第五章　九月のしぐれ【9月】

しぐれの万葉歌

九月は菊月、色取月とも。和名のながつきは、イナカリヅキ（稲刈月）・イナアガリツキ（稲熟月）・ホナガヅキ（穂長月）が変わったものといわれている。ナガツキグサ（長月草）やナガツキバナ（長月花）はキクの異名、ナガツキコソデ（長月小袖）は、重陽の節句に着た紋付小袖の異名で、なかなか風流なことばである。ここでは重陽の菊花も菊酒もしばらく措《お》いて、九月の気象、さっと降ってはまた晴れる、秋から冬にかけてみられるしぐれを話題にしよう。

『万葉集』から、まず紹介したい一首は、これ。

九月《ながつき》のしぐれの雨に濡れ通り春日《かすが》の山は色付きにけり　（巻10二一八〇）

「濡れ通り」は、雨足のはげしさを一気にとらえていて、よい表現だ。しぐれがさっと過ぎたあとの春日山は、すっかり秋の風情なのだ。春日山は平城京の東の郊外にある山で、もっとも高いのが四九七メートルの花山である。

和銅三年（七一〇）三月の遷都以降、万葉人びとにとって馴れ親しんだ山だけに、うたわれる「春日山（春日の山）」は一九例を数えている。「春日山朝立つ雲の居《ゐ》ぬ日なく見まくの欲《ほ》しき君にもあるかも」（大伴坂上大嬢《さかうえのおおいらつめ》　巻4五八四）や「春日山朝居《ゐ》る雲のおほほしく知らぬ人にも恋ふるものかも」（中臣女郎《なかとみのいらつめ》　巻4六七七）などは、平城京に暮らす生活者ならではの発想だろう。

ちなみに、前者はやがては妻となる大嬢が大伴家持に贈った歌、後者は恋人のひとりだったらしい中臣女郎が同じ家持に贈った歌。ともに毎朝きまって春日山にかかる雲にたとえて、そばであなたを見ていたい、雲のように見通しがきかなくてこころ晴れやらぬ、とうたっている。

こうした春日山だから、都が恭仁《くに》京へ遷《うつ》ると、「秋されば春日の山の黄葉見る奈良の都の荒るらく惜《を》しも」（巻8一六〇四）ともうたわれている。天平一五年（七四三）の秋の歌。うたうのは家持と生涯をとおして親交のあった大原今城《おおはらのいまき》である。今城は、もとは今城王で、天平一一年（七三九）頃に大原真人の姓を賜ったらしい。「大伴女郎」が今城王の母だが（巻4五一九の題詞）、この「大伴女郎」なる人物の素性はわからない。一説には、のちに旅人の妻となった大伴郎女（家持の継母）とも、穂積皇子に嫁した坂上郎女とも。ともあれ、平城京時代の生まれであることはたしかで、もし家持と同年代だとみると、この年、二六歳である。

天平一二年（七四〇）一二月に遷都し、中央官庁の建物は解体され、新都の建材として奈良山を越えて搬出された。平城京の中心部は、ぽっかり穴があいたようなありさまになっただろう。平城京は古都となり、しだいに荒れ果てていく。「秋されば」は恒常的な事実を述べる条件節であり、秋になればいつも、の意味。しぐれが降り黄葉する春日山は、暮らしのなかにある季節の風景だったのである。

色づく山やま

しぐれにうながされて「もみち」する山の魅力は、もちろん春日山だけにかぎらない。『万葉集』から列挙してみよう。

（1）しぐれの雨間《ま》なくし降れば三笠山《みかさやま》木末《こぬれ》あまねく色付きにけり　（巻8一五五三）
（2）春日野にしぐれ降る見ゆ明日よりは黄葉《もみち》かざさむ高円《たかまと》の山　（巻8一五七一）
（3）奈良山の峰のもみち葉取れば散るしぐれの雨し間なく降るらし　（巻8一五八五）
（4）こもりくの泊瀬の山は色付きぬしぐれの雨は降りにけらしも　（巻8一五九三）
（5）大坂を我《わ》が越え来れば二上にもみち葉流るしぐれ降りつつ　（巻10二一八五）
（6）いちしろくしぐれの雨は降らなくに大城《おほき》の山は色付きにけり　（巻10二一九七）
（7）夕されば雁《かり》の越え行く龍田山《たつたやま》しぐれに競《きほ》ひ色付きにけり　（巻10二二一四）

各歌についてすこし説明を。（1）は大伴稲公《いなぎみ》の作。この歌には「大君の三笠の山のもみち葉は今日のしぐれに散りか過ぎなむ」（巻8一五五四）と、家持が「和ふる歌」をうたっている。「大君の」は「三笠」にかかる枕詞。稲公がしぐれのちからで山が色づいたとうたうのに応えて、家持は、そのしぐれでせっかくの「もみち」が散ってしまうのではないかと、憂えてみせる。稲公の歌に反発したのではなく、「もみち」が色づいた今日のよき日、散らぬうちに宴の楽しみをつくそうという意。一族の宴席で、叔父《おじ》と甥《おい》が親しく交わした歌なのだろう。
（2）は藤原八束《やつか》がうたった二首組の歌の一首。もう一首は、「ここにありて春日やいづち雨障《あまつつ》み出でて行かねば恋ひつつそ居《を》る」（巻8―一五七〇）である。「雨障み」は、雨に濡れるのを忌《い》みはばかって、家に閉じこもっている風習をいう。「恋ひつつそ居る」の対象は、高円山の「もみち」である。「かざす」は頭に挿《さ》して飾るの意だが、「もみち」をかざすのは人ではなく高円山。しぐれが降って山が色づくのを、擬人法を用いて、山が「もみち」をかざしにすると形容したのである。八束といえば、若かりし頃、山上憶良から漢詩文や音楽の技を伝授されたともいわれる人物であって、ここでもかなり凝《こ》った歌いぶりだ。
（3）は犬養吉男《よしお》の作。「橘朝臣奈良麻呂《ならまろ》、集宴を結ぶ歌十一首」の一首で、左注に「以前《さき》は、冬十月十七日に、右大臣橘卿の旧宅に集ひて宴飲せるなり」とある。天平一〇年（七三八）冬一〇月一七日に、右大臣橘諸兄《もろえ》の子である奈良麻呂が催した宴で、主人の奈良麻呂のほか、家持、弟の書持《ふみもち》、大伴一族のひとりである池主《いけぬし》などの顔が見える。親しいもの同士が集まった宴らしい。奈良麻呂が二首（巻8―一五八一、一五八二）をうたい、残る九名が一首ずつうたっている。全員の歌に「もみち」がうたい込まれているところから、最初から「もみち」を主題にしてうたうというのが、宴席でのルールだったようだ。
（4）は大伴坂上郎女の作。題詞には「大伴坂上郎女、竹田の庄にして作る歌二首」、左注には「右、天平十一年己卯《きぼう》の秋九月に作る」とある。竹田庄は佐保大納言家の荘園で、耳成山の東北にあったから、坂上郎女は刈り入れの季節になると都をはなれ、ここで農作業の指示をしたのだろう。[92]
「然《しか》とあらぬ五百代小田《いほしろをだ》を刈り乱り田廬《たぶせ》に居《を》れば都し思ほゆ」（巻8―一五九二）と一組になった歌。「五百代」は一町つまり約一ヘクタールの広さの田んぼをいうが、貴族の田庄としてはそれほど広くはない。「田廬」は農作業のための仮小屋で、休息や寝泊まりに使った。わずかばかりの五百代の小田を刈り乱しながら、しばらく田んぼの小屋にいるとしきりと都が思われることよ、とうたったのである。

　これにつづけたのが（4）なのだが、「こもりくの」は「泊瀬」にかかる枕詞。「泊瀬の山」は、郎女のいる竹田庄からはやや遠い。色づいた初瀬のはるかな佳景が、忙しい農事のなかで、ふと都を思い出させたのだろう。
　（5）は二上山の「もみち」をうたった。河内から大和へ入るには、二上山北側の穴虫越えか関屋越え、あるいは南側の竹内越えか岩屋越えだろう。「流る」には二通りの解釈があって、一に「もみち」した木の葉が谷川を流れくだる、一にしぐれながら風に吹かれて舞いおちるというもの。空中を風に吹かれて流れるというのが注釈の多勢なのだが、はたしてそれを「流る」と表現するかどうか、やや不審。
　（6）には割注があって、「大城と謂《い》ふは、筑前国御笠《みかさ》郡の大野山の頂にあり、号《なづ》けて大城と曰《い》ふ」という。大宰府政庁の北方にせまる現在の四王寺山で、その頂に朝鮮式の山城があったことから「大城」と呼んだ。四王寺山のみならず、大宰府政庁自体「辺塞《へんさい》」（辺境のとりで）という性格をもつ都市だっただろう。[93]巻一〇の歌巻のなかには、こうしたスタイルの割注はほかには見られない。大宰府にはたくさんの官人たちが赴任していたから、歌はそのうちの誰かの手になると思われるが、あえて注を付して都の人びとに紹介したくなるほど、「大城」の「もみち」は美しかったのだろう。
　最後の（7）は、龍田山の「もみち」である。平城京から斑鳩《いかるが》あたりまで平坦な道がつづき、やがてこの龍田山を越えて住吉や難波へと通じる、重要な官道があった。藤原宇合《うまかい》が西海道節度使となって派遣されたとき、配下の高橋虫麻呂は「白雲《しらくも》の　龍田の山の　露霜に　色付く時に　うち越えて　旅行く君は……」（巻6九七一）とうたって、餞《はなむけ》としている。

　龍田越えは大和と河内をむすぶ峠であり、奈良に住む人びとは、ここまでが家郷・奈良という意識をもっていた。したがって、官道を往来する人びとにとって、龍田山を彩る「もみち」はひとしお感慨ぶかい風景だったにちがいない。

また（7）では「雁の越え行く」とうたわれている。別に「雁がねの寒く鳴きしゆ春日なる三笠の山は色付きにけり」（巻10二二一二）とうたわれているから、ガンの鳴き声は、しぐれと同じように、「もみち」するのをうながすと考えられていたらしい。

『万葉集』から、しぐれが降り「もみち」する山の万葉歌をみてきた。すぐに気づかれようが、具体的な山の名をとりかえてみても、大して歌の良し悪しが変わるようには思われない。それとともに、任意にうたい手の身近な山の名を挿入しても、それはそれでおそらく歌になるはずである。

つまり、すこし悪たれ口をたたくなら、大同小異、似たりよったりで、変りばえのしない凡庸《ぼんよう》な歌ばかりなのだ。これを好意的にいうなら、だからこそ、既存の歌の地名をかえるだけで、誰彼かんたんに身近な「もみち」の感動を、わが歌にして味わえたのだといってよいだろう。

九月のしぐれの雨に濡れ通り【　　】の山は色付きにけり

さて、何という山の名をいれて、九月の「もみち」を愛《め》でようか。どうぞ、ご随意に。

しぐれとハギ

万葉びとの暮らしのなかに「もみち」があった。だから、次のような歌もうたわれた。

（1）さ雄鹿《をしか》の心相思《あひおも》ふ秋萩のしぐれの降るに散らくし惜《を》しも　（巻10二〇九四）
（2）朝露ににほひそめたる秋山にしぐれな降りそあり渡るがね　（巻10二一七九）
（3）さ夜ふけてしぐれな降りそ秋萩の本葉《もとは》の黄葉《もみち》散らまく惜しも　（巻10二二一五）
（4）君が家の黄葉は早く散りにけりしぐれの雨に濡れにけらしも　（巻10二二一七）
（5）思はぬにしぐれの雨は降りたれど天雲《あまくも》晴れて月夜《つくよ》さやけし　（巻10二二二七）

（1）は「花を詠む」の一首。雄鹿が心から慕っているハギの花が、「しぐれ」が降るにつけて、散っていくのがいかにも惜しまれることよ、とうたった。「鳴く鹿を詠む」と題された、その長歌に、

三諸《みもろ》の　神奈備山《かむなび》に　立ち向かふ　み垣の山に　秋萩の　妻をまかむと　朝月夜《あさづくよ》　明けまく惜しみ　あしひきの　山彦とよめ　呼び立て鳴くも　（巻9一七六一）

とあるように、当時はハギを鹿の花妻と見なす考え方があった。ここでは、雄鹿の求婚をうけることもなく、しぐれに急《せ》かされるようにひとり散っていくハギの花に、同情をよせたのである。
（2）は「黄葉を詠む」の一首。「あり渡るがね」は、そのままずっと変わらずにあってほしい、の意。朝露で色づきはじめた秋山なのに、しぐれが降って「もみち」が散ってしまうのが、たいそう惜しいというのだ。（3）も類似する歌だろう。「本葉」は「末葉《うらば》」の反対で、下枝のすこし広い部分をいう「下葉《したば》」よりも、ずっと根元に近くにある葉。夜更けの冷たいしぐれに散るのではないか心配だとうたった。
（4）歌の直前には、「故郷《ふるさと》の初もみち葉を手折《たを》り持ち今日《けふ》そ我《わ》が来し見ぬ人のため」（巻10二二一六）が

あって、どうやら同じ宴席でうたわれた歌のようだ。「故郷」は明日香や藤原の旧都で、そこに出かけた人が土産に「もみち」の枝を持ち帰って、「君」なる人物に贈ったのだろう。あなたの家の「もみち」はしぐれに濡れてすっかり散ってしまいましたね、と挨拶した。このあたりには、何か寓意がありそうなのだが、わからない。

周知のように、「しぐれ」は、空いっぱいに黒雲がはびこり、長い時間にわたって吹き荒れるような雨ではない。雨足がはやくさっと降っては、なにごともなかったようにすぐに晴れ間をのぞかせる。（５）は「月を詠む」の一首。思いがけずしぐれに降られてしまったけれど、今やすっかり晴れわたった天空に、月がかえって鮮明に照っているとうたう。

歌人の窪田空穂は、この歌を評して「秋の月夜に、卒然と時雨が襲つて来、来ると共に移つて行つて、又、月が照つて来た変化の面白さを云つた歌である。気分の変化の面白さをとほしての叙景で、説明的になつてゐるのはその為《ため》である。生趣がある」（『万葉集評釈』）と。「生趣」は空穂の独特の評語で、暮らしのなかのいきいきとした味わいをいうのだろう。「月夜さやけし」とうたって、余情をあえて切り捨てたリズムが、歌の透明度をアップさせるのに成功している。

しぐれによせる心

秋から冬にかけて降る「しぐれ」は、その季節がら、人にわびしい心情をいだかせもするだろう。たとえば、こうだ。

（1）一日には千重《ちへ》しくしくに我《あ》が恋ふる妹があたりにしぐれ降る見ゆ　（巻10二二三四）
（2）秋田刈る旅のいほりにしぐれ降り我《わ》が袖濡れぬ乾す人なしに　（巻10二二三五）
（3）玉だすきかけぬ時なき我《あ》が恋はしぐれし降らば濡れつつも行かむ　（巻10二二三六）
（4）もみち葉を散らすしぐれの降るなへに夜《よ》さへぞ寒き一人し寝《ぬ》れば　（巻10二二三七）
（5）九月《ながつき》のしぐれの雨の山霧のいぶせき我《あ》が胸誰《た》を見ば止まむ　（巻10二二六三）

（1）から（4）は雑歌で「雨を詠む」から。（1）は柿本人麻呂歌集の歌である。一日の間でも「千重しくしく」（幾度も幾度も重ねて）思いをよせているあの人の家のあたりに、しぐれがしきりに降っているのが見える、の意。「しくしくに」は、「楽浪《ささなみ》の志賀さざれ波……」（巻2二〇六）、「春日野に朝居る雲の……」（巻4六九八）、「宇治川の瀬々のしき波……」（巻11二四二七）、「飼飯《けひ》の浦に寄する白波……」（巻12三二〇〇）など、さまざまな景物からうたい起こす例があって、平板な表現になりがちなうたい手の主情に、鮮明なイメージをあたえている。

さらに（1）を原文で一首を書き改めると、「一日《ひとひには》　千重《ちへ》敷布《しくしくに》　我恋《あがこふる》　妹當《いもがあたりに》　為暮零所見《しぐれふるみゆ》」。「しく」「しく」「しぐれ」は音の重なりの面白さをねらったものだろうし、「為暮」の表記は、ひねもす恋のもの思いにふけっていて、気づけば「暮」れに「為《な》」ってしまったというのだろう。ことば遊びである。

（2）の「旅のいほり」は、耕作田にある仮小屋をいう。上記した「田廬」に同じ。衣服は妻が世話するものだったから、ここでは、ひとり農作業に出て仮小屋に泊まる暮らしでは、乾かしてくれる人もいないと嘆いたのである。

（3）も男の恋歌。「玉だすき」は「かける」の枕詞で、ずっと恋こがれている女がいて、冷たいしぐれが降り、たとえそれに濡れてでも逢いにいこうとうたった。先に八束の歌（巻8一五七〇）でもふれたが、ここでも「雨障《あまつつ》み」をふまえてうたわれている。その禁忌《きんき》をおかしても通いたいほどのすばらしい女だ、という男のうきうきした気分が歌となった。

（4）はその真逆で、降り込められて「雨障み」をしている男だろうか。「夜さへそ」は昼間も寒いけれど寝具をまとった夜までも、の意。《共寝をすれば暖かろうに》といった、男のぼやきが聞こえてきそうだ。

（5）は相聞で「雨に寄する」。晩秋の「しぐれ」がやがて霧となり山をつつみ隠す。しぐれ雲に風景がぼんやりして気がふさぐ、そのようにこころは晴れず鬱々《うつうつ》としている女がいる。「誰を見ば止まむ」で訴えたいのは、もちろん、あなたを見ないかぎりこころは晴れない、の恋情。降りこめるしぐれが、冷えてしまった男の熱情を思わせて、不安をいだかせるのだろう。

九月の「しぐれ」は、やがてきびしい冬の季節を連れてくる。

第六章　刑を執行せず【9月】

大津皇子事変

九月の異称でおもしろいのは、「青女月《せいじょづき》」だろうか。『淮南子』（天文訓）に、

> 秋三月《さんげつ》（九月の意）に至れば、地気《ちき》下蔵《かざう》し、乃ち其の殺《さつ》を収《をさ》む。百《ひやく》蟲《ちゆう》蟄伏《ちつぷく》し、静居して戸《こ》を閉ざす。青女乃ち出で、以て霜雪を降らす。

という。九月になったら、地の気は地中にひそみ、そこで殺伐の気があつまってくる。「百蟲」（動物）は巣ごもりし、戸をとざしてしまう。そこへ「青女」がやって来て、霜や雪を降らせる。「青女」とは青霄《せいしょう》玉女《ぎょくじょ》、霜や雪をつかさどる女神である。なかなかうつくしい異称ではないか。[94]

『日本書紀』「天武紀」によれば、この九月、くわしくは朱鳥元年（六八六）九月二四日に、大津皇子が皇太子の地位を侵した。「持統称制前紀」では一〇月二日に「謀反」が発覚し、死をたまわったのは三日となっているが、これはあまりにも拙速すぎるだろう。クーデターが九月だったから、この月の歳時記の題

材に、というわけではない。発覚したのが九月二四日、なのに処刑は一〇月三日とあるのはなぜか。このあたりに、意外に九月という月の性格が関係しているように思われる。

すこし迂遠《うえん》になるけれど、まずは大津皇子の万葉の歌から、お付き合いいただこう。

大津皇子、死を被《たまは》りし時に、磐余《いはれ》の池の堤《つつみ》にして涙を流して作らす歌一首

ももづたふ磐余の池に鳴く鴨を今日《けふ》のみ見てや雲隠《がく》りなむ　（巻3四一六）

「ももづたふ」（百伝ふ）は「角鹿《つぬが》」や「鐸《ぬて》」「度会《わたらひ》」などにかかる枕詞（かかり方は不明）だが、ここでは「百」にたりない「五十《い》」の意で、磐余にかかる枕詞となっている。磐余の池は天の香具山の東北にあり、そのほとりに大津皇子の邸宅があったらしい。

「雲隠り」とは、貴い人の死を遠慮していう表現だから、死んでいく大津が自らにつかうのは、やや不都合だろう。そこで右の歌は大津自身の作ではなく、後代の人が仮託したというのが大方の理解であるが、ここではひとまず大津皇子の臨終の歌として鑑賞しておこう。百につたいいく五十《い》、その磐余の池に鳴いているカモを見るのも今日をかぎりに、わたしは雲のかなたに去っていくのか。

『懐風藻』は、同じ大津の「臨終」詩をつたえている。

金烏《きんう》西舎に臨《て》らひ、鼓声《こせい》短命を催《うなが》す、泉路《せんろ》賓主無し、此の夕家《ゆふへ》を離《さか》りて向かふ。

「金烏」は太陽の意。太陽には烏がいるという中国の伝説によったもの。太陽は訳語田《おさだ》にある屋敷の西の家屋を照らし、夕刻を告げる鼓の音は刑が執行されるまでのわたしの短い命をますます急《せ》きたてる、死出

の道には主人も客もなくわたしだけだ、この夕べに家を離れ黄泉路へと向かう。

この一作には、中国の陳後主叔宝《しゅくほう》らにたいへんよく似た臨刑詩があり、大津の詩作も後人の手になると見られている。[95]

人臣の相にあらず

『懐風藻』の大津皇子小伝は、

状貌魁梧《じやうばうくわいご》、器宇峻遠《きうしゆんゑん》。幼年にして学を好み、博覧にして能《よ》く文を属《つづ》る。壮《さかり》に及びて武を愛《この》み、多力にして能《よ》く剣を撃《う》つ。性頗《すこぶ》る放蕩《はうたう》にして、法度に拘《かかは》れず、節《せつ》を降して士を礼《ゐや》びたまふ。

と記している。体は大きくたくましく、品格も高く奥が深い。幼いころから学問好きで、博識でたくみに文章をつづることができた。腕っぷしもつよく刀さばきもみごとというのである。おまけに、性格はかなりの放逸で規則にむとんちゃくなのだが、高貴な出自にもかかわらず、わが身をへりくだって、しかるべき人士をあつく礼遇した。

『日本書紀』「持統称制前紀」には、こうだ。

容止墻岸《ようししやうがん》にして、音辞俊朗《おんじしゆんらう》なり。天命開別天皇《あめみことひらかすわけのすめらみこと》の為に愛《めぐ》まれたまふ。長《ひととなる》に及《いた》りて弁《わきわき》しくして才学《さいがく》有します。尤《もと》も文筆を愛《この》みたまふ。詩賦《しふ》の興《おこり》、大津より始《はじま》れり。

「天命開別天皇」は天智天皇をいい、大津は天智にたいそうかわいがられていた。大津皇子の母は、天智の娘大田皇女である。若くして鬼籍の人となっており、大津とその姉にあたる大伯《おおくの》皇女のふたりは、母のいない姉弟として日々を過ごしていたのだろう。祖父天智が、このよりどころのない姉弟に、なにかと心づかいをしていたといった想像はゆるされよう。成人してからの大津は、分別があり学才にもひいで、ことに文筆を好んだ。本邦での詩や賦は、この大津皇子からはじまるという。

このような大津だけに、周囲の期待も大きかったにちがいない。『懐風藻』の小伝によると、新羅の僧行《ぎょう》心《しん》のことば「太子の骨法《こっぱふ》、是れ人臣の相にあらず、此《こ》れを以ちて久しく下位に在《あ》らば、恐るらくは身を全《また》くせざらむ」に平常心をうしない、「謀反」をおこしてしまったようだ。

同じ『懐風藻』にある川島皇子の小伝では、そのくわだてを告発したのは、天智天皇の遺児であり大津の親友でもある、川島だったと記している(96)。

大津の蜂起に与《くみ》した、八口音橿《やくちおとかし》・壱岐《いき》博徳《はかとこ》・僧行心・礪杵道作《ときみちつくり》ら三〇名が逮捕された。妃の山辺皇女が髪をふり乱し、はだしで刑場にはしり、殉死した。しかしながら、三〇名もの人びとを引致しておいて、持統天皇が発した詔たるや、意外や意外。『日本書紀』の記録をつづけよう。

詿誤《あざむ》かえたる吏民《つかさひと》・帳内《とねり》は已むこと得ず。今し皇子大津、已に滅びぬ。従者《ともびと》の皇子大津に坐《かか》れるは、皆赦《ゆる》すべし。但し礪杵道作は伊豆に流《なが》せ。……新羅沙門行心、皇子大津の謀反《みかどかたぶ》けむとするに与せれども、朕《われ》、加法《つみ》するに忍びず。飛騨国の伽藍《てら》に徙《うつ》せ。

右の詔によるかぎり、これでは「謀反」に加担した人びとは、肩すかしをくらわされた恰好ではないか。礪杵道作が伊豆国へ配流、僧行心が飛騨国の寺へ移されただけで、あとはことごとく赦免《しゃめん》。要するに大津皇子を亡きものにすれば、それでこと足りたというわけだ。造反を唆《そそのか》した行心にさえ、「加法するに忍びず」と温情をかけている。

天武天皇の病

すこし時間をさかのぼるが、天武一二年（六八三）に「二月の己未《きび》の朔《つきたち》に、大津皇子、始めて朝政《まつりごと》を聴《きこ》しめす」の記事がある。この年二一歳になった大津に、皇太子の草壁皇子とともに政務に参与させている。もし大田皇女が生きていれば、草壁と大津の立場は逆転していたはずで、天武の命で政界にポストを与えられた大津の存在に、鸕野皇女（のちの持統天皇）は、内心、穏やかではいられなかっただろう。

朱鳥元年五月二四日に、天武不豫《ふよ》。そこで川原寺で『薬師如来本願経』（隋の達磨笈多《だるまぐぷた》の訳出）を説かせ、宮中に僧を集めて夏安居《げあんご》させている。六月一〇日に天皇の病因を占うと草薙剣《くさなぎのつるぎ》のたたりだというので、即日、宮中に安置していた剣を熱田神宮へ送りとどけた。一六日には伊勢王と官人らを飛鳥寺に派遣し、僧らに詔して仏法による平癒を祈願。一九日にも詔して官人を派遣し、燃灯供養の大斎会《だいさいえ》をひらき、罪過を懺悔する儀式（悔過《けか》）をおこなっている。二八日には、三宝のひとつである僧に供養して善を積むために、法忍僧《ほうにんほうし》・義照僧《ぎしょうほうし》に封三〇戸をあたえる。いずれも、天皇の病平癒のためにおこなわれたことがらなのだが、以下、さまざまなイベントがつづく。

七月に入り、二日に僧正・僧都らが宮中に参内《さんだい》して「悔過」をおこなう。翌日の三日に諸国に詔して臨時の大祓《おおはらえ》を実施、四日には税のうち調を半減、徭役《ようえき》（公用に使役する労働）をすべて免除する。五日に紀伊の国懸《くにかかす》神、飛鳥の飛鳥坐《あすかにいます》神社・飛鳥山口坐《やまぐちにます》神社・飛鳥川上坐宇須多伎比売《うすたきひめ》神社・加夜奈留美命《かやなるみのみこと》神社の四社、住吉大社に幣《みてぐら》を奉納。八日に宮中に一〇〇人の僧を招請して『金光明経』を読ませた。

一五日に勅して「天下《あめのした》の事、大小《おほきちひさき》を問《い》はず、悉《ことごとく》に皇后及び皇太子に啓《まを》せ」という。権力のすべてを、皇后である鸕野と皇太子の草壁に委譲する天子の命にほかならない。しかも、それでは、大津はどのように身を処するべきか、勅は何も語っていない。この日に大赦《たいしゃ》もおこなわれた。翌日に広瀬・龍田の神を祭り、一九日には貧困から稲や財物を借りたものに対して、返済を免除した。

二〇日には病気平癒を祈願して「朱鳥《あかみとり》」元年と改元。アカミトリは、とびきりめでたい上瑞の鳥である。二八日、七〇人もの人びとを出家させて宮中で仏事をおこなっている。この月には、もろもろの王臣たちは天武のために観世音像を造り、大官大寺では『観世音経』（『妙法蓮華経』「観世音菩薩普門品」）を説かせている。

八月になって、いよいよ天武の病は篤くなる。一日に天皇のために一度に八〇人もの人びとを出家させた。それでもじゅうぶんではなかったらしく、翌日にはさらに一〇〇人の男女を出家させ、宮中に一〇〇尊の観世音菩薩を安置して『観世音経』を読経させている。

九日に天地の神がみに天皇の平癒を祈願、一三日に土左大神に祈願、二一日と二三日に檜隈《ひのくま》寺・軽寺・大窪《おおくぼ》寺・巨勢《こせ》寺にそれぞれ封戸。九月四日には、親王以下群臣ことごとく川原寺に集まり、ひたすら平癒を祈ったのだった。

ついに天武天皇は崩御する。『日本書紀』から、このあたりをそのまま引用してみよう。

丙午《へいご》（九日）に、天皇の病《みやまひ》、遂に差《い》えずして、正宮《おほみや》に崩《かむあが》りましぬ。戊申《ぼしん》（一一日）に、始めて発哭《みね》たてまつる。則《すなは》ち殯宮《もがりのみや》を南庭《みなみのおほば》に起《た》つ。辛酉《しんいう》（二十四日）に、南庭に殯し、即ち発哀《みねたてまつ》る。是の時に当りて、大津皇子、皇太子を謀反《かたぶ》けむとす。

九日に崩御。すぐに殯宮が建てられ、一一日にははじめて発哭《みね》の儀式がおこなわれた。二四日にふたたび発哭の儀式がおこなわれたが、この日に大津皇子のクーデターが発覚したと記録されている。

ところが、である。冒頭のくりかえしになるけれど、ところが「持統称制前紀」では、「冬十月の戊辰《ぼしん》の朔《つきたち》にして己巳《きし》（二日）に、皇子大津、謀反けむとして発覚《あらは》れぬ。皇子大津を逮捕《から》めて……庚午《かうご》に、皇子大津を訳語田《おさだ》の舎に賜死《みまからし》む」と、逮捕したのは一〇月二日であって、翌日三日には処刑しているのである。

九月二四日の「謀反」発覚が史実なら、ふたたび一〇月に入ってから二日に発覚・逮捕というのではおかしいではないか。どのみち大津を「謀反」の罪で亡きものにするのであれば、二四日の発覚直後でもよいはずで、なぜ月を越した一〇月まで、大津皇子を〈生かした〉のだろうか。そこに、九月という月の歳時が影響しているのではあるまいか。

死刑執行をとりやめる

九月は「三長月」のひとつで、殺生禁止の月であり、当然、最悪の殺生にあたる死刑の執行は停止された。三長斎月《さんちようさいげつ》・三神通月《さんじんつうげつ》・三神足月《さんじんそくげつ》・三神変月《さんじんへんげつ》ともいい、正月・五月・九月がこれにあたる。

唐では、もともと立春から秋分までは、陽の気がしだいにあふれ、さまざまなものが成長する時期で、

死刑は陰であるから、陰の気が主となる冬におこなうべきで、この時期にはおこなわれない。『唐会要《とうかいよう》』「雑記」に、

貞観十一年（六三七）正月、勅に「在京の禁囚は毎月奏せ。立春より秋分に至り、死刑を奏決するを得ず」と。

とあり、この年の正月に公布された「獄官令」の規定にあったらしい。規定はさらに後代も継承され、開元七年（七一九）や開元二五年には、次のようになっている。『唐令拾遺補』所引の復元「獄官令」から摘記しよう。

立春より秋分に至り、死刑を奏決するを得ず。悪逆以上を犯し、及び奴婢・部曲の主を殺す者の若《ごと》きは、此の令に拘《かかは》らず。其れ大祭祀及び致斎《ちさい》・朔望・上下弦・二十四気・雨未だ晴れず・夜未だ明けず・断屠《だんと》の月日及び假日、並びに死刑を奏決するを得ず……。

「悪逆」は「八虐」のひとつで、祖父母や父母を殺そうとはかったり、伯叔父や伯叔母・兄姉など近親者を殺した罪をいう。「悪逆」以上の罪を犯した、あるいは主人を殺した場合、死刑停止の条文にはあたらない。それ以外の死罪では、秋分までの季節だけでなく、そのほかに、国家の祭祀とそのためのもの忌みの期間（四日間）、各月の一日と一五日、月齢の上弦と下弦にあたる日、立春や雨水などの二四節気、雨天・夜間・「断屠の月日」、そして休日には、死刑の執行をしてはならなかった。

じつは「三長月」とは、右の一文にいう「断屠の月日」に該当する月である。『唐令拾遺補』「雑令」に「諸《すべ》て毎年、正月五月九月及び月の十斎日は、公私屠釣を断つ」とあり、はやくも中国では六世紀のはじめ、隋の時代から社会にしだいに浸透していったようだ。「十斎日」とは、一日・八日・一四日・一五日・一八日・二三日・二四日・二八日・二九日・三〇日をいう。それにしても、死刑を忌み停止すべき日があまりにも多い。

仏教のサイドでは、『梵網経《ぼんもうきょう》』（後秦の鳩摩羅什《くまらじゅう》の訳出）に、

若《なんぢ》仏子、悪心を以ての故に……六斎日と年の三長斎月とに於《おい》て、殺生・劫盗・破斎・犯戒を作《な》さば、軽垢罪を犯す。（第三十軽戒）

とある。「六斎日」は、各月の八日・一四日・一五日・二三日・二九日・三〇日の六日間、在家の人びとも出家と同じように心身を慎んだ。この日には、天界から持国天・増長天・広目天・多聞天ら四天王、そしてその使者が降臨し、わたしたちを監視するので、心身を清浄にたもち、善行に精進すべき日だった。こうして「六斎日」や「三長月」には、殺生・強盗・破斎を、きびしくいましめるのである。

ただし、この『梵網経』が本朝で重視されるのは、天平時代になってから。現存する「智識優婆塞等貢《ちしきうばそくらのこう》進文《しんぶん》」（『寧楽遺文』）で、天平六年七月二七日、山背国愛宕郡賀茂郷にすんでいる鴨県主黒人《かものあがたぬしくろひと》が、『法華経』『最勝王経』『涅槃経』などとともに、『梵網経』を「読経」したことを記すのが、初出である。この年、黒人は二三歳。

別に、天平一四年一一月一五日、右京にすむ秦大蔵《はたのおおくらの》連《むらじ》喜達《きたる》は、『梵網経』を「読経」し、それのみなら

ず『疏』までも「読経」し、「修行十二年」であるとも記されている。二七歳だから、一五の時から在家信者として修行をつづけていたことになる。

ことに、天平八年（七三六）に入朝した唐の僧道璿《どうせん》が、天平勝宝三年（七五一）に律師となってからは、国家行事でも重要な位置をしめるようになり、天平勝宝六年には梵網会もはじまっている（『東大寺要録』巻4）。

したがって、天武天皇の時代に、『梵網経』「十重四十八軽戒」がいったいどれほど守持されていたかわからないものの、慈悲心を基調とする教化救済の性格の濃い経典だけに、天武不予にまったく関わりがないともいえないだろう。

暦日がにぎる大津皇子の死

立春《りふしゅん》より秋分に至るまでは、死刑奏決《しぎやうそうくゑち》すること得じ。若し悪逆以上犯せらむ、及び家人奴婢主を殺せらば、此の令に拘《かかは》れじ。其れ大祀、及び斎日、朔《さく》、望《まう》、晦《くわい》、上下弦、廿四気、假日《けにち》には、並に死刑奏決すること得じ。

右の条文は、『唐令』「獄官令」にまなんだ、本朝の「獄令」である。「獄官令」と異なるのは、「致斎」の期間・雨天・夜明け前・「断屠」の月日がはぶかれ、「晦」がくわえられている点だろう。これにともない、「雑令」でも、「凡そ月の六斎の日には、公私皆殺生断《や》めよ」とあり、「三長月」の断屠は規定されていない。

「六斎日」について史書を見ると、天平九年（七三七）八月二日や一三年三月二四日に狩猟や殺生を禁止している。「断屠の月日」の対象から「六斎日」をのこし「三長月」が削除されたのが、いつだったかはわからない。『近江令』や『大宝令』にあったものを改変し、『養老令』では削除したのか、あるいはもともと『唐令』から採択しなかったのか。

大津の逮捕は九月二四日か、一〇月二日か。そのどちらにしても、一〇月三日に処刑になったことだけは確かだろう。すでに述べたように、国家転覆をくわだてる「謀反」は「八虐」第一の犯罪であって、死刑停止の条文にはあたらないから、いつでも刑を執行することができたはずだ。にもかかわらず、九月中の執行も一〇月一日の執行もない。この一〇月三日は、「三長月」や「六斎日」「朔」をさけて慎重に選択された、しかるべき日付だったのではないか。もしそうなら、大津の命の長短は暦日がにぎっていたともいえるだろう。

大津の処刑から一か月半後、伊勢斎宮の任をとかれた姉大伯皇女が、一二年ぶりに帰京している。

大津皇子の屍《かばね》を葛城《かづらき》の二上山《ふたがみやま》に移し葬《はぶ》る時に、大伯皇女の哀傷して作らす歌二首

うつそみの人なる我《われ》や明日よりは二上山を弟《いろせ》と我《あ》が見む　（巻2一六五）

磯《いそ》の上に生ふるあしびを手折《たを》らめど見すべき君がありといはなくに　（巻2一六六）

「うつそみ」は「うつせみ」と同じ。冥府にいる「弟」の大津をじゅうぶんに意識した表現で、生身《なまみ》の「我」を「うつそみの人」とうたった歌人はこれまでにない。現世の人であるわたし、明日からは二上山を弟としてずっと見ていよう、の意。

第二首は、岩のほとりに生えているアセビを手折ってみるけれど、見せることのできる弟がこの世にいると、世間の人びとは誰もいってくれないことですよ。おそらく殯宮《あらきのみや》から墓陵に移葬した時の作だろう。どこまでもひろい世間、そしてたくさんの人びと。にもかかわらず、弟だけがいないという痛恨の声がひびく。

大伯皇女は、大宝元年（七〇一）一二月二七日に四一歳で他界する。『続日本紀』には「大伯内親王薨《こう》しぬ。天武天皇の皇女なり」とだけ記されている。罪人《つみびと》の姉としてひっそりと生き、ひっそりと死んでいったらしい。弟亡き後の大伯にとって、一〇年あまり重ねた歳月は、いったいどのようなものだったのだろうか(97)。

万葉食堂

秋のひと品

松茸と雉肉の吸い物

高松のこの峰も狭《せ》に笠立てて満ち盛りたる秋の香《か》の良さ（巻10二二三三）

「芳《か》を詠む」の題の歌。ただしこの題でおさめられているのは、この一首だけ。平安中期の辞書『和名類聚抄』に「菌茸《きんじよう》……爾雅注云、菌有木菌土菌、皆多介《たけ》、食之、温有小毒、状如人著笠者也」とあり、そのかたちは人が笠をつけて立っているようだ、と。本邦で食すことができるのは、三〇〇種ほどもあるといわれている。「秋香乃吉者《あきのかのよさ》」と称しているので、これはマツタケだろう。アカマツやハイマツなどの森林に発生する。「高松の峰」は平城京の郊外、高円山あたり。高松のこの峰にあふれるばかりに笠を立て、盛り満ちているマツタケの、なんと好ましいことよ。

今日、国内産は店頭に並ぶのはわずかで、庶民の口にはなかなか入らなくなった。

【レシピ】マツタケ（水で濡らしかたくしぼった布巾で拭き、石突きの部分は包丁で削り薄切りにしておく）・キジ肉（キジ肉はかたく匂いがきついこともあるので、ボイルしたものを用意する）・カツオのだし汁・塩少々

だし汁にキジ肉を入れ、中火で火がとおったところでマツタケを入れる。塩で味をととのえる。

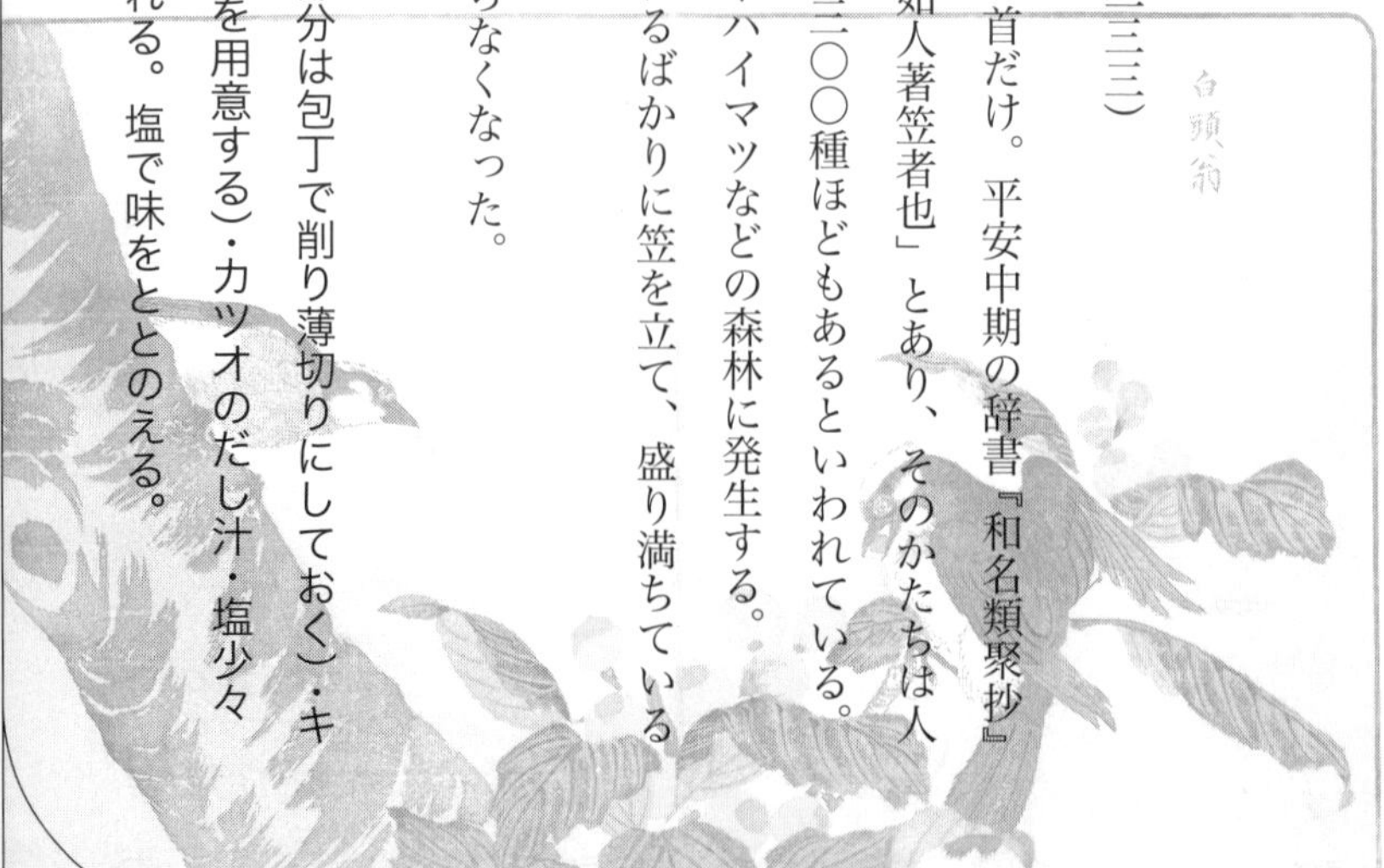

冬

第一章　神のいまさぬ月【10月】

もみじ葉の輪舞曲

神無月（一〇月）をうたう万葉の歌から一首。

十月《かみなづき》しぐれにあへるもみち葉の吹かば散りなむ風のまにまに　（巻8一五九〇）

これは大伴池主《おおとものいけぬし》の作。しぐれは、晩秋から初冬にかけて降るにわか雨で、土砂降《どしゃぶ》りではなく、さっと降りそそいでは足早に去っていく。そのしぐれが、もみじ葉の彩りをますます輝かせる。池主の歌は、天平一〇年（七三八）冬一〇月一七日、橘奈良麻呂の邸宅で酒宴があったときに、披露された一首である。池主は、やがて風の吹くままにしきりに散っていくだろう、もみじ葉の輪舞曲《ロンド》をうたった。(98)

同席していた大伴家持の歌は、こう。

もみち葉の過ぎまく惜しみ思ふどち遊ぶ今夜は明けずもあらぬか　（巻8一五九一）

「思ふどち」とは心の通じ合う者同士の意。詩歌を愛でる宴では、弾琴唱歌《だんきんしょうか》がつきものだから、夜が更けるまで琴の音と歌の朗唱とがつづいたにちがいない。

なるほど黄葉（紅葉）した光景はうつくしい。後世の能因法師（九八八〜一〇五一）は、

嵐吹く三室《みむろ》の山のもみぢ葉は龍田《たつた》の川の錦《にしき》なりけり　（『後拾遺集』秋歌）

とうたっている。三室の山から龍田川を流れくだる紅葉を、錦綾にたとえた一首である。ただし、黄葉（紅葉）は美しいというばかりではない。その美しい彩りは、どこか滅びを内包している。草も木も、いや植物だけでなく、生きとし生けるものの生命力が衰え、やがて滅びの冬へとうつる時期だからこそ、わたしたちは黄葉（紅葉）の最盛に心うたれるのだろう。

さらに万葉歌をもう二首。

十月しぐれの雨に濡れつつか君が行くらむ宿か借るらむ　（巻12三二一三）
十月雨間《あまま》も置かず降りにせばいづれの里の宿か借らまし　（巻12三二一四）

問答歌で、初冬の雨に夫の身を案じる妻の歌、それにこたえる夫の歌となっている。「雨間」は雨が降りやんだ間、晴れ間。しぐれに濡れながら異郷を旅する夫の影がいかにもあやうく、悲しく思われてならないのだ。夫はうたう、しぐれには晴れ間がつきものなのに、たえまなく降る雨のなか、宿にありつけそうもないのは何とせつないことだ、と。

けっしてはげしく降るわけではないけれど、冷たいしぐれの雨は、旅する者や留守をまもる家人を不安にし、ぽそぽそと命が先細りして散ってしまうような、亡滅への憂いを覚えさせるのだろう。

神まします月

こうした、いわば滅びにむかう季節を、「神のいまさぬ月」（神無月）と形容したのは、まことにいいえて妙ではないか。神にかかる枕詞は「ちはやぶる」だが、「ち」は霊妙なものを形容することば、「はや」は勢いのあるさま、「ふる」は霊力の躍動である「たまふり」の「ふり」。つまり、畏怖《いふ》すべき霊力に満ちあふれているのが、神という存在なのである。その神が、わたしたちの近辺からそろって去ってしまうのが、初冬という季節だ。それでは、いったい神がみはどこへ行くのだろうか。

神無月である一〇月を、「神在月《かみありづき》」と呼ぶ地方がある。大国主《おおくにぬし》（大己貴《おおなむち》また八千矛《やちほこ》とも）を祀《まつ》る杵築社《きづきのやしろ》のある出雲国だ。年に一度ここに全国から神がみが集い、全国フォーラムが開催されるという。そのテーマが「善男善女の縁むすび」だとは、しばしば聞く巷《ちまた》の声。

ところが、もともとは、それだけが集う理由ではないらしい。祭神であるオオクニヌシが神産巣日神《かみむすひのかみ》の子である少名毘古那《すくなひこな》とともに国造りをしたところから、しだいに生産の神である産巣日神《むすひのかみ》として信仰されるようになり、さらには「善男善女の縁むすび」の神にまで発展したといわれている。

とはいえ、『日本書紀』や『古事記』を読んでいると、杵築社が「善男善女の縁むすび」の元祖となるにはなるだけの理由が、なるほどあるものだと思われてくる。『日本書紀』には、高天原から追放された須佐之男《すさのお》が出雲国の斐伊川（肥の河）のほとりに天降り、大蛇（八岐《やまた》の大蛇《おろち》）を退治し櫛名田比売《くしなだひめ》を助けてめでたく結婚、大国主が生まれたという。

スサノオが須賀の地をもとめ、そこで新婚の宮殿を建てたときにうたった歌謡がある。

八雲《やくも》立つ　出雲八《や》重垣《へがき》　妻籠《つまご》みに　八重垣作る　その八重垣を　（記1）

これは、『古今集』が「人の世となりて、素盞嗚尊《すさのをのみこと》よりぞ三十《みそ》文字あまり一文字はよめる」と、歌の起源としている歌である。「妻籠みに」とは、「妻をこもらせるために」の意。もうすこし理解するために、『万葉集』から二首の旋頭歌《せどうか》をあわせて見てみよう。

新室《にひむろ》の　壁草刈りに　いましたまはね　草のごと　寄りあふ娘子《をとめ》は　君がまにまに　（巻11二三五一）

新室を　踏み鎮《しづ》む児《こ》し　手玉《ただま》鳴らすも　玉のごと　照りたる君を　内にと申《まを》せ　（巻11二三五二）

これらは祝婚の歌で、「新室」とは婿を迎えるために新築される妻屋である。やわらかい草のようになびいた花嫁は、婿どのの思し召すまま。今しも家霊を鎮めるために、花嫁が手に巻いた手玉を鳴らして踊っている。その手玉のように輝く婿どのを、「さあ、内へ」といざないなさい。「新室」へ婿を招き入れるのは、花嫁の役目だった。だから、スサノオの「八雲立つ　出雲八重垣　妻籠みに……」も、もとは幾重にも垣をめぐらせたみごとな妻屋だとほめたたえる、婚礼の祝い歌だったと解釈してよいだろう。

こうしてスサノオに祝婚歌があるように、子のオオクニヌシにも婚姻譚と歌謡とが残されている。『古事記』によると、因幡の白ウサギがかならずや結婚できると予言した八上比売《やがみひめ》への求婚の話、「高志《こし》の国」（今の北陸地方）に住んでいる沼河比売《ぬなかわひめ》に求婚する話と歌謡、スサノオの娘で根の堅州《かたす》の国から連れてきた適妻《むかひめ》須世理毘売《すせりびめ》の嫉妬に悩まされる話と歌謡が、それだ。ここでは神の名はオオクニヌシではなくヤチホコとなっている。

かわされた歌謡から、スセリビメがうたいかけた歌の後半だけを一読しよう。

吾《あ》はもよ　女《め》にしあれば　汝《な》を除《き》て　男《を》は無し　汝を除て　夫《つま》は無し　綾垣《あやかき》の　ふはやが下《した》に　蚕《むし》衾《ぶすま》　にこやが下に　栲衾《たくぶすま》　さやぐが下に　沫雪《あわゆき》の　若やる胸を　栲綱《たくづの》の　白き腕《ただむき》　そだたき　たたきまながり　真玉手《またまで》　玉手さし枕《ま》き　股長《ももなが》に　寝《い》をし寝《な》せ　豊御酒《とよみき》　奉《たてまつ》らせ（記6）

ただひとりの夫であると宣言し、やわらかいしとねのなかで、淡雪にも似た若いわたしの胸、白い綱にも似たわたしの腕を枕に、のびのびと脚をのばしておやすみなさいませ、さあ、このお酒を召しあがれ。なまめかしい表現がならんでいるが、こうした歌は所作をともない歌劇のなかでうたわれたようだ。

　スセリビメがうたったあとに、次のような短い解説文がそえられている。

　かく歌ひて、すなはち宇伎由比《うきゆひ》して、宇那賀気理《うながけり》て、今に至るまで鎮《しづ》まり坐《ま》す。

「うき」は盃、「ゆひ」は結うこと。盃をかわして、あらためて夫婦のちぎりを結んだという。「うながけり」は意味がよくわからないが、「うな」は項《うなじ》、「かけり」はうでを項にかけるの意だろうか。仲なおりをし、たがいに抱き合って抱擁《ほうよう》し、今にいたるまで鎮座なさっているというのである。これは二柱の神を合祀したのではなくて、実際に「うながけり」した男女神の彫像が造られ祀《まつ》られていたと、文字どおり解釈するのが妥当のようだ。

　こうしてみると、杵築社に祀られたオオクニヌシは、求婚・嫉妬、そしてハッピーエンドという、いわば恋愛歌劇のヒーローであって、「善男善女の縁むすび」の信仰の対象となるのも、なるほど道理といえば道理だろう。

恋を祈る

恋愛の成就（縁むすび）を神に祈願するのは、いまに始まったことではない。万葉の歌を見てみよう。

（1）夜並《よなら》べて君を来ませとちはやぶる神の社《やしろ》を祈《の》まぬ日はなし　（巻11二六六〇）

（2）山背《やましろ》の石田《いはた》の社《もり》に心鈍《おそ》く手向《たむけ》したれや妹に逢ひ難《かた》き　（巻12二八五六）

（3）たまだすき　かけぬ時なく　我《あ》が思へる　君によりては　倭文幣《しつぬさ》を　手に取り持ちて　竹玉《たかたま》を　しじに貫き垂れ　天地《あめつち》の　神をそ我《あ》が祈《の》む　いたもすべなみ　（巻13三二八六）

「夜並べて」とは、幾晩もつづけての意味。妻問い婚だった当時は、男は夕方に訪れ明け方に帰っていくので、恋しく思っている女には、逢えない昼間はいらぬもの。「日並《け》べば」（巻11二三八七）といった表現もないではないが、夜がならんでいればそれでじゅうぶんなわけだ。万葉の時代には、男が三晩つづけて通って、はじめて正式な婚姻が成立した。連夜あなたがお通いくださるようにと、霊験あらたかな神の社にお祈りしない日など一日もありません、毎日お祈りしていますわ。恋は欲深《よくふか》である。

（2）の石田の社は、京都伏見区にある現在の天穂日《あめのほひ》命神社かという。天穂日という神は、高天原から地上である「葦原中国《あしはらのなかつくに》」に派遣されながら、オオクニヌシに媚《こ》びへつらって、三年経っても復命しなかった神。出雲国造の始祖でもある。石田の社は、別に藤原宇合《うまかい》が「山科《やましな》の石田の社に幣《ぬさ》置かばけだし我妹《わぎも》に直《ただ》に逢はむかも」（巻9一七三一）とうたっているところから、当時ひろく知られた恋愛を祈る神だったのだろう。

（3）は長歌。巻一三の歌うたは、ほとんどが作者名や作歌事情がわからないが、もともと古歌謡集として宮廷に伝えられていたものらしい。「たまだすき」は「かく」の枕詞。「たま」（玉）は褒めことばで、すばらしいたすきをかけて神祭りをおこなうといった表現。「倭文」は、舶来の綾や錦の織物に対して、日本古来の倭文《やまとあや》（模様）の織物で、楮《こうぞ》や苧麻《ちょま》などの繊維を染めて織ったもの。

「竹玉」は細竹を輪切りにしたもの、あるいは竹を切ったようなかたちの勾玉《まがたま》をひもに貫いた祭祀の具で、「しじに貫き垂れ」（巻3三七九、巻9一七九〇）のほかに、「間なく貫き垂れ」（巻3四二〇、巻13三二八四）ともうたわれている。すき間なくびっしりとひもをとおし、竹玉を数多く垂らせば垂らすほど、より祈願のききめがあると考えられていたのかもしれない。

玉だすきをかけるというが、心にかけて思わないことなどなく、いつもお慕いしているあなたのことだから、手に倭文の幣帛《へいはく》をささげ持ち、竹玉をたくさん緒に貫きとおして掛け、天地の神がみをひたすら祈りあげる、ただただ恋しいばかりで、どうにもお逢いするてだてもわからないこととて。長歌の意味は、こういったところだろう。

巻一三では、この長歌に反歌がそえられている。「天地の神を祈りて我《あ》が恋ふる君い必ず逢はざらめやも」（巻13三二八七）。この反歌の「天地の神」の原文は「乾坤《あめつち》乃《の》神《かみ》」である。「乾坤《ケンコン》」は中国の『易』（説卦伝）でいう天と地。[99] なかなかしゃれた表記だ。「君い」の「い」は強調を表わす助詞で、こんなにも恋焦がれている、ほかの誰彼ではけっしてないあなたなのだ、といった気分だろう。いうまでもなく、恋愛は選択の勇断が大前提となる。

もう一組、同じ巻一三から長歌と反歌をひろってみよう。

(4)み佩《は》かしを　剣の池の　蓮葉《はちすば》に　溜《た》まれる水の　行くへなみ　我《あ》がする時に　逢ふべしと　逢ひたる君を　な寝《い》ねそと　母聞こせども　我《あ》が心　清隅《きよすみ》の池の　池の底　我《あれ》は忘れじ　直《ただ》に逢ふまでに
(巻13三二八九)

反歌

(5)古《いにしへ》の神の時より逢ひけらし今の心も常忘らえず　(巻13三二九〇)

剣の池は当時、蓮が多いことで知られていた。清隅の池は所在がわからない。「逢ふべし」は占いや祈禱による神の告示だろう。神のお告げでふたりは深い仲になったようだが、どうやら母親のつよい反対があって、男の足が遠のいたらしい。清らかに澄んでいる清隅の池のように、心の底からあなたを思っています、あなたを忘れることなどありません、もう一度じかにお逢いできるまで。

反歌が面白い。ふたりの仲は今にはじまったのではなく、はるか古の神の御代からのちぎりであったという。だから、今なおあなたのことが心にかかって忘れることができない、と。この仲は神がお決めになったのであって、それも神代の昔からちぎり合っていたのだというのだ。か細い赤い糸で結ばれているなどといった、頼りないものではないのである。

神無月の語源

一〇月は「神のいまさぬ月」。神がみは出雲国の杵築社に集まって「善男善女の縁むすび」談義。じつはこのようなユーモラスな俗信を、まるごと否定してしまう語源説がある。一〇月《かんなづき》の語源が「神のいない月」であるというのは、中世以降に参詣者を案内したり世話をしたりする下級神官たち（御師）がもっぱらひろめたのであって、「神無」の宛字から生まれた付会にすぎないというのである。

　語源はほかにもある。もろもろの神社で祭事がない月だから、新しくとれた穀物で酒を醸す月だから（醸成月《かみなしづき》）、カはキハ（黄葉）でミナは皆だから（黄葉皆月《カミナヅキ》）、イネを刈ってしまうから（刈稲月）、ナには無いという意味はなく神の月だから、などなど。すこしややこしい語源は、一年を二分割する考えから水無《みな》月《づき》（六月）がもう一度あり、それが年末に近いところから上《かみ》のミナヅキで、カミナヅキとよばれるようになったとか。最後の語源は、民俗学の折口信夫が説いたものである[100]。

　こうしたさまざまな語源が語られながら、それでもなお、一〇月は神がいない月という一説が、世間ではもっとも定着していることに、留意すべきだろう。

　かの一言居士《いちげんこじ》たる吉田兼好が、次のように書いている。

> 十月を神無月《かみなづき》と言ひて、神事にはばかるべきよしは、記したる物なし。もと文も見えず。但し、当月、諸社の祭なき故に、この名あるか。この月、万《よろづ》の神達《かみたち》、太神宮《だいじんぐう》へ集り給ふなどいふ説あれども、その本説《ほんせち》なし。さる事ならば、伊勢にはことに祭月とすべきに、その例もなし。十月、諸社の行幸、その例も多し。但し、多くは不吉の例なり。（『徒然草』第二〇二段）

一〇月を神無月といって祭祀を遠慮すべきだというのも、この月に神がみがお伊勢さんに集まるというのも、根拠がない。伊勢に集まるというのなら、伊勢社はこの月が特別な祭礼の月となるはずなのに、そういった例もない。これが兼好の主張するところ。

　兼好は、杵築社と伊勢社とを取り違えておぼえていたようだが、それはともかくも、神がいなくなる月を語源とする通説を、大いに疑っているのだ。それならそうと、俗説など一笑に付してしまえばよいではないか。わざわざ一段をもうけて神無月を話題にしてしまった『徒然草』の文字面からは、その主張とはうらはらに、巷間ではいかにこの俗説が説得力をもって伝えられていたかが、うかがえそうである。

　ちなみに毎年の恒例行事であるとはいえ、一か月もの間、神がいないというのでは、なにかと不都合もあるだろう。だから、その留守をあずかる神もいる。留守居をするのは、もっぱら恵比須《えびす》[101]。

滅びの冬へ

　しぐれの降る神無月は、やがて滅びの冬へとうつっていく。だが、最盛がその深奥にひそかに亡滅をしのばせているように、亡滅はあらたな生命の誕生をはらんでもいる。しばしばいわれるように、男女の性愛は海山の豊饒《ほうじょう》のシンボルであり、子どもの誕生は豊饒への予祝でもあった。

　すると、いにしえの人びとが、ありとあらゆる生命力が衰え、滅びへとむかう一〇月を「神のいまさぬ月」としながら、それと同時に、「善男善女の縁むすび」の月と想像したのは、ただしく生活人としての直感だったというべきだろう。

第二章　暖【10月】

火鉢の準備

『礼記』「月令」に、九月には「草木黄落す。乃ち薪《たきぎ》を伐《き》り炭を為《つく》らしむ。蟄蟲《ちっちゅう》咸《みな》俯《ふ》して内に在り、皆其の戸を墐《ぬ》る」という。草木はもみじして葉や枝が落ち、朝廷は人びとに薪をあつめさせ、炭を焼かせる。虫は地中にはいり、穴の口をふさいで、冬じたくをする。人びとも薪や炭を準備して冬じたくをすれば、きびしい冬もむかえることができるよう。一〇月は孟冬《もうとう》の月。やがて「水始《はじ》めて氷り、地始めて凍る」季節が到来する。

三世紀半ばに記された陳元靚《げんせい》の『歳時広記』は、『歳時雑記』なる一書から「大内の火禁は甚だ厳なり。十月朔より火を置くを許し、正月の終りに尽く」（巻37小春「開火禁」）と「十月朔、在京の僧寺、薪炭を以て檀施より出す。是の日、必ず爐《ろ》を開き、堂に入りて斎会を設く」（同巻小春「修斎会」）を引いて、八朔日の行事を紹介している。(102)

宮廷では火のとりあつかいに厳しかったが、一〇月一日をもって、暖をとるための薪や炭の使用がゆるされたという。室内では炉や火櫃《ひびつ》（火鉢）に火を入れたのだろう。

これは仏閣も然《しか》り。「檀施」は信者からの布施の意で、「檀捨」ともいう。もともと「檀」とは彼岸にいたるためのたいせつな修行のひとつで、金品をあたえるだけでなく、親切なおこないも意味する。ここでは、信者たちが喜捨した薪や炭を僧に給した。この日、かならず炉開きをし、僧たちに食の供養をしたのである。

さらに宋の孟元老《もうげんろう》のエッセー『東京夢華録《とうけいむかろく》』（巻9「十月一日」）にも、「有司は煖爐の炭を進め、民間は皆な置酒して煖爐会を作《な》す」とあって、[103]役所では炭が搬入され、巷間では「煖爐会」とよばれる酒盛りを催している。一〇月一日は、暖炉に火を入れる日だった。

本邦でも、『律令』「雑令」に、

> 凡《おほよ》そ後宮《ごくう》及び親王に炭《あらすみ》給はむことは、十月一日より起りて、二月三十日までに尽せ。其れ薪《たきぎ》は用の多少を知りて量つて給へ。供進《ぐしん》の炭は、此の例に在らず。

とある。施設の維持管理を担当する主殿寮《しゅでんりょう》から、後宮や親王に炭が支給されている。厨《くりや》での煮炊きは年中のことだから、ここで配給されるのは暖房のための炭だろう。

これもまたずっと時代がくだるが、順徳院（一一九七〜一二四二）が宮中の行事・故事・習慣などを記した『禁秘鈔』に、火櫃《ひびつ》（火鉢）は「十月より三月に至る。四月に至りて之を撤す」とあって、やはり、宮廷では一〇月から暖をとるための火鉢が、準備されたようだ。

白楽天の『売炭翁』

燃やした「焚き落とし」を始末してできた「消し炭」が、木炭の原体だろうが、上積みの薪を燃やし下の薪を炭化させた、「和炭《にこすみ》」に近い炭も、はやくから作られていたらしい。炭といえば、白楽天（七七二〜八四六）の『新楽府』「売炭翁」は、人口に膾炙するところだろう。

　売炭翁、薪を伐《き》り炭を焼く南山の中。満面の塵灰《ぢんくわい》煙火の色、両鬢蒼蒼《びんさうさう》として十指黒し。炭を売りて銭を得《え》て何の営む所ぞ、身上の衣裳口中《いしやうこうちゆう》の食。憐れむ可《べ》し身上の衣正《まさ》に単《ひとへ》なるに、心に炭の賤《やす》きを憂《うれ》へて天の寒からんことを願ふ。

長安の南にある終南山で、木を切って炭を焼く爺さんがいる。満面ほこりや煙でよごれ、両鬢はまっ白だけれど、手の指はまっ黒だ。木炭を売って銭をもうけ、いったい何にするかといえば、着るものや食いものの料にするためだ。

哀れなことに、着ているものは薄い夏ものの単衣《ひとえ》なのに、炭の値段が安いものだから、ウンと寒くなればよいのにと願っている。貧しい炭売りの爺さんは、裏地のついた袷《あわせ》などには縁がないのである。ますます寒くなったら、まず自身が凍《こご》えるしかなかろうに、なんとも生業《なりわい》の皮肉なことである。

　夜来《やらい》城外一尺《せき》の雪、暁に炭車に駕して氷轍《ひようてつ》に輾《きし》らしむ。牛困《くるし》み人飢《う》ゑて日已《すで》に高《た》け、市の南門外の泥中に歇《やす》む。翩翩《へんぺん》たる両騎来たるは是れ誰《たれ》ぞ、黄衣の使者白衫《はくさん》の児《じ》。手に文書を把りて口に敕《ちよく》と称し、車を廻《めぐ》らし牛を叱《しつ》し牽《ひ》きて北に向かはしむ。

昨夜から長安の城外には雪が一尺（三一センチメートル）も積もった。そこで、爺さんは朝早くから牛に炭車を引かせ、売りに出かけたのだ。終南山から長安までは五〇キロメートルほど。車をきしませ凍りついた轍《わだち》のうえをひいて行く。遠路はるばる街についた頃には、すでに日も高くのぼり、牛もつかれたし爺さんも腹がへったので、南門外の泥道でひとやすみすることにした。

そこへ馬をはしらせてやってきたのは、誰。ひとりは黄色い衣類を着た宦官《かんがん》、もうひとりはその召使いの若造。手には書付けをにぎり、口ではこれは勅命だという。牛車を回し牛をしかりとばしながら、北に向かわせる。長安の都では、南へくだるほど庶民の街なみとなる。すると、爺さんの荷車は宮城のある北へと追い立てられたのである。

一車の炭の重さ千余斤《きん》、宮使駆将《くしやう》して惜《を》しみ得ず。半疋《ぴき》の紅綃《こうせう》一丈の綾《あや》、繋《か》けて牛頭に向ひて炭の直《あたひ》に充《あ》つ。

唐代の一斤は五九七グラムだから、炭の重さは六〇〇キログラムほどもある。その炭を宮使が駆り立てていっても、爺さんは売り惜しむことはできない。「売炭翁」の副題は、「宮市に苦しむなり」となっている。長安には東西に市場があるが、中唐の徳宗の時代、生活物資を役人たちに供給するために、宮中にも市場がもうけられていた。これを宮市という。

宮市があることで、東西の市に出かけなくても、役人たちは生活用品を得ることができた。しかし、その物資をかき集めるために、宮市の役人（宦官《かんがん》が任命されていた）は、市中の物品を安い値段で買いたたき、民衆をたいそう苦しめたのである。炭売りの爺さんは、この宮市の役人を前に、あきらめる以外に何もなすすべがなかったのだ。牛の首にくくられた、ほんのわずかな布切れ、半匹（二丈・六メートルほど）の紅のうすぎぬと一丈のあやぎぬが、苦労して焼いた木炭の代金である。

白楽天が『新楽府』五〇首を創作したのは、元和四年（八〇九）である。前年の四月には左拾遺《さしゅうい》に就任していた。拾遺とは則天武后の時代に設けられた職で、左右二人が定員。天子の気づかない過失などを拾いあげ、諫《いさ》めたり助言したりするのが職掌である。政道をただすために、詩歌をもって官市の横暴を諷喩《ふうゆ》したのが、ほかならぬ「売炭翁」であった。(104)

憶良の「貧窮問答の歌」

こうした白楽天のうたいぶりは、すぐに万葉の歌人山上憶良の「貧窮問答の歌」（巻5八九二、八九三）を思い起こさせるだろう。創作の順でいうなら、「貧窮問答の歌」は天平四年（七三二）の作といわれるから、もちろんこちらが先である。

天平四年八月に、多治比県守が山陰道節度使に任命されている。県守は憶良が筑前国の国守時代に大宰大弐だった人物で、天平元年の長屋王の政変のときに権参議となっている。「権」は定員外だから、政局に対処するためにかりに参議にしたのだろうが、政治の枢要のひとりとなった。天平三年正月には民部卿、八月に正式の参議、一一月には山陰道鎮撫使、そしてこの天平四年正月には中納言となり、山陰道節度使に任命されたのである。「貧窮問答の歌」は、節度使として山陰地方の巡察に向かう県守に謹上されたらしい。[105]

風交《ま》じり　雨降る夜《よ》の　雨交じり　雪降る夜は　すべもなく　寒くしあれば　堅塩《かたしほ》を　取りつづしろ
ひ　糟湯酒《かすゆざけ》　うちすすろひて　しはぶかひ　鼻びしびしに　然《しか》とあらぬ　ひげ掻《か》き撫《な》でて　我《あれ》を除《お》き
て　人はあらじと　誇《ほこ》ろへど　寒くしあれば　麻衾《あさぶすま》　引き被《かがふ》り　布肩衣《ぬのかたぎぬ》　ありのことごと　着襲《きそ》へど
も　寒き夜すらを　我《われ》よりも　貧しき人の　父母《ちちはは》は　飢ゑ寒《こ》ゆらむ　妻子《めこ》どもは　乞《こ》ひて泣くらむ
この時は　いかにしつつか　汝《な》が世は渡る

前段では、憶良らしき老人が登場。取りくずした塩のかたまりを肴《さかな》に、酒ならぬ酒かすをといた湯をすすっている。「糟湯酒」は、いわば〈酒もどき〉なのだが、そうばかにしたしろものでもなかったようだ。米一升（現在の四合）が五文した時代（天平宝字二年）に、酒かすも五文で、進んだ今日の醸造の清酒粕で残留アルコールは八パーセントほどといわれているが、当時ならもっと濃度が高かっただろう。冷えたからだを内から温めてくれたにちがいない。酒かすがのどにひっかかったものか、ごぼごぼ咳《せ》きこみ、立つ湯気に鼻汁をすする。大してありもしない鬚《ひげ》を捻《ひね》り、おれほどの人物はほかにいまいといばってみたけれど、それでも寒いのだ。

「麻衾」は、目の粗い麻で織った夜具。下級官人たちには公から支給された。「布肩衣」は麻や紵《からむし》でできた袖なし。「ありのことごと　着襲」うとうたっているところから、重ねて着るだけの何枚かの「布肩衣」をもっていたのだろう。すっぽり麻ぶとんをかぶり、ありったけの袖なしを着てみても、やはり寒い。

後段で「我よりも　貧しき人」が「直土《ひたつち》」を話題にしているので、前段の憶良らしき爺さんは高床の家に住んでいるとみるべきだろう。同じように、後段では「かまど」がうたわれており、歌の表現にはないけれど、前段の人物は、おそらく炉か火櫃《ひびつ》（火鉢）で暖をとっていると思われる。

憶良は、すでに国守の任を解かれていたが、従五位下の官位はそのままである。したがって、位にともなう八町の位田のほか、位禄である絁《あしぎぬ》（四疋）・綿（四屯）・布（二九端）・庸布（一八〇常）、年二回の季禄である絁（四疋）・綿（四屯）・布（一〇端）・鍬《くわ》（二〇口）の官給があった。それだけでなく、「資人」（公から派遣された召使い）も二〇人いたはずである。「我よりも　貧しき人……」とうたっている。どうやら、自分もまた貧乏人と自認しているらしいが、薪や炭にこと欠くほどの暮らしぶりだったわけではあるまい。[106]

薪と炭の値段

薪になる木はふんだんにあって、自由に伐り出すことができたように思われがちだが、運搬にも便利な里山になればなるほど、入合《いりあい》のルールはきびしかったはずである。よほどの山間部ならともかく、人の多い街中では、薪や木炭は買いもとめるしかなかっただろう。

天平宝字七、八年頃から急激なインフレで（米は天平宝字六年に一斗八〇文、八年には二〇〇文に高騰している）、薪の値段も変化しているが、天平六年に一束三文から四文、天平一一、一二年頃になると、一束七文一荷九文ほどの値段である。「荷」は「束」よりやや大きな束をいうらしい。天平宝字二年には一荷一一文、六年から七年には一荷一五文、八年には二〇文にも値上がりしている。たとえば、天平一一年には、米が一升四文ほどだったろうから、米一升より薪一束のほうがずっと高かったわけだ。

薪について興味をいだかれるのは、「雑令」の次のような条である。

・凡そ文武官の人は、年毎に、正月十五日に、並に薪《みかまぎ》進《たてまつ》れ〔長さ七尺。廿株《しゅ》を以て一担《たん》と為《せ》よ〕。一位に十《と》担《になひ》、三位以上に八担、四位に六担、五位に四担、初位以上に二担、無位に一担。諸王も此に准《なぞら》へよ〔無位の皇親は、此の例に在らず〕。其れ帳内、資人《しにん》は、各本主に納《い》れよ。

・凡そ薪進らむ日は、弁官、及び式部、兵部、宮内省、共に検校《けむげう》して、主殿寮に貯《つ》み納めよ。

文武官僚が一月一五日に、官位に応じて一定数量の薪を納入する規定と監督する役人・納入先の規定で、御薪《みかまぎ》とよばれる正月の宮廷行事のひとつである。長さも七尺は薪としては長すぎ、小尺を約三〇センチとすると、二メートルほどの材木二〇株分の薪を「一担」としたものか。平城京からほぼ二センチメートル四方、長さ三五～四〇センチメートルほどの割れ木が一〇〇〇近くも出土しているという。

薪の納入は、はやくは『日本書紀』の天武四年正月戊申（三日）に、「百寮《つかさつかさ》の諸人《ひとびと》、初位《しょゐ》より以上《かみつかた》、薪《みかまぎ》を進《たてまつ》る」と見え、これが御薪の初見。中国では、人のために薪を拾うのはその人の従者であることを意味するところから、それが宮廷の正月行事として制度化され、文武百官ことごとく天皇の臣下であるのを表明する儀式となったといわれている。こうして主殿寮に集められた薪が、宮廷のさまざまな所用に配給されたのである。

毎年一〇月になると、後宮や親王に暖房のための炭が支給されたことは、先に述べたとおりだが、炭も薪と同じように、人が火をつかうようになって以降、ずっとそばにあったとみてよい。たとえば、愛媛県大洲市の鹿の川遺跡から出土した炭は、約三〇万年前のもので日本最古であるといわれている。[107] これは「消し炭」ではなく、洞窟の外で作って持ち込んだようである。けむりが充満しないので、薪よりも便利だったのだろう。

それでは、万葉の時代、炭の値段はいったいどれほどだったのだろうか。天平六年五月一日の「造仏所作物帳」から、「燭松」（明かりをとるための燃料の松材か）や薪とともに、購入した木炭の記録を引用してみよう。

買燭松一百五枝　直銭六百五十三文〔二十三枝、各七文。八十二枝、各六文〕
　自泉津運車五両　賃銭一百六十五文〔車別三十三文〕
買薪一千一百七十三束　〔四百二十六束、各四文。七百四十七束、各三文〕
　直銭三貫九百四十五文
買炭二百一斛〔九千七百二十斤〕
　直銭三貫六百八十五文〔七千五十斤、文別三斤。二千六百七十斤、文別二斤〕
岡田焼炭八百十八斛〔自泉津運車五十四両〕
　賃銭一貫七百六十七文〔三十九車、各三十三文。十五車、各三十二文〕
買和炭一千五百十四斛〔二百六十八斛、別十一文。一千二百四十六斛、別十文〕
　直銭十五貫四百八文

「燭松」の単位である「枝」は、長短があるのを束ねたものをいうのだろう。薪は良し悪しによって一束三文だったり四文だったり。荷車の賃料は、一台あたり三二文から三四文である。白楽天の「売炭翁」と同じように、平城の都でも、炭を運ぶ荷車が見られた。

「炭」と「和炭」の書き分けがあるのは、シイ・カシなどのようなかたい材質の炭を「荒炭」といい、マツのようなやわらかい材質の炭を「和炭」として、区別したようだ。鍛冶などの作業には「和炭」が必要だったものの、一般的な需要には「荒炭」が用いられたところから、「炭」は「荒炭」を意味した。一斛《こく》（一石）が四八・三斤ほどだから、「荒炭」は一石で一八文、「和炭」は一石で一〇文、一一文といった値段である。大和目《やまとめ》の一八〇匁《もんめ》なら、一斤は六七五グラムで、一石はおよそ三キログラムとなる。天平四年に米一石で一〇〇文しているから、炭そのものはとりたてて高価とはいえないが、万葉人にとってライフ・ラインのひとつで、高価であってよいはずもない。暖をとるだけでなく、薪では不都合な、煮《に》る・焙《あぶ》る・焼く・炒《いた》めるなどの毎日の調理の大方も、木炭にたよるほかはなかっただろう。

火の気のないかまど

憶良の「貧窮問答の歌」の後段は、こうである。引用が長くなるので、その一部だけを。

綿もなき　布肩衣の　海松《みる》のごと　わわけさがれる　かかふのみ　肩にうち掛け　伏盧《ふせいほ》の　曲盧《まげいほ》の内
に　直土《ひたつち》に　藁《わら》解き敷きて　父母は　枕の方《かた》に　妻子《めこ》どもは　足《あと》の方に　囲《かく》み居て　憂《うれ》へ吟《さまよ》ひ　かま
どには　火気《ほけ》吹き立てず　甑《こしき》には　蜘蛛《くも》の巣かきて　飯《いひ》炊く　ことも忘れて　ぬえ鳥の　のどよひ居《を》
るに……　（巻5八九二）

「布肩衣」とはもはや名ばかりで、海藻のようにぶらさがっているだけのぼろ布。「伏盧」は、屋根を地面まで葺《ふ》きおろした竪穴式住居だといわれている。床のない掘建て柱の、それも傾いてひしゃげた小屋。

地べたに藁を敷いて、父母は枕のほうに妻や子は足のほうに。取り囲んでは、苦しみあえぐばかり。この当時は、米は炊飯ではなく蒸したので、甑を使った。いまやかまどには火の気もなく、甑には蜘蛛が巣をかける始末である。

「ぬえ鳥」は、スズメ目ツグミ科の鳥のトラツグミ。ただし、冬には南へ渡るので、ここでうたうのは時節としては、やや不都合かもしれない。家族はみな、食いものもなく、ひいひいと呻《うめ》いているのだ。

先にふれた「造仏所作物帳」には、

薪五千七百五十八束〔炊醸并煮粥羹等料〕
炭一百八十六斤〔熬油并海菜等料〕

と記されている。薪で米を炊いたり、粥《かゆ》や羹《あつもの》(スープ)を作ったりしている。木炭をつかったのは、海藻を炒めるためだったようだ。調理用の油は胡麻をしぼったものが代表的なもので、そのほかに麻や椿の実からもしぼった。ただし、天平宝字二年にゴマ油一升が五〇文、天平宝字六年に一五〇文ほどと、高価だった。海藻が何だったのかわからないが、こうばしいゴマの香りのする炒めものが、食卓にのぼったのだろう。

「貧窮問答の歌」後段に登場する家族は、こうしたあたたかい食卓とは、まるで無縁になってしまった人びとである。暖をとる薪も炭もなく、寒さをふせぐ夜具もなく、腹をすかせたまま藁《わら》にもぐりこみ、凍《こご》えふるえている。憶良は民苦をうったえてやまないのだが、「貧しさ」とは、飢えと寒さに責められながら生きる苦しみだ、といってよいだろう。

第三章　霜降る朝【11月】

経もなく緯も定めず

一一月は霜月《しもつき》。霜月の語源は、ヲシモノ月（食物月）の略ともシモフリ月（霜降り月）の略ともいわれるが、一説には古語のシモゲル（霜のためにものが萎《しお》れいたむ）からシモグル月の意とも。

天紙風筆雲鶴《うんかく》を画《えが》き、山機霜杼葉錦《さうちょえふきん》を織《お》らむ　（大津皇子「志を述ぶ」『懐風藻』）

万葉歌人のひとりである大津皇子は、右のような漢詩をうたう人物でもある。天のような広い紙に、あるときは速くはげしく、あるときはゆっくりとたおやかに、奔放《ほんぽう》に筆を飛ばして雲のあいだを翔《か》ける鶴を描き、また山が機《はた》となり霜が杼《ひ》となってみごとな黄葉の錦を織りなすように、自由にしかもあやのある詩文を作りたいものだ。

この一首は聯句《れんく》仕立てとなっていて、後人があとを続けた聯句とセットになっている。

赤雀書《せきじゃくふみ》を含《ふふ》む時至らず、潜龍用《せんりゅうもち》ゐること勿《な》く未《いま》だ寝《い》も安《やす》みせず。

後人は誰だかわからない。赤雀が書を含んで飛んでくる時でもなく、徳ある人物は世に現れないでその時を待つべきなのに、それを待たずに謀反を起こそうとして安眠もしない。赤雀が書を口にくわえて飛んでくるのは、皇子が天子になるのを意味する瑞象である。

希代の賢帝であった天智天皇にたいそうかわいがられた大津は、新羅僧のすすめで王朝の転覆をはかったものの、叔母《おば》の鸕野讃良《うののさらら》皇女（後の持統天皇）によって退けられ、死をたまわった（六八六年一〇月）。後人はこうしたクーデターをふまえて聯句としたのだろうが、立派な詩文をつくりたいという大津の「述志」とは、意味の上でしっくりいかない。

それにしても、天空の書とは、「状貌魁梧《じやうばうくわいご》、器宇峻遠《きうしゆんゑん》」（身体容貌が大きくたくましく、度量があって高く奥深い品格である）と評されるだけあって（『懐風藻』大津皇子伝）、いかにも大津らしいスケールの大きさである。霜が、織り機である山岳の上で経糸《たていと》をくぐって織りをなすシャットルだとは、なかなか面白い比喩ではないか。『日本書紀』には、この時代の詩賦の興隆は大津皇子の登場によるものだ、と記されている。[108]

経《たて》もなく緯《ぬき》も定めず娘子《をとめ》らが織るもみち葉に霜な降りそね　（巻8一五一二）

これも大津の作。秋山のもみじの黄葉を、少女たちが織った錦に見立て、うつくしい黄葉が霜に急《せ》かされるように散ってしまうのを、惜しんでうたった。ここでの「娘子ら」とは仙境の女神たちと理解したほうがよいだろう。錦は縦糸をはり、そこに金・銀や色糸を絵緯《えぬき》に用いて織るもの。経糸《たていと》も緯糸《ぬきいと》もなく絢爛《けんらん》と織りあげられた錦を散らすなと、霜にいいかけた趣向である。

歌人の土屋文明は、前掲した『懐風藻』の漢詩から、この一首の作者を「大津皇子と伝へるに至つたのではないかとさへ思はれる」（『万葉集私注』）というのだが、さてどうだろうか。

霜をうたう

万葉歌人で「霜」をうたうのは、もちろん大津皇子だけではない。

（1）里ゆ異《け》に霜は置くらし高松の野山司《のやまづかさ》の色づく見れば　（巻10二二〇三）

（2）秋山に霜降り覆《おほ》ひ木の葉散り年は行くとも我忘れめや　（巻10二二四三）

（3）この里は継ぎて霜や置く夏の野に我が見し草はもみちたりけり　（巻19四二六八）

いずれも霜が黄葉をうながした冬の風景をうたっている。（1）の「高松」は地名で、奈良市東部にある高円と同じだともいわれている。「つかさ」は小高いところ。人里と異なって、高円山のあたりはひどく霜が置くらしい、周囲にくらべていち早く色づいているのをみると、の意。この付近は万葉びとにとって春秋の行楽の地だった。

（2）は「柿本朝臣人麻呂歌集」所出で秋の相聞歌。このあたりの万葉表記は略体とよばれ、「秋山　霜零覆　木葉落　歳雖行　我忘八」と、ほとんど助辞が書かれていない。ちなみにもっとも文字数がすくないものでは、「白玉《しらたまを》　従手纏《てにまきしより》　不忘《わすれじと》　念《おもひしことは》　何畢《なにかをはらむ》」（巻11二四四七）や「春楊《はるやなぎ》　葛山《かづらきやまに》　発雲《たつくもの》　立座《たちてもゐても》　妹《いもをしそ》念《おもふ》」（巻11二四五三）などがその一例。助詞や助動詞がないのは、単純に省略したというわけではなく、書記言語《エクリチュール》への関心の深まりによるらしい。（2）では、秋から冬へ、冬から春へと、しだいにうつる季節に即しながら、逢えない月日の長さを嘆いている。

（3）にはやや長い題詞がある。「天皇・太后共に大納言藤原家に幸《いでま》す日に、もみてる沢蘭一株《さはあららぎひともと》抜き取り、内侍佐々貴山君《ささきやまのきみ》に持たしめ、大納言藤原卿と陪従大夫《べいじゅだいぶ》等とに遣《つかは》し賜ふ御歌一首　命婦誦《よ》みて曰く」。天平勝宝四年（七五二）、孝謙天皇と皇太后の光明子が、大納言藤原仲麻呂の家に行幸したときに、もみじした沢蘭を仲麻呂に贈った。

沢蘭はサワヒヨドリというキク科の多年草で、秋に白や淡い紅紫の頭花がたくさん咲く。蘭草はフジバカマの漢名だが、サワヒヨドリとフジバカマを同じものとみる『大和本草』の例もあって、[109]ふるくはアカマグサの名もある（『和名抄』）。

この年は、夏四月九日に盧舎那仏《るしゃなぶつ》開眼の設斎大会《せっさいだいえ》がおこなわれており、盛儀がおわったあと、孝謙天皇一行は宮中へもどらず、藤原仲麻呂の屋敷を御座所としている。歌の「夏の野に我が見し」とは、このときのことをいうのだろう。「内侍」は後宮内侍司《ないしのつかさ》の女官で、佐々貴山なにがしがそれ。天皇はこの佐々貴山命婦に仲麻呂や廷臣たちのところへ沢蘭を持っていかせ、自作の歌を誦《よ》み伝えさせたのである。

お里は霜が降りつづくのでしょうか、夏の野でわたしが見た草はすっかり色づいていますね。正客《しょうきゃく》となった孝謙天皇から館の主人《あるじ》である仲麻呂へ、来訪の苞苴《つと》に黄葉した沢蘭ひと株を贈るという趣向だろう。

霜にまけぬ常葉の木

万葉の人びとは、霜に急《せ》かされるように黄葉（紅葉）する草木を愛でたが、それとともに、霜が降りても緑を失わない草木にも関心をよせてうたっている。

（4）橘は実さへ花さへその葉さへ枝《え》に霜降れどいや常葉《とこは》の木（巻6一〇〇九）

（5）かけまくも　あやに恐《かしこ》し　皇神祖《すめろき》の　神の大御代《おほみよ》に　田道間守《たぢまもり》　常世《とこよ》に渡り　八桙《やほこ》持ち　参ゐ出来《までこ》し時　時《とき》じくの　香《かく》の菓実《このみ》を　恐くも　残したまへれ　国も狭《せ》に　生ひ立ち栄え　春されば　孫枝萌《ひこえも》いつつ　ほととぎす　鳴く五月には　初花《はつはな》を　枝に手折《たを》りて　娘子《をとめ》らに　つとにも遣《や》りみ　白たへの　袖にも扱入《こき》れ　かぐはしみ　置きて枯らしみ　落《あ》ゆる実は　玉に貫きつつ　手に巻きて　見れども飽《あ》かず　秋付けば　しぐれの雨降り　あしひきの　山の木末《こぬれ》は　紅《くれなゐ》に　にほひ散れども　橘の　成《な》れるその実は　ひた照りに　いや見《み》がほしく　み雪降る　冬に至《いた》れば　霜置けども　その葉も枯れず　常磐《ときは》なす　いやさかばえに　然《しか》れこそ　神の御代より　宜《よろ》しなへ　この橘を　時じくの　香《かく》の菓実《このみ》と　名付けけらしも（巻18四一一一）

（4）は天平八年（七三六）一一月九日に、葛城《かつらぎ》王（橘諸兄）や佐為《さい》王（橘佐為）たちが臣籍に降下して、「橘宿祢」の姓をたまわった時の、聖武天皇の御製歌である。左注によると、天皇ではなく太上天皇（元正）の御歌だという伝えもあったらしい。橘（ミカン科の常緑樹）は、実も花もその葉さえも、枝に霜が降ってもますます栄える、めでたい木だ。

葛城王らの母である県《あがた》犬養美千代《みちよ》は、美努王と結婚してかれらを生んだが、離別。藤原不比等と再婚、光明子を生んだ。和銅元年（七〇八）一一月、元明天皇の大嘗祭の宴で「橘宿祢」をたまわったものの、天平五年（七三三）には没。そこで、葛城王らが亡き母の姓を継ごうと願い出たのである。

御製歌に応《こた》えた諸兄の子奈良麻呂の歌は、こう。「奥山の真木《まき》の葉しのぎ降る雪のふりはますとも地《つち》に落ちめやも」（巻6一〇一〇）。「地に落ちめやも」（橘の実が土に落ちることなどありましょうか）とは、たまわった「橘」の家名をけっして汚すようなことはしないという意。奈良麻呂は諸兄の子だから、いわば「橘」家の次世代。世代をこえた臣下としてのつよい宣誓の意味を込めたのだろう。

なぜ「橘」か。『続日本紀』には、やや日程にずれがあるものの、一一月一一日に葛城王が奉った上表文があり、そのなかで「橘は菓子《くだもの》の長上にして、人の好む所なり。柯《えだ》は、霜雪を凌《しの》ぎて繁茂《しげ》り、葉は寒暑を経て彫《しぼ》まず。珠玉と共に光に競《きほ》ひ、金《くがね》・銀《しろがね》に交りて逾美《いよいようるは》し」と述べている。橘は霜や雪を凌いで繁栄する常緑のめでたい樹木なのだ。

こうした素性をさらにていねいにうたいあげるのが、(5)の大伴家持の長歌だろう。当時の橘諸兄と家持の関係から、橘をとおして橘家を讃えた歌。橘は「時じくの　香の菓実」とよばれたという。第一一代垂仁天皇が田道間守に命じて「時じくの　香の菓実」を求めさせた。田道間守は「常世の国」（海のかなたにある不老不死の異郷）までも旅して、それを得て帰国したが、すでに天皇は亡くなっていた。陵の入口にそなえ果実を高くささげ持ち、悲しみのあまりに大声をあげて泣き、ついにそのまま息絶えたのだった。[110]「八桙持ち」とは、『古事記』の「其の木の実を採りて、縵《かげ》八縵・矛《ほこ》八矛を以ちて」による。「縵」は葉がついたままの枝、「矛」は葉のついてない枝か。「時じ」とは定まった時のない、の意の形容詞だから、つまるところ四季にわたって満ち足りた美しさをもっているのが、この橘だというのである。

家持の歌に即して見てみよう。春は孫枝が芽生え、夏は花を咲かせ、その花をおとめたちに贈ったり、花を袖に入れて香りを楽しんだり、熟して落ちた実に緒をとおし薬玉にして腕にまく、秋ともなれば実が黄金に輝き、たとえ秋が深まり、時雨が降って木々が黄葉して散っても、その実はますますあたり一面に照り輝く、冬になり雪や霜が降っても、その葉までも枯れずにますます照り栄えるばかり、だからこそ「時じくの　香の菓実」の名にふさわしい。

大方の草木が葉を落として枯れてしまう季節、霜の鎌《かま》で刈ったような冬枯れの山野で、ひとり黄金の実をつけつづける橘は、永劫に衰えることをしらない霊木なのだ。

鴨の背に降る霜

いうまでもないが、霜は草木だけに置くわけではない。

(6) 葦辺《あしへ》行く鴨の羽がひに霜降りて寒き夕《ゆふへ》は大和し思ほゆ　(巻1六四)
(7) おしてる難波堀江《なにはほりえ》の葦辺には雁《かり》寝たるかも霜の降らくに　(巻10二一三五)
(8) 夕されば　葦辺に騒《さわ》き　明け来れば　沖になづさふ　鴨《かも》すらも　妻とたぐひて　我が尾《を》には　霜な降りそと　白たへの　翼《はね》さし交《か》へて　打ち払ひ　さ寝《ぬ》とふものを……妹《いも》が着せてし　なれ衣《ごろも》　袖片敷《そでかたし》きて　一人《ひとり》かも寝む　(巻15三六二五)

(6) は志貴皇子の作。題詞によると、慶雲三年 (七〇六) の難波行幸の際にうたった歌。この年、持統太上天皇と文武天皇が藤原京を出立したのは九月二五日、一〇月一二日に還幸している。太陽暦だとだいたい一一月九日から二五日くらいの間で、霜が降る時期にはすこし早い。夜間急に冷え込む日があったのだろう。

「羽がひ」は背中でたたんだ左右の羽が重なるところで、くぼみができる。そこに霜が置いているとうたうのである。「葦辺行く」といっても、泳ぎ回っているのではなく、(7) と同じように波のまにまに浮かびただよい寝ている姿で、これとて直接目にしているのではなく、宵闇《よいやみ》のむこうに想像しているのだろう。「夕」は、わたしたちの時の感覚よりもうすこし遅く、夜に近かった。

「鴨の羽がひ」に霜の降る夜、なぜ大和が思い出されてならないのだろうか。（8）はその疑問を解いてくれる。この長歌は、新羅へ派遣される使者が船中で誦詠した古歌。左注には「右、丹比大夫《たぢひだいぶ》、亡き妻を悽愴《いたみなげ》く歌」とあってもとは挽歌であるが、ここでは旅愁を古挽歌の心情に託してうたったのだろう。

夕方になると葦辺で鳴きさわぎ、明けてくると沖の波間でただよう鴨すら、妻とふたり連れあって、自分たちの尾羽に霜が置かぬように、たがいに真っ白な羽根をさし交わしては、霜を打ち払って共寝するのに、妻を亡くしたわたしは、かつて妻が着せてくれた、この着古した着物だけを敷いて、ひとりぼっちでわびしく寝ることになるのだろうか。引用した長歌の部分は、こういった内容である。

ひるがえってみると、難波の宮にあった志貴皇子は、葦辺にすむつがいの鴨を思い浮かべ、都に妻を残してひとり過ごすわびしさをうたったのかもしれない。あるいは群れとはぐれた一羽だけの鴨を想像していたか。もしそうなら、「羽がひ」に霜を置く鴨は、そのまま皇子の孤独でもあった。歌からまるで人語の響きがうかがえないのは、なるほど志貴皇子らしい歌である(三)。

黒髪に置く霜

凍《い》てつく夜には、鳥だけでなく人びとの上にも霜が降る。

（9）ありつつも君をば待たむうちなびく我が黒髪に霜の置くまでに　（巻2八七）

（10）はなはだも夜ふけてな行き道の辺《へ》のゆ笹《ざさ》の上に霜の降る夜を　（巻10二三三六）

（11）夕凝《ゆふこ》りの霜置きにけり朝戸出にいたくし踏みて人に知らゆな　（巻11二六九二）

いずれも恋歌である。（9）は仁徳天皇の皇后となった磐姫《いわのひめ》の歌。或る本では「居《ゐ》明かして君をば待たむぬばたまの我が黒髪に霜は降るとも」（巻2八九）となっている。磐姫といえば、「足もあがかに」（じだんだを踏んで）嫉妬する物語が伝えられている（『古事記』）。ここでは、髪に霜が置くのもいとわずに、ひたすら夫の訪れを待ち明かすというのである。「黒髪に霜が置く」は、黒髪がやがて白髪に変る、の意もあるだろう。

磐姫が、新嘗祭につかうためのミツナガシワの葉を、紀伊国まで取りに出かける。留守中、天皇は異母妹の八田若郎女《やたのわきいらつめ》を宮中に入れてしまう。磐姫はそれを怨んで山城の筒城《つつき》の宮に引きこもったまま、ついに和解することなく亡くなったという。どうやら（9）は、そうした仁徳天皇を主人公とする歌語りの一首だったらしい。

（10）は冬の霜に寄せる歌。寒い夜に帰ろうとする男を引きとめようとうたう。これほどまでに夜が更けてから帰ろうとなさらないで、道のほとりの笹の上に霜が降る夜なのに。「ゆ笹」の「ゆ」は神聖な・斎《い》み清めた、の意味をもつから、ただの笹ではなく、神事にかかわるものか。はっきりしたことはわからない。恋の行方を占う呪具だったのかもしれない。「ゆ笹」に霜が降りたことが、帰ろうとする男を引きとめるたしかな根拠になっている。

（11）も女歌。これは男の訪れを人に知られるのをはばかる歌。「夕凝りの霜」は、『万葉集』にこの一例だけで、宵のうちに早々に降りた霜。したがって、この夜はきびしい冷えになったのだろう。「けり」は気づきの「けり」。早朝になって男が帰っていく時分、見送る女は一面に降りた霜に気づき、足跡がつくのをおそれて、こううたったのである。それでいながら、「知らゆな」の口ぶりとはうらはらに、いっそ周囲に知られてしまいたいという衝動を、ちらりと覗《のぞ》けてもいる。

第四章　冬至【11月】

仲冬（中冬）は旧暦一一月にあたる。仲冬の歳時記で紹介したいのは冬至だ。すこし長い一文を読むところからはじめよう。

冬至の宴

十一月己丑《きちう》（十日）、天皇《すめらみこと》大安殿に御《おは》しまして、冬至の賀辞《かじ》を受けたまふ。親王と侍臣《じしん》らとは、奇翫《きぐゑん》珍贄《ちんし》を奉持《ほうぢ》して進《たてまつ》る。即ち文武百寮五位已上と、諸司長官・大学博士らとを引《め》して、宴飲すること終日《ひねもす》、楽《たのしび》を極めて罷《や》む。禄賜《たま》ふこと各差《おのおのしな》有り。是の日、大納言正三位多治比真人《たぢひのまひと》池守に霊寿杖《れいじゆぢやう》并せて絁《あしぎぬ》・綿を賜ふ。中務少丞従六位上佐味《さみ》朝臣虫麻呂《むしまろ》、典鋳《いもののかみ》正六位上播磨《はりま》直弟兄《おとえ》に並に従五位下を授く。弟兄は初め甘子《かむし》を齎《も》ちて、唐国《もろこし》より来れり。虫麻呂先づその種を殖《う》ゑて子《み》を結べり。故にこの授有り。

（『続日本紀』神亀二年・七二五年）

冬至のこの日、聖武天皇は内裏の正殿にあたる大安殿で、賀辞の受納をおこなった。そこでは、めでたいことばだけでなく、舎人《とねり》親王や新田部《にいたべ》親王、中納言や中務判官らが世のめずらしい物品も献上。五位以上の官人や五位でなくとも諸司諸寮の長官や大学博士をつとめる官人らとともに、一日中飲んだり食べたりして楽しんだというのである。

おそらくその宴遊の前後だろう、大納言の多治比池守が「霊寿杖」をたまわった。「霊寿杖」は霊寿木（竹ににた節のある木で、一名をえぎの木）でできた杖で、高齢を祝って贈られたもの。池守の父である嶋《しま》も左大臣時代、文武天皇から輿《こし》とあわせて下賜《かし》されているから（文武四年〔七〇〇〕一月）、親子二代にわたる栄誉である。

昇叙の誉《ほま》れにあずかったのは、佐味虫麻呂と播磨弟兄のふたり。まず播磨弟兄は、遣唐使の一員として派遣された唐から、柑子《こうじ》（ミカン科の常緑小高木）をもって帰って来た業績が評価された。遣唐船には、大使・副使・判官・録事といった使節、医師・陰陽師・画師・史生《ししょう》・訳語《おさ》など使節一行をサイドからささえるスタッフ、知乗船事・造船都匠・船匠・柂師《かじ》・船師・水手長《かこ》・水手など船の運航にかかわるスタッフなどのほかに、玉生・鍛生《かじしょう》・鋳生《いものしょう》・細工生といった技術を修得するために派遣される技師たちも乗っていた。弟兄が東シナ海を往還したのがいつなのかわからないが、たぶん鋳生として乗り込んでいたのだろう。

帰国後、大蔵省所管の典鋳司に配属され仕事にはげんできたのだと考えられる。弟兄の派遣が、もし第八次（養老元年〔七一七〕三月出発・養老二年一〇月帰国）なら帰国して七年の歳月が過ぎていたことになるし、第七次（大宝二年〔七〇二〕六月出発・執節使は慶雲元年〔七〇四〕七月に帰国、副使は慶雲四年三月に帰国、大使は第八次と同船で帰国）なら、最長二一年の歳月が過ぎていたことになる。やっと「五位《ごい》の冠《かがふり》」を手にしたのだった。

柑子の結実に成功した佐味虫麻呂は、どのような事情で栽培するようになったのか、わからない。今回

の昇叙以降、虫麻呂は正史にその異動が見えはじめ、官位相応の衛門佐《えもんのすけ》に任命され、天平元年（七二九）

二月の長屋王の変では、衛門府の兵士たちを率いて長屋王邸を囲んでいる。さらに越前国守、治部大輔、備前国守などを経て、天平宝字三年（七五九）一〇月に従四位下中宮大夫で没している。小さな柑子の実がくれた栄達だった。

「宴飲すること終日」なのだから、会場は歌舞音曲で大いににぎわったとみてよいだろう。相当位が正六位下の博士らも招かれているので、冬至をモチーフにした詩賦も創作されたはずだ。それでは和歌はどうだろうか。一〇月に聖武天皇は難波宮へ行幸し、住吉の浜を遊覧している。その折りに、宮廷歌人の笠金村《かさのかなむら》や車持千年《くるまもちのちとせ》、そして山部赤人が従駕の歌を創作（巻6九二八～九三四）。

金村は「荒野らに里《さと》はあれども大君の敷きます時は都となりぬ」（巻6九二九）と未開の荒野をたちまち帝都にかえる聖武の偉大さをうたう。千年は「……白波の　い咲き巡れる　住吉の浜」（巻6九三一）と聖武の鳳輿《ほうよ》が進む浜の風光をうたう。そして赤人は「……御食《みけ》つ国　日の御調《みつき》と　淡路《あはぢ》の　野島《のしま》の海人《あま》の……舟並《な》めて　仕へ奉るが　尊き見れば」（巻6九三三）と、野島（淡路島の西岸で北端近く）の漁民が海の幸を献上するさまをうたうのである。

金村らは官位・官職ともに不明だが、五位に昇ることのない下級官人で歌の才をもって奉仕している。ことに車持千年は後宮の女官だったのではないかともいわれている。(112)行幸には天皇や皇后の生活面で奉仕する女官たちもしたがっていたはずで、ありえないことではない。宴席では、まず金村の歌が披露され、次いで千年の歌が、それをうけて赤人の歌が、といった恰好となる。もし千年が後宮の女官だったら、いにしえ、近江朝の時代に「春山万花《しゅんざんばんくわ》の艶《にほひ》と秋山千葉《しうざんせんえふ》の彩《いろ》」とを競《きそ》い、百官にまじり額田王が活躍しているように（巻1一六）、その登壇で遊宴の席も華やいだことだろう。

こうしてみると、難波行幸の宴から一か月ほど経った冬至の宴で、金村らが賀歌をうたわなかったとするのは、むずかしいのではないか。

冬至とはなにか

そもそも冬至とはなんだろうか。二四節気のひとつで、冬至その日または小寒までの期間を冬至といった。ことに一九年に一度、一一月一日と重なることがあり、これを朔旦冬至《さくたんとうじ》と称して、盛大なイベントがおこなわれた。冬至は一年の間でもっとも昼が短く、夜が長いというのだが、日本の場合には冬至と日の出・日の入りの関係は、実態がやや異なっているらしい。日の出がもっとも遅いのは天文学的な冬至よりも半月後頃であり、日の入りがもっとも早いのは冬至の半月前頃といわれている。

いまではすっかり忘れ去られてしまったけれど、旧暦三月には三日のあいだ照明や調理に火を用いないで冷食をする寒食節《かんしょくせつ》があった。じつは、この寒食節は「冬至を去ること一百五日」（『荊楚歳時記』）と、冬至を起点に決定されている。寒食節ばかりか、『准南子』（天文訓）は、一年の周期すべてがこの冬至からの日数できまるという。一年のはじめは冬至にありというわけだ。

たとえば、こうである。冬至から四五日目（立春）に「条風」が吹く、それから四五日目の春分に「明《めい》庶《しょ》風」が吹く、それから四五日目の立夏に「清明《せいめい》風」が吹く、それから四五日目……夏至に「景《けい》風」、それから四五日目……立秋に「涼風」、それから四五日目……秋分に「閶闔《しょうこう》風」、それから四五日目……立冬に「不周《ふしゅう》風」、それから四五日目……冬至に「広莫《こうばく》風」が吹く。季節ごとに吹く風に、それぞれ名をつけて四《しい》時《じ》の推移をあらわしている。

・神萍《しんぴやう》は時雨《じう》を写《そそ》ぎ、晨色《しんしよく》に景風を奏《そう》す（陶淵明「五月旦の作　戴主簿に和す」）

・常に恐《おそ》る秋節至り、涼風炎熱《えんねつ》を奪ひ、篋笥《けふし》の中に棄損《きえん》せられ、恩情中道《ちゆうだう》にして絶えんことを（班婕妤《はんしようよ》「怨詩」）

「景風」をうたったのは、陶淵明（三六五〜四二七）。戴主簿はどのような人物かわからないものの、陶淵明はその作に応えて、季節の変化や自然の移り変わりに託しながら、自分の人生哲学を語る。「神萍」は雨をつかさどる神。雨の神が季節の雨を降らせ、朝の光のなかを「景風」が吹きわたっている、と。

「涼風」をうたったのは、班婕妤。漢の成帝（前五一〜前七）の寵愛をえたが、のちに趙飛燕《ちようひえん》に寵をうばわれた。太后の世話役となって天子の宮殿から遠い長信宮に退けられた。それを悲しんでわが身を団扇《うちわ》にたとえた。秋の「涼風」が吹く頃になると、それまで重宝がられていた団扇は、もう用がないと箱の中にうち捨てられてしまうと、なげきうたったといわれている[113]。

陶淵明にしても班婕妤にしても、その作品に吹く風はどちらも、冬至の日からきめられた日数をただしく数えて、はじめて吹くそれなのだ。冬至は二四節気のなかでも、たいそう重要な位置をしめていたのである。

それでは、この冬至にはどのような催しがあったのだろうか。漢代の『四民月令』によると、

十一月、冬至の日、黍《きび》・羊を薦《すす》む。先づ玄冥に井に于《おい》て薦め、以て祖祢《そでい》に及ぶ。斎饌掃滌《さいせんさうでき》すること、黍・豚を薦むるが如し。其れ酒を尊長に進め、及び刺を脩《をさ》め、君・師・耆老《きらう》に謁賀すること正月の如し。

とある。黍や羊のごちそうを準備して、まず「玄冥」（水神か）にささげ、それから祖先にもささげる。身を潔斎し周囲も清潔にし、黍や羊を用いて祭りをおこなう。酒を尊者に献上し、君主や師匠・集落の長老たちに祝辞をのべる。そして、これら冬至の催事は、正月と同じだというのである。

すこし時代がくだる沈約《しんやく》（四四一～五一三）の書いた『宋書』（ただし『初学記』巻4所引）には、「冬至の朝賀・享祀は皆《みな》元日の儀の如し。又、履襪《りばつ》を進め、赤豆粥《しゅく》を作る」とあり、なぜか冬至の日には、婦人たちは舅《しゅうと》や姑《しゅうとめ》にはきものを贈ったり、赤豆の粥を作って食べたようだ。

『荊楚歳時記』には、赤豆粥のいわれが説明されている。

冬至の日、日の影を量《はか》り、赤豆粥を作りて以て疫を禳《はら》ふ［按《あん》ずるに、共工氏に不才の子あり。冬至を以て死し、疫鬼と為り、赤豆を畏《おそ》る。故に冬至の日、赤豆粥を作り以て之を禳ふ。又魏晋の間、宮中、紅線を以て日の影を量る。冬至の後、日の影、長さを添へること一線］。

「共工」は、古代の聖帝堯《ぎょう》の時代に洪水を治めた官人、あるいは舜の時代の百工（さまざまな職種の工員たち）の長官をいう。その「共工」に子どもがいたが、冬至に亡くなって「疫鬼」になってしまった。疫鬼は赤い豆をおそれるので、この豆で粥をつくって追いはらったというのである。赤い色は疫病をしりぞけるために用いられるが、冬至は太陽の運行の始発点でもあるところから、火徳のシンボルである赤い色が尊ばれたのだろう。

隋、煬帝の宴

冬至に催しものがあるのだから、当然、詩歌がうたわれることになる。七世紀の隋、その第二皇帝煬帝《ようだい》（五六九〜六一八）がおこなった冬至の宴から、煬帝（楊広）と臣下許善心《きよぜんしん》（五五八〜六一八）の二首だけをあげよう。

北陸玄冬盛んにして、南至晷漏《なんしきろう》長し。端拱《たんきよう》なるも万国朝じ、守文《しゆぶん》百王を継《つな》ぐ。……纓珮《えいはい》既に済済《さいさい》、鐘《しよう》鼓《こ》何ぞ鍠鍠《くわうくわう》。文戟《ぶんげき》高楼を翊《たす》け、采旄脩廊《さいばうしうらう》を分《わか》つ。元首明哲に乏《とも》しくも、股肱《こくわう》貴にして惟《これ》良。舟楫《しうしふ》行きて寄する有り。庶《こひねが》はくは此の王化《わうくわ》の昌《さか》んならんことを。（楊広「冬至乾陽殿に朝を受くる詩」）

「北陸」は二八宿のひとつで、「虚宿」のまたの名。「南至」は冬至に同じ。「晷漏」は日時計と水時計で、冬至は大地に棒をたて太陽の影の長さで観測したので、「長し」とうたった。「端拱」はもともと、手をこまねいて何もしないで見ていることの意だが、ここでは天子が格段変ったこともせずに天下が治まっていること。「守文」は、武力による制圧でなしに文治をもって国を治めること。したがって、「端拱」「守文」も、要するに天下安泰を意味する。「纓珮」は冠のひもと腰につけた帯玉の意。諸侯や官僚たちが居並び、威儀ゆたか。「済済」は慎みぶかくおごそかなようすをいうから、祭祀に奉仕する人びとのさまをうたった。「鍠鍠」は鐘や鼓の音をいう。音楽も盛んにかなでられるのである。

華やかな飾りのある「文戟」、彩りのある旗の垂れ毛の「采旄」。高殿や長い廊下には、飾りのついた戟や旗をもった兵士が奉仕しているのだろう。国家を代表するのはもちろん煬帝で、聡明でも事理に通じているわけでもないけれど、「股肱」（頼りにする家臣）は賢明であると、いささかへりくだった表現。「舟楫行きて寄する有り」（舟楫行有寄）はよくわからないが、なにか故事をふまえているらしい。

最後に、王朝のいやさかを願って、煬帝の冬至節の詩はむすばれている。

これに応えた臣下のひとり許善心は、次のようにうたう。

森森《しんしん》、陛衛《へいゑい》羅《つら》ね、噦噦《ゑつゑつ》、璁珩《そうかう》鏘《ひび》く。礼憚《つ》くして五瑞輯《あつま》り、楽闋《や》んで九功《きうこう》成れり。

（許善心「冬至乾陽殿に朝を受くるに和し奉る応詔の詩」）

煬帝と同じ日の作とみてよいだろう。「森森」は樹木が盛んにしげっているようすを形容するのだが、ここでは御座所の階下に立つ護衛の兵士の多さをいう。「噦噦」はエツエツあるいはカイカイと読んで、馬につけた鈴の音をいう。「鏘」はショウかソウ、こちらも玉や鈴などがシャンシャンと鳴る音をいうので、ヒビクと読んでみた。

「五瑞」とは、諸侯や高官たちが領地とともに天子からあたえられる玉で、謁見するときには奉じ、還るときには返付された。ここでは五等爵（公・侯・伯・子・男）の人びとが集まったこと。「九功」とは天子がおこなうべき善政[114]で、それがなされた煬帝の治世を賛嘆してうたうのである。

無謀な高句麗遠征と大運河や大興城（長安城）の建設など、悪名高い浪費家だった煬帝は、臣下の宇文《うぶん》化及《かきゆう》によって殺害される（大業一四年・六一八年三月）。煬帝は死後の諡《おくりな》だが、「煬」とは女を好み礼を遠ざける・礼を去って衆を遠ざける・逆天虐民（天命にしたがわず国民を虐《しいた》げる）といった意味らしい。とんでもない諡をつけられたわけだ。かつて冬至節の宴で「九功成れり」とうたった許善心も、煬帝とともに宇文化及の変で殺されているが、ここでは、これ以上、隋の動乱に深入りする必要はあるまい。

朔旦冬至の賀

神亀二年（七二五）の冬至に「宴飲すること終日、楽を極めて罷む」催しが宮廷でおこなわれたことを書いたが、冬至節の催事はこのときばかりではない。

まず一九年に一度おとずれる朔旦冬至《さくたんとうじ》を見ると、『日本書紀』斉明天皇五年（六五九）七月、第四次遣唐使の一員だった伊吉博徳《いきのはかとく》の書簡に、「十一月一日に、朝《みかど》に冬至の会《ゑ》有り。会の日に亦覲《またまみ》ゆ。朝ける諸蕃《しょばん》の中に、倭客《わかく》最も勝《すぐ》れたり」とあって、日本から派遣された使人たちは、朔旦冬至の祝賀の宴に、諸外国の使節とともに出席している。唐は高宗の時代で、即天武后がいまや政治に辣腕をふるおうとする時代だった。

次いで朔旦冬至の記録は、『続日本紀』桓武天皇の延暦三年（七八四）にあり、

十一月朔旦の冬至は、是《こ》れ歴代の希遇にして、王者の休祥《きうしやう》なり。朕、不徳なれども、今に値《あ》ふこと得たり。思ふに、慶賞を行ひて共に嘉辰《かしん》を悦《よろこ》びしめむことを。王公已下《いか》、賞賜《しやうし》を加ふべし。京畿《けいき》の当年《ことし》の田租《でんそ》も並《ならび》に免《ゆる》す。

と、勅を発している。この年は干支の第一になる甲子の年であり、それに朔旦冬至の嘉節がかさなった。この吉祥を祝って恩賞をあたえ、畿内の租税を免除した。

冬至はもちろん毎年やってくる。神亀五年（七二八）一一月一三日に「冬至なり。南苑に御《おは》しまして、親王已下、五位已上を宴したまふ。絁《あしぎぬ》賜ふこと差《しな》あり」。天平三年（七三一）一一月五日に「冬至なり。天皇、南樹苑《なむじゆゑん》に御しまして、五位已上を宴し銭《ぜに》を賜ふ。親王には三百貫、大納言には二百五十貫、正三位には二百貫、自外《そのほか》は各《おのおの》差あり」。天平四年一一月二七日に「冬至なり。南苑に御しまして群臣を宴したまふ。親王已下には絁、高年の者《ひと》には綿賜ふこと差あり」とあり、くわえて都と畿内・吉野監・和泉監に収監されている囚人への恩赦を実施、京と倭国の地域限定で七〇以上の高齢者と「鰥寡惸独《くわんくわけいどく》」で生活に困窮している者に綿を支給している。

称徳天皇の神護景雲三年（七六九）一一月二八日に、「宴を五位已上に賜ふ」とある。しかし、この日の宣命には「今日は新嘗《にひなめ》のなほらひの豊《とよ》の明聞《あかり》こしめす日に在り。然《しか》るに昨日の冬至の日に、天雨《あめふ》りて地も潤《うるほ》ひ、万物も萌《めぐ》みもえ始めて……」とあり、どうやら新嘗祭の宴だったようだ。

こうして冬至を話題にしてみたのだが、冬至の宴席歌と明記された歌は、現在の『万葉集』には一首もない。ただ、巻八や巻一〇など四季分類した歌巻の「冬雑歌」には、存外、冬至節の宴席でうたわれた歌がまじっているのではないか、とひそかに思っている。

西の池の辺《へ》にいまして肆宴《とよのあかり》したまふときの歌一首

池の辺の松の末葉《うらば》に降る雪は五百重《いほへ》降り敷《し》け明日《あす》さへも見む　（巻8―一六五〇）

聖武天皇が平城宮内にあった西の池で宴を催した折りの歌。うたったのが誰だかわからないが、阿倍虫麻呂なる人物が伝誦していたという。これは冬至の歌ではないか。

第五章　餅【12月】

餅が白鳥となって

万葉びとは、餅を搗《つ》いたのだろうか。もちろん搗いた。残念ながら『万葉集』には、餅がうたわれていないのだが、『和名抄』によると、

餅〔殕字附〕釈名云餅〔音屛和名毛知比〕令糯麺合并也……

とあり、モチでなく「毛知比《もちひ》」といったらしい。『豊後国風土記』（速見郡）には、餅が次のように登場している。

田野《たの》〔郡《こほり》の西南《ひつじさる》のかたにあり。〕此の野は広く大きく、土地《つち》沃《こ》えたり。開墾《あらき》の便、此の土《ところ》に比《たぐ》ふものなし。昔者《むかし》、郡内《くぬち》の百姓《おほみたから》、此の野に居りて、多く水田《こなた》を開きしに、糧《かて》に余りて、畝《うね》に宿《とど》めき。大きに奢《おご》り、已《すで》に富みて、餅《もちひ》を作《も》ちて的《いくは》と為《な》しき。時に、餅、白き鳥と化《な》りて、発《た》ちて南に飛びき。当年《そのとし》の間《ほど》に、百姓死に絶《た》えて、水田を造らず、遂《つひ》に荒れ廃《は》てたりき。時《それ》より以降《このかた》、水田の宜《よろ》しからず。今、

田野といふ、斯其《これ》の縁《ことのもと》なり。

田野の所在地はわからないが、別の逸文『豊後国風土記』（球珠郡）によると、球珠郡にも同じような伝承があったらしい。速見郡の話よりやや内容が詳しくなっている。

昔、豊後の国球珠《くず》の郡に広き野ある所に、大分《おほきだ》の郡に住む人、その野に来りて、家を造り、田を耕《つく》りて住けり。在《あ》り着《つ》きて家富み、楽しかりけり。酒飲み遊びけるに、とりあへず弓を射けるに、的の無かりけるにや、餅を括《くく》りて、的にして射けるほどに、その餅、白き鳥になりて飛び去《さ》りにけり。それより後、次第に衰へて、惑《まど》ひ亡せにけり。後は曠《むな》しき野になりにけるを、天平年中に速見の郡に住みける訓邇《くに》と云ひける人、さしもよく饒《にぎは》ひし所の廃《あ》せにけるを、惜《あたら》しとや思ひけん、又此処《ここ》に渡りて田を耕りたりけるほどに、その苗《なへ》皆枯れ亡せければ、驚き恐れて、又も耕らず捨てにけりと云へる事あり。

「玖珠郡」（現在の玖珠郡九重町田野）にあるのは、大分郡の人が入植し開墾した話となっている。それのみならず、次には、一度荒廃した田を今度は速見郡の訓邇《くに》なる人物がふたたび入植して耕作しはじめたという。ところが、植える苗はことごとく枯れて育たない。訓邇は、おどろき恐れて、ついに耕作をあきらめたというのである。

どちらにしても、豊作なのをいいことに心奢《おご》ってしまい、餅を的にして遊んだ。それが原因で、村は荒廃して滅びてしまう。稲の穀霊が白い鳥になって飛んでいったのだから、穀霊のいないこの村に、もはや実りを期待できるはずもなかったのである。玖珠郡は「昔者、此の村に洪《おほ》き樟《くす》の樹ありき。因りて球珠の郡といふ」ほど、鬱蒼とした森林がひろがる地方である。(115) 大分や速見の人びとが沿岸部の東から西へ、肥沃な土地をもとめて森をわけ入り開墾に汗する、そういう開墾の時代があったのだろう。

そもそも「豊国」(のちに二国となる)の名称そのものに、餅が関わっているのは、面白い。「纏向日代宮《まきむくのひしろのみや》御宇《にあめのしたしろしめしし》大足彦天皇《おほたらしひこのすめらみこと》」(景行天皇)は熊襲征討のために九州に兵を進め、豊国から日向・大隅までいたっている。そのとき、菟名手《うなで》なる人物に命じて、この豊国を治めさせたという。

菟名手《うなで》は、豊前国の仲津郡中臣村(現在の行橋市あたりから今川の流域らしい)までいたったとき、日暮れとなり、ここで宿をとった。さて、その翌朝のハプニングは、こうであった。

> 昧爽《あかとき》に、忽《たちま》ちに白き鳥あり、北より飛び来たりて、此の村に翔《かけ》り集《つど》ひき。菟名手《うなで》、即《やが》て僕者《やつこ》に勅《おほ》せて、其の鳥を看《み》しむるに、鳥、餅《もちひ》と化為《な》り、片時《しまし》が間《ほど》に、更《また》、芋《いも》草数千許株《いくちもと》と化りき。花と葉と、冬も栄えき。菟名手、見て異《あや》しと為《おも》ひ、歓喜《よろこ》びて云ひしく、「化生《なりかは》りし芋は、未曾《いまだむかし》より見しことあらず。実《まこと》に至徳《みめぐみ》の感《ひびき》、乾坤《あめつち》の瑞《しるし》なり」といひて、既にして朝庭《みかど》に参上《まゐのぼ》りて、状《ことのさま》を挙げて奏聞《まを》しき。天皇、ここに歓喜《よろこ》び有《ま》して、即ち、菟名手に勅《の》りたまひしく、「天《あめ》の瑞物《しるしもの》、地の豊草《とよくさ》なり。汝《いまし》が治むる国は、豊国《とよくに》と謂《い》ふべし」とのりたまひ、重ねて姓《な》を賜《たま》ひて、豊国直《とよくにのあたひ》といふ。因《よ》りて豊国といふ。後《のち》、両《ふた》つの国に分ちて、豊後《とよくにのみちのしり》の国を名と為せり。(『豊後国風土記』総記)

引用が長くなったが、ごらんのように、豊国の国名の地名起源譚と、豊国直が豊国造になった由来譚となっている。ここでは餅が白鳥になったのではなく、その逆で白鳥がこの仲津郡に飛来し餅となっている。そのさまが「翔《かけ》り集《つど》ひき」なのだから、一羽の鳥ではなく群れをなして中村の郷にやってきたことになる。

たくさんの白い鳥が飛んできて、それが見る見る間に蹲《うずくま》り餅となるさまをイメージしてみよう。原野を埋めつくす餅、餅、餅、餅。

肥沃《ひよく》な田野の郷は、餅が白鳥となって飛び去ったゆえに、やがて土は痩せ、人びとのすがたも消えはてて、荒廃した。ここではそれと真反対に、鳥（餅）の飛来が豊饒を約束したのである。さらにそれが「芋草」（今日のサトイモか）となって栄え、実だけでなく、冬になっても花も葉も盛んだった、という。

菟名手は、これを「至徳の感、乾坤の瑞」と看《み》てとって、景行天皇に報告。めでたくこの地方の国名（豊国）の由縁となるのだが、もちろん初めから景行の登場が語られていたわけではあるまい。天空から降りそそぐ餅といえば、神事でおこなわれる「散餅《さんぺい》の儀」を思い起すのは、たやすいことだ。

仰々しく「散餅の儀」といわずとも、はやい話、餅まき・餅あげ、熊本や大分の地方では「ひとぎ」、宮崎では「せんぐまき」と呼ばれている神事である。もっともひろく行われているのが棟上げ式で、そのほか進水式や橋の竣工式などの祝いごとでも行われている。

「ひとぎ」は「しとぎ」（粢）がなまったものらしい。「しとぎ」と称して、紅白の小ぶりの丸餅が市販されている。しかし、もともと「しとぎ」は、蒸して搗いた餅とはちがって、生の米を水に浸しやわらかくして搗いた米粉である。いわゆる餅と区別して「しとぎ餅」という地方もある。古語の朝鮮語では「餅」のことを「ストク・stek」（現代語ではットク・ttek）というから、このあたりが語源なのかもしれない。手のひらにすっぽりと納まってしまうほどの小さな投げ餅ながら、じつに国際的なのである。

「せんぐまき」は「餞供《せんぐ》まき」「散供《さんぐ》まき」「神供《じんぐ》まき」、あるいは新しい社が完成し祭神を遷すときの行事のひとつに餅まきをするところから「遷宮まき」とも。よくわからない。「ひとぎ」（しとぎ）であろうが「せんぐまき」だろうが、どちらにしても、散餅の神事は、厄払《やくばら》いであるとともに、福を周囲にも分ける意味があったのは、たしかだろう。餅が人びとの頭上から降りそそぎ、その度にどっと歓声があがることそのものも、後の安寧と繁栄を予祝するめでたい風景にちがいあるまい。

　こうして豊国の地名は、餅が降ることによって神に守護され讃美される「ゆたか」な国に由来するのだ。

万葉びとの飯、あれこれ

　もちろん万葉の時代にも餅があっただろう。とはいえ、あまりにありふれたものだったのか、それとも逆によほどでないと口にできないようなものだったのか、そのあたりが今ひとつ明らかではない。遺された史料が推断するにはすくなすぎるからである。

　主食である米もまた同然。『万葉集』[116]をくくってみると、田植えから刈り取り、そして米搗《つ》きまで、水稲耕作の作業をうたう歌は多いけれど、喰《く》う米つまり「飯《いひ》」となると、せいぜい次のような歌くらいである。

（1）家にあれば笥《け》に盛る飯《いひ》を草枕旅にしあれば椎《しひ》の葉に盛る　（巻2一四二）

（2）……かまどには　火気《ほけ》吹き立てず　甑《こしき》には　蜘蛛《くも》の巣かきて　飯《いひ》炊く　ことも忘れて……　（巻5八九二）

（3）佐保川の水を堰《せ》き上げて植ゑし田を〈尼作る〉刈れる初飯《はついひ》は一人なるべし〈家持継ぐ〉　（巻8一六三五）

（4）味飯《うまいひ》を　水に醸《か》みなし　我《あ》が待ちし　代《かひ》はさねなし　直《ただ》にしあらねば　（巻16三八一〇）

（5）飯《いひ》食めど　うまくもあらず　行き行けど　安くもあらず　あかねさす　君が心し　忘れかねつも

（巻16三八五七）

（6）荒雄《あらを》らを来むか来じかと飯《いひ》盛りて門《かど》に出で立ち待てど来まさず　（巻16三八六一）

第一首目は、有間皇子が磐代（和歌山県日高郡南部町《みなべ》）を越えるときに、うたった歌。「笥に盛る飯」を皇子が食べる飯の意ととって、不自由な旅の境遇をうたっていると見る説もあるけれど、組歌となっている「磐代の浜松が枝を引き結びま幸《さき》くあらばまたかへり見む」（巻2一四一）を、道中の安全を祈るための結び松をうたったとするなら、これは同じように旅の安全を祈願する供物の「飯」だとすべきだろう。

歌が前後するが、（6）の巻一六の荒雄の無事を祈りながら「飯盛りて門に出で立」つのも、同じ呪技の表現。志賀島の海人《あま》だった荒雄は、対馬に兵糧を運ぶ官船の船頭となって出帆し、遭難して水没、ついにもどっては来なかったという。

ここでうたわれる「門に……」は、「精霊の活動する夕方などに、家の内とは異次元の門に出て立って思う人の来訪を祈るさま」であり、「門」は「妻子と荒雄とが最初に別れた所。境をなす聖なる場所である」（伊藤博『万葉集釈注』）。「飯盛りて」は、留守の妻子が、荒雄の在宅時のように飯を盛って祈ったのだろう。

「飯盛りて」といえば、これは万葉歌ではないが、歌謡に、

石《いす》の上　布留《ふる》を過ぎて　薦枕《こもまくら》　高橋過ぎ　物多《ものさは》に　大宅《おほやけ》過ぎ　春日《はるひ》　春日《かすが》を過ぎ　妻隠《ごも》る　小佐保《をさほ》を
過ぎ　玉笥《たまけ》には　飯《いひ》さへ盛り　玉盌《たまもひ》に　水さへ盛り　泣き沾《そほ》ち行くも　影姫《かげひめ》あはれ　（紀九四）

とあり、『日本書紀』では、夫の鮪《しび》が殺される一部始終を見た影姫が、悲しんでうたった歌となっている。

影姫は物部氏で、物部の本拠は布留（天理市あたり）だから、そこから高橋（天理市の櫟本）・大宅（奈良市帯解か）・春日・佐保を過ぎて、乃楽山《ならやま》で死んだ鮪のもとに急ぐ影姫をうたっているともいえそうだが、もとは亡くなった人に飯や水を捧げながら進む、葬送の歌謡とみるべきだろう。この歌謡は所作をともない口説き調でうたわれたとする解釈もある（『古事記　上代歌謡』日本古典文学全集）。

こうして（1）（6）そして紀歌謡の例を見てくると、「盛る飯」「飯盛りて」「飯さへ盛り」とうたわれるのは、日常の生活（これを褻《ケ》という）の所作ではなく、正月や盆、祭礼、婚姻や出産など普段とは異なる特別な生活（これを晴《ハレ》という）の中の所作だろう。

（3）の「初飯」も同じように考えることができよう。この一首は、「尼、頭句を作り、并せて大伴宿祢家持、尼に誂《あとら》へられて末句等を継《つ》ぎて和ふる歌一首」と題詞にあり、上の句は尼なにがしが下の句は大伴家持がうたったものだという。

佐保川の水を堰きとめて、水を引いて植えた田、その田から刈って脱穀し、炊《かし》いだ新米を食べるのは、田の主《ぬし》一人のはずだ、の意。「初飯」には初々しい娘が譬えてあるとするのが一般的である。尼・家持・娘・さらにこの歌に先行して組み歌となっている「或者《あるひと》、尼に贈る歌二首」（巻8一六三三、一六三四）のうたい手某《なにがし》がいるものの、人間関係が不明で、歌には別の解釈も可能かもしれない。「刈れる初飯は一人なるべし」には、田主がとれた新米を田の神にささげ、ともにそれを食する感謝祭がふまえられているとみてよいなら、この歌もハレの祭祀に発想をもとめたことになるだろう。

（4）には左注があり、それによるとこうである。ある女がいて、その女の夫は任国にくだり、別れ別れに暮らすこととなり、恋い慕いながら、数年が過ぎてしまった。ところが、こともあろうに、任期をおえて帰って来た夫は新しい妻をともなっており、本人は帰国しても訪れて来ず、「裹物《つと》」（土産物）だけを送ってよこしたという。

「味飯」（上質の米）を蒸して醸したこの酒は、「待酒《まちざけ》」と呼ばれるものだろう。夫の無事帰任のハレの日のために「待酒」を作っていたのである。

残る二首は、（2）の山上憶良「貧窮問答の歌一首并せて短歌」（巻5八九二、八九三）の長歌と（5）の作者未詳の「夫君に恋ふる歌一首」の長歌である。この「貧窮問答の歌」は先に紹介したように、あまりにも貧しい家族の冬を活写するのだが、長歌の前後を口語訳でややおぎなうなら、

……袖無しの　綿もぼぼけて　海松《みる》のように　破れて垂れた　ぼろぎれを　肩にひっかけ　傾いて
ひしゃげた小屋で　藁《わら》を解《と》き　地べたに敷いて　父母は　枕《まくら》の側に　妻や子は　足の方に　取り囲み
苦しみあえぎ　かまどには　煙もたてず　こしきには　蜘蛛《くも》が巣を張り　飯《めし》を炊《た》く　ことも忘れて
ひいひいと　呻《うめ》いていると……
（井村哲夫『万葉集全注』巻5、口語訳）

となる。着重ねる衣類もなく、ぼろっちい小屋で、暖をとる薪《まき》もなし、飢え凍《こご》えながらの暮らしぶり。火の気のない竈《かまど》には甑《こしき》がころがって、今や蜘蛛の巣がはっていて、思えば甑で米を炊くこともすっかり忘れちまった、と。

コシキは湯を沸《わ》かした釜にのせて、米を蒸《む》す道具である。ところが面白いことに、煮炊きに使う甕型土器がたくさん発掘されるのに、コシキの出土例が畿内を中心とした地域をのぞくと、あまりにもすくないという。[117]どうやらコメはコシキで蒸すだけでなく、多くの水とともに煮炊きをする調理もしていたらしい。というより、むしろこちらの調理法が、普通だったのかもしれない。

（5）は『万葉集』中ではもっとも短い長歌形式の作品で、「行き行けど」の原文「雖行往」を「寝《い》ぬれども」・「往ぬれども」と訓読する異見もあって、定訓がない。「飯食めど　うまくもあらず　寝ぬれども安くもあらず」なら、なるほど夫を思う妻の心情として、寝食をとおしてうたって解釈の落ち着きがよいが、いまは一般的な読みにしたがっておきたい。

この作品には左注があり、これによるとうたったのは、佐為王（橘佐為）の「婢《まかだち》」（身辺に奉仕する侍女）だという。「宿直《とのゐ》」（王の寝所にはべる役）がつづいて夫と逢うことがかなわず、恋い慕う思いが日々つのる。ある「宿直」の夜、夢で夫と逢い目が覚め、手探りで夫をさがしたものの、手にふれるものは何もなく、むなしいだけ。ついにむせび泣いて、この歌をうたったというのである。佐為王はこれを聞いて哀れに思い、その後はずっと「宿直」を免除した、と。佐為王は奈良朝風流《ふうりゅう》侍従《じじゅう》のひとりであり、人かずにも入らないような、下女の歌にもかかわらず、それを感動をもってうけとめ、心添わせたのである。

それにしても「婢」は、王の邸であたえられる給食の「飯」（おそらく上質の）は、夫と食する「飯」とは比べようもなく、旨くもないという。ともに「飯食む」こともまた、夫婦愛のひとつのかたちなのだろう。

粟飯と粟餅

逸文『備後国風土記』に次のような記事がある。

備後《きびのみちのしり》の国の風土記に曰はく、疫隅《えのくま》の国社《くにやしろ》。昔、北の海に坐《いま》しし武塔《むたふ》の神、南の海の神の女子《むすめ》をよばひに出でまししに、日暮れぬ。彼《そ》の所に将来《しやうらい》二人ありき。兄の蘇民《そみん》将来は甚《いた》く貧窮《まづ》しく、弟の将来は富饒《と》みて、屋倉《いへくら》一百《もも》ありき。爰《ここ》に、武塔の神、宿処《やどり》を借《か》りたまふに、惜《をし》みて借さず、兄の蘇民将来、借し奉《まつ》りき。即《すなは》ち、粟柄《あはがら》を以ちて座《みまし》と為《な》し、粟飯《あはいひ》等を以ちて饗《みあ》へ奉りき。

「疫隅の国社」は現在の福山市に鎮座する素盞嗚《すさのお》神社。「疫」は感染する流行病、「隈」は神（カミ）と同義語か。ここでは省略した後半をふくめて、あらすじをたどってみよう。「武塔の神」なる神（のちに須佐《すさ》之男《のお》神に習合していく）が南海に妻を求めて巡行して、この地まで来たときに、日暮れとなった。将来という兄弟がいて、宿を乞うたが、豊かに暮らす弟の将来は宿を貸すのを惜しんだ。兄の将来は貧しかったけれど、宿を貸したという。

「武塔の神」はもどる際にも蘇民将来のもとを訪ね、お礼をしたいといい、お前には子や孫がいるかと問うた。将来が妻とむすめ一人だけだと答えると、神がいうには「茅《ち》の輪を以ちて、腰の上に着《つ》けしめよ」と。その夜、疫病が蔓延《まんえん》してそのむすめを除き、すべて死に絶えたというのである。

「武塔の神」（素盞嗚）が、こういい残した。

……後の世に疫気《えやみ》あらば、汝《いまし》、蘇民将来の子孫《うみのこ》と云ひて、茅の輪を以ちて腰に着けたる人は免れなむ。

この「疫隅の国社」の縁起譚を深掘りしていくと、朝鮮半島の伝承が見えてくるが、注にゆだねて、ここでは割愛しよう[118]。注目したいのは「粟飯」である。蘇民将来が巡行する神を饗応するのに用意できたのは、米飯でなく粟飯だったのである。粟は「五穀」の一種で、五穀起源神話によると、スサノオに殺された大気都比売《おおげつひめ》の耳から生じた穀物である。菅草や稲藁ではなく粟の茎で織った粗末な敷物、そして米飯ではなく粟飯の接待をしたのだった。貧しい蘇民将来の暮らしでは、粟飯をもって接待するので精一杯だったのだろう。

粟といえば、『続日本紀』霊亀元年一〇月七日に出ている詔に、陸田での雑穀栽培を奨励するなかで、

……凡そ粟の物とあるは、支《ささ》ふること久しくして敗《やぶ》れず、諸《もろもろ》の穀の中に於《おき》て、最《もと》も是れ精好《せいかう》なり。この状《じやう》を以て遍《あまね》く天下に告げて、力を尽して耕《たかへ》し種《う》ゑ、時候を失ふこと莫《な》からしむべし。自余《そのほか》の雑穀《ざふこく》は、力に任せて課《おほ》せよ。若《も》し百姓《はくせい》の、粟を輸《いだ》して稲に転ずる者有らば聴《ゆる》せ。

と、雑穀のなかでもことに粟の栽培を勧めている。もちろん粟も栄養価に富む。糖質七〇パーセント、タンパク質一〇パーセント、米にくらべてタンパク質や脂肪はむしろ多く、炭水化物が低いのが特徴である。とはいえ、ウルチ粟にしてもモチ粟にしても、やはり食味は米にはおよばない。(119) 粟だけでなく、大麦・小麦・黍《きび》・大豆・小豆などの雑穀類を、米に混合して炊《た》いたものが、主食だったと思われる。

ことは、餅も同じだろう。すでに『豊後国風土記』（速見郡）で紹介したように、白餅もあっただろうが、大豆や小豆、胡麻、糖・薑《はじかみ》・生栗などを、糯米《もちごめ》にまぜていたようだ。

万米毛知比　大豆餅肆拾枚料米捌升　升別得五枚　充稲壱束陸把　（天平九年　但馬国正税帳）
大豆餅参拾弐枚料米陸升肆合　升別五枚　充稲壱束弐把捌分　（天平一〇年　淡路国正税帳）
大豆餅参拾二枚　（天平一一年　伊豆国正税帳）

大豆餅参拾六枚　　　　　　　　　　　（天平一一年　伊豆国正税帳）

とある。大豆をまぜて搗《つ》く餅を「万米毛知比《まめもちひ》」といい、餅一枚は米二合分にあたる。

これにくわえる大豆は、

餅交大豆参升弐合　升別十枚　　　　（天平一〇年　淡路国正税帳）

餅交料大豆三升二合　　　　　　　　（天平一一年　伊豆国正税帳）

餅交料大豆三升六合　　　　　　　　（天平一一年　伊豆国正税帳）

とあって、おおよそ米二合に対して大豆一合をまぜている。

天平一〇年頃の穀物価格表をのぞいて見ると、やや時代がくだるが天平宝字二年（七五八）で糯米一斗で六〇文から七〇文（ちなみに白米五五文、黒米で四〇～三〇文）、大豆が一斗で五〇文というあたりだろう。天平宝字六年をすぎて、ひどいインフレとなり物価は高騰しつづける（宝亀元年・七七〇年には糯米一斗で六〇〇文）。大豆のかわりに小豆を入れた小豆餅になると、糯米二合に小豆二合をまぜたようだ。

粟の栽培が奨励されていたのだから、モチ粟を搗いて作った粟餅もありそうだが、記録としては残っていない。粟餅はモチ粟だけを搗いて作る場合と、大豆餅のように、モチ粟と糯米を半々まぜて作る場合があり、古代の人びともおそらく粟餅も食していたとみてよいだろう。

こうして「餅《もちひ》」事情をのぞいてくると、「飯《いひ》」と同じように、「餅」も廉価でふんだんに手に入るものだったとは想像できない。民俗学者の柳田國男が「餅と臼と擂鉢《すりばち》」のなかで、次のように述べている。(120)

節供は本来は此食事（稿者注　晴の日の食事をいう）を意味する語であつた。供とは共同食事、神や祖霊と共に総ての家族が相饗することであり、節は即ち折目、改まつた日ということであつた。オセチという語は年越の日の食事の名に残つて居るが、或は又餅を意味する地方もある。斯ういふ晴の食事には、衣服も亦《また》晴のものを着た。それ故に晴着を「餅食ひ衣裳」といふ例も有るのである。

数量回数の点からいふと、褻の食事の日は一年に三百日以上、朝夕二食を算へると七百回近くまでがそれであり、非常に貧しければ晴の食はもつと少なくなる。


晴着が「餅くひ衣裳」と呼ばれるという。これを逆にいうなら、「餅」は、晴着を着るときの主食だったともいえるだろう。現代のように、「杵つき」それも百パーセント国内産のもち米を搗いてこしらえた白餅を、一年中、喰いたい時にやすやすと喰う、などという食生活があったわけではあるまい。

こうしてみると、冒頭に紹介した『豊後国風土記』（総記）に語られる白鳥は、「翔《かけ》り集《つど》ひき」だったのだから、もちろん一羽ではない。群れをなして飛んできたのである。それが次々に原野に舞い降り、変じて餅となった。その光景を想像するだけでも、いかに豊饒の世界だったか。感動的ではないか。

逆に貴重な餅を弄《もてあそ》んだ結果、餅が白鳥となって一羽、二羽、三羽と飛び去っていく光景は、救いようのない悲劇にほかならない。

たかが「餅」されど「餅」。小ぶりではあるけれど、二段重ねの鏡餅を飾る晦日《みそか》があってはじめて、新年をつつがなく迎えることができるのである。

第六章　年越しの大祓【12月】

酒を造る歌

越中国守時代の大伴家持には、「酒を造る歌一首」と題する歌がある。

中臣《なかとみ》の太祝詞言《ふとのりとごと》言ひ祓《はら》へ贖《あか》ふ命も誰がために汝《なれ》　（巻17四〇三一）

「中臣の太祝詞言」を唱《とな》えてけがれを祓《はら》い、神酒を代償としてながい命を願うのは、誰のため、あなたのためですよ、の意。歌は巻一七の巻末にあって天平二〇年（七四八）三月頃に作られた歌なのだろうが、くわしい日付がない。「酒を造る歌」といいながらも、醸造にこと寄せた恋歌であって、なぜこうした歌がうたわれたのか、その事情もわからない。

『延喜式』（巻40・造酒司）によると、酒は一〇月から酢は六月からそれぞれ醸造が始められ、各四回ずつおこなわれるという。一説に、季節があわないのは、春の祭で用いる酒を臨時に醸造したときの歌だからともいわれている。

いにしえ、酒の造り方は神授であった。たとえば、こうだ。

この御酒《みき》は　我《わ》が御酒ならず　酒《くし》の司《かみ》　常世《とこよ》に坐《いま》す　石《いは》立たす　少名御神《すくなみかみ》の　神寿《かむほ》き　寿き狂《くる》ほし
豊《とよ》寿き　寿き廻《もと》ほし　献《まつ》り来し御酒ぞ　あさず食《を》せ　ささ　（記四〇）

『古事記』では、息長帯《おきながたらし》日売《ひめ》が皇太子の品陀和気《ほむだわけ》に待酒《まちざけ》を造っていて、それを献上するときにうたった歌になっている。このお酒はわたしが造ったのではありません、酒をつかさどり、常世で石神としてお立ちになっていらっしゃる、スクナミカミが祝福のために酒甕《さかがめ》の周囲を踊り狂い、踊りまわって醸《かも》し、献上なさったお酒ですよ、なみなみとついでお飲みなさいませ、といった意。「ささ」は、さあさあといったはやしことば。スクナミカミ（スクナヒコナ）は大国主神《おおくにぬしのかみ》を助けて国づくりをした、身の丈三センチメートルほどの小さな神である。

逸文『大隅国風土記』に、

大隅の国には、一家に水と米とを設けて、村に告げ回《めぐ》らせば、男女一所《ひとところ》に集まりて、米を嚼《か》みて、酒《さか》槽《ぶね》に吐《は》き入れて、散散《ちりぢり》に帰りぬ。酒の香の出でくるとき、又集まりて、嚼みて吐き入れしもの等、これを飲む。名づけて口嚼《くちか》みの酒と云ふと云々、風土記に見えたり。

とある。摩訶不思議なちからをもつ酒は、人の力でなく神の霊力で醸されたものと考えられたのだ。もちろん、神に奉仕して酒を醸すのは人びとである。大隅国の「口嚼みの酒」は、神男・神女として選ばれた者たちが、神の教えにしたがって、蒸した米をひたすら咀嚼し、酒を醸したのだろう。
だから、酒を醸すにも、祝詞を唱えけがれを祓い清めなければならないのである。「中臣の太祝詞言」は、代々祭祀をおこなった中臣氏が唱える、りっぱな祝詞のことば。「ここは、中臣氏の伝えた大祓の詞であろう」というのは、武田祐吉である（『万葉集全註釈』）。

祓いとみそぎ

「祓ふ」をうたうのは、もちろん家持だけではない。

……かけまくも　あやに恐《かしこ》く　言はまくも　ゆゆしくあらむと　あらかじめ　かねて知りせば　千鳥
鳴く　その佐保川に　石《いは》に生ふる　菅《すが》の根取りて　しのふ草　祓《はら》へてましを　行く水に　みそぎてま
しを……　（巻6九四八）

前出だが、大宮の警護が任務だった役人たちが、こぞって春日野に出かけてスポーツ「打毬《まりうち》」[121]に夢中になっていた。えてしてこういう時に、不都合が生じるというもの。にわかに天は曇り雷雨となったが、天子を守るべき官人たちは、みな春日野のグラウンドにいて宮中はもぬけのから。職務怠慢の罪で授刀舎人寮に禁足となってしまった。

作者は謹慎させられている官人のひとりらしく、外出をゆるされないことをぼやいている。心にかけて思うのさえ恐れ多く、口にかけて弁解するのもはばかられるような、これほどの大事になるとあらかじめ知っていたら、千鳥の鳴くあの佐保川で、岩に生えている菅の根を抜き取り、憂いの種を祓っておけばよかったのに、流れる水でみそぎをしておけばよかったのに……。ぼやくことしきりである。

窪田空穂は、この作品から「当時の官人の、職責に対する覚悟の足りなかつたことを明らかに示してゐるものである」（『万葉集評釈』）と評しているけれど、まあ、そこまで目角を立てることはあるまい。

……天《あめ》にある　ささらの小野の　七《なな》ふ菅《すげ》　手に取り持ちて　ひさかたの　天《あま》の川原に　出で立ちて
みそぎてましを　高山の　巌《いはほ》の上《うへ》に　いませつるかも　（巻3四二〇）

これは石田王が亡くなったときに、妻の丹生王《にうのおおきみ》がうたった哀傷の歌。夫を死なせないためにしておけばよかったという、さまざまな祭儀がならべてうたわれている。天上にあるという「ささらの小野」の「七ふ菅」を手にもち、天の川原にでかけみそぎをして禍《わざわい》を祓うべきだったのに、何ひとつできずじまいで、わが君（石田王）は高い山の巌の上におられるままにしてしまったことだ。「高山の　巌の上《うへ》に　いませつる」は死んで葬られ祭られている、の意。「七ふ菅」の「ふ」は節《ふし》で、一本で七節もあるような長い菅草をうたった。「菅」は祭りのときの採《と》り物である。

「祓へ」がもともとは何か神にさし出し罪やけがれを償うことであるのに対して、「みそぎ」は川や海でそれを洗い流してしまうのが原義である。しかし右の丹生王の歌では、「祓へ」と「みそぎ」が混同されて、「七ふ菅　手に取り持ちて」（はらへてましを）の「祓へ」がない。

「みそぎ」はほかにも、

君により言《こと》の繁きを故郷《ふるさと》の明日香の川にみそぎしに行く　（巻4六二六）
玉くせの清き川原にみそぎして斎《いは》ふ命も妹《いも》がためこそ　（巻11二四〇三）

と見える。前者は八代女王が聖武天皇に献上した恋の歌。神祭りか何かで明日香へ出かけることがあったのにこと寄せて、恋の噂を立てられたけがれをみそぎしに出かけるのだと戯れた歌。別の本には「龍田越え御津《みつ》の浜辺にみそぎしに行く」となっている。「御津の浜辺」は難波宮があった大阪の浜辺である。

後者は、うつくしい川筋の清らかな川原でみそぎをして、命を清めたいせつにしているのは、あの児のためだといったところだろう。「こそ」には詠嘆がこめられている。この一首は、冒頭の家持の歌に類似した発想をとる。他にも、

時つ風吹飯《ふけひ》の浜に出で居つつ贖《あか》ふ命は妹《いも》がためこそ　（巻12三二〇一）

ちはやふる神のみ坂に幣奉《ぬさまつ》り斎《いは》ふ命は母父《おもちち》がため　（巻20四四〇二）

などの歌がうたわれている。

こうしてみると、万葉びとにとって、「祓へ」も「みそぎ」も、ごく身近にある神事だったのだろう。

晦日の大祓

家持の「酒を造る歌」の「中臣の太祝詞言」が中臣の大祓の祝詞ではないかとしたのは、先に紹介したように武田祐吉なのだが、それでは大祓の祝詞とは、いったいどのようなものだろうか。ことに有名なのは「六月《みなづき》の晦《つごもり》の大祓」だろう。六月と一二月の日におこなわれる神事で唱えられる祝詞である。もとはそれぞれ日を定めないでおこなわれていたらしいが、次第に晦日に定まったようだ。具体的な大祓のようす

を、『続日本紀』から見てみよう。

文武天皇二年（六九八）一一月七日に「使を諸国《くにぐに》に遣《つかは》して大祓せしむ」とあるのは、文武即位にともなうもの、大宝二年（七〇二）三月一二日に「大安殿を鎮めて大祓す。天皇《すめらみこと》、新宮の正殿に御《おは》しまして斎戒したまふ。惣《す》べて幣帛《みてぐら》を畿内と七道との諸社に頒《わか》つ」とあるのは、理由不明。ただ、大安殿（内裏の正殿）を祓い清め、天皇が新しい宮殿に移って潔斎しているところから、大安殿に不浄なできごとがあったのだろう。

大宝二年一二月三〇日に「大祓を廃《や》む。但し東　西文部《やまとかふちのふびとべ》の解除《はらへ》することは常の如し」とある。この師走の二二日に太上天皇の持統が崩御した。そこで恒例の大祓を中止したというのである。「神祇令」から、大祓の次第をあげると、

・凡《おほよ》そ六月、十二月の晦《くわい》の日の大祓には、中臣、御祓麻《おほぬさ》上《たてまつ》れ。東西の文部、祓《はらへ》の刀《たち》上《たてまつ》りて、祓詞《はらへごと》読め。訖《をは》りなば百官の男女祓の所に聚《あつま》り集《あつま》れ。中臣、祓詞宣《のた》べ。卜部《うらべ》、解《はら》へ除くこと為《せ》よ。

・凡そ諸国に大祓すべくは、郡毎に刀一口《ひとから》、皮一張《ひとはた》、鍬一口《くはひとは》、及び雑《くさぐさ》の物等出《いだ》せ。戸別《へごと》に麻一条《をひとすぢ》。其れ国造《こくざう》は馬一疋出せ。

となっている。したがって、大宝二年一二月の大祓は、行事の大方を諒闇《りやういん》（服喪）により自粛し、東西文部による天皇の解除（祓刀をたてまつり祓詞を読む）だけをおこなったというのだろう。

慶雲四年（七〇七）二月六日に「諸国の疫《えやみ》に因《よ》りて、使を遣して大祓せしむ」とあって、理由は明らか。養老五年（七二一）七月四日、「始めて文武の百官をして妻女・姉妹を率《ゐ》て、六月・十二月の晦《つごもり》の大祓の処《には》に会《つど》へしむ」。「神祇令」では「百官の男女」となっているが、この日の記事には官人の妻子や姉妹までも

大祓の行事に参加させている。会場は朱雀門前だったから、さぞやにぎわったことだろう。

天平元年（七二九）二月一八日に「百官大きに祓す」の記事。これは長屋王事変によって生じた罪の気やけがれを除くためにおこなわれた大祓である。左大臣の長屋王は、「私《ひそ》かに左道を学びて国家を傾けむと欲《す》」と糾問《きゆうもん》され、自ら命を絶った。妻の吉備内親王や子どもの膳夫王《かしわで》、桑田王、葛城王、鉤取王《かぎとり》らも首をくくって果てた。じつは光明子の立后を画策する藤原氏の陰謀だったようだ。『日本霊異記』（中巻）によると、捕縛されるより死を選んだ長屋王は、子や孫に毒薬を飲ませたうえで絞殺し、毒を仰いで自殺したことになっている。(122)

どちらにしても、この事変に関係して生じた罪やけがれは、早々に祓い清められなければならなかったのである。

最後にもう一例。天平宝字二年（七五八）八月一六日には、「使を遣して天下の諸国に大祓せしむ。大嘗《おおなめ》を行はむとするなり」とある。これは淳仁天皇の即位大嘗祭《だいじょうさい》に先立っておこなわれた大祓で、全国各地には卜定された大祓使が派遣され、その後、天神地祇への奉幣使が伊勢大神や畿内・七道に派遣されて、大奉幣がおこなわれた。

以上のように、『続日本紀』の記事をなぞると、大祓はしばしばおこなわれ、ことの重大さによっておこなわれる規模も異なっていたらしい。

大祓の祝詞

それでは、大祓でとなえられる祝詞とは、いったいどのような内容なのだろうか。

「六月《みなづき》の晦《つごもり》の大祓」は割注に「十二月《しはす》はこれに准《なら》へ」とあり、十二月の大祓でも同じ祝詞が用いられた。六月の祓を夏越《なご》しの祓、十二月の祓を年越しの大祓という。祝詞は次のように、はじまっている。

「集侍《うごな》はれる親王《みこたち》・諸王《おほきみたち》・諸臣《まへつぎみたち》・百《もも》の官人《つかさびと》等、諸《もろもろ》聞こしめせ」と宣《の》る。

「天皇《すめら》が朝廷《みかど》に仕へまつる、領巾《ひれ》掛くる伴《とも》の男《を》・手襁《たすき》掛くる伴の男・靫《ゆき》負《お》ふ伴の男・劒《たち》佩《は》く伴の男、伴の男の八十《やそ》伴の男を始めて、官官《つかさづかさ》に仕へまつる人等《ひとども》の過ち犯しけむ雑雑《くさぐさ》の罪を、今年の六月の（十二月の）晦の大祓に、祓《はら》へたまひ清めたまふ事を、諸聞こしめせ」と宣《の》る。

これは前段。「伴の男」は後代の文字づかいで、本来は「伴の緒」で、男女を問わず、天皇に奉仕する人びとが「緒」のようにつづくさまをいったもの。祝詞には「……白《まを》す」でおわる「申す型」と「……宣る」でおわる「宣る型」があるのだが、「宣る」のほうが古体をとどめているといわれている。

さて、本文の前半部は、こうである。ややながい引用になるが、一読しよう。

「高天《たかま》の原に神留《かむづま》ります、皇親神《すめむつかむ》ろき・神ろみの命もちて、八百万《やほよろづ》の神等《かみたち》を神集《かむつど》へ集へたまひ、神議《かむはか》り議りたまひて、『我が皇御孫《すめみま》の命は、豊葦原《とよあしはら》の水穂の国を、安国と平らけく知ろしめせ』と事依《ことよ》さしまつりき。かく依さしまつりし国中《くぬち》に、荒らぶる神等をば神問《かむとは》はしに問はしたまひ、神掃《かむはら》ひに掃ひたまひて、語問《こと》ひし磐《いは》ね樹立《こだち》、草の片葉《かきは》をも語止《ことや》めて、天《あめ》の磐座《いはくら》放れ、天の八重雲をいつの千別《ちわ》きに千別きて、天降《あまくだ》し依さしまつりき。かく依さしまつりし四方《よも》の国中に、大倭《おほやまと》日高見《ひたかみ》の国を安国と定めまつりて、下《した》つ磐《いは》ねに宮柱太敷き立て、高天の原に千木《ちぎ》高知りて、皇御孫の命の瑞《みづ》の御舎《みあらか》仕へまつりて、天の御蔭・日の御蔭と隠りまして、安国と平らけく知ろしめさむ国中に……」

天照大神の血をひく天孫が、筑紫にある日向の高千穂の霊峰に降臨するまでは、この倭の国（豊葦原瑞穂の国）は秩序らしい秩序もなく、邪《よこしま》な神たちでさわがしく、岩や草木までがおしゃべりする始末。そこで、天孫である天之忍穂耳《あめのおしほみみ》の子の番能邇々芸《ほのににぎ》が天降ってより、その子の火遠理《ほおり》、またその子の鵜草葺不合《うがやふきあえず》、さらにその子で初代の天皇となる神倭《かむやまと》伊波礼毘古《いわれびこ》（神武天皇）云々とつづき、「大倭日高見の国」は平穏な国となる。「大倭日高見」とは、太陽が空高く輝くの意。倭の国をほめたたえた表現である。

ところが、である。ところがこの倭の国にも、増えた人間が犯すさまざまな罪が多くなってきたというのだ。大祓の祝詞であげるのは「天つ罪」と「国つ罪」のふたつ。そこで中臣は「太祝詞事《ふとのりとごと》」を宣《の》りあげて半年分の国中の「天つ罪」と「国つ罪」とを残すことなくかき集めることとなる。

ふたたび祝詞から、もうすこしつづけよう。

「……天の下四方の国には、罪といふ罪はあらじと、科戸《しなど》の風の天の八重雲を吹き放つ事の如く、朝《あした》の御霧《みきり》・夕べの御霧を朝風・夕風の吹き掃《はら》ふ事の如く、大津辺《おほつべ》に居《を》る大船を、舳《へ》解き放ち・艫《とも》解き放ちて、大海《おほみ》の原に押し放つ事の如く、彼方《をちかた》の繁木《しげき》がもとを、焼鎌《やきがま》の敏鎌《とがま》もちて、うち掃ふ事の如く、遺《のこ》る罪はあらじと祓へたまひ清めたまふ事を……」

「科戸」のシはアラシ（嵐）やニシ（西風）などのシと同じで、風のこと。方角をあらわすヒガシ（東）やニシ（西）も、もともとは方位による風の名だった。ナは「の」と同じ。トは場所。よってシナドは風の吹き起こるところの意味である。「科戸の風」が雲を吹きとばすように、朝夕の風がたちこめた霧を吹き散らすように、港に係留している船の綱をといて大海原へおし出すように、そして鍛《きた》えに鍛えたするどい刃の鎌でばっさり刈りはらうように、罪・けがれをことごとく祓い清めるのだ。

罪やけがれのゆくえ

それにしても、集められた罪は、いったいどうなるのだろうか。そのゆくえは次のとおりである。

高山《たかやま》・短山《ひきやま》の末《すゑ》より、さくなだりに落ちたぎつ速川《はやかわ》の瀬に坐《ま》す瀬織《せおり》つひめといふ神、大海の原に持ち出でなむ。かく持ち出で往《い》なば、荒塩《あらしほ》の塩の八百道《やほぢ》の、八塩道《やしほぢ》の塩の八百会《やほあひ》に坐す速開《はやあき》つひめといふ神、持ちかか呑《の》みてむ。かくかか呑みては、気吹戸《いぶきど》に坐す気吹戸主《いぶきどぬし》といふ神、根《ね》の国・底の国に気吹《いぶ》き放ちてむ。かく気吹き放ちては、根の国・底つ国に坐す速《はや》さすらひめといふ神、持ちさすらひ失ひてむ。

「さくなだり」は勢いよく降下するさま、「たぎつ」は水の流れがはげしいさまをいう。そこに鎮座しているのが「瀬織つひめ」で、この女神が罪を大海原へおし流す。流れ出た罪をがぶりと呑みこむのが、「速開つひめ」。さらに海が呑みこんだ罪を、息吹でもって根の国（底の国）へと送るのは「気吹戸主」。最後は、「速さすらひめ」という女神がどこかへ持ち去ってしまうというのだ。

すると、一度犯した罪とけがれは、けっしてゼロになるのではなく、女神が放浪した先のどこかに、いまなお溜《た》まっていることになる。大祓で祓い清められ、大海へと流され、これまでに溜まりに溜まった罪は、いったいどうなるのだろうか。それを思い案じるのは、杞憂というべきか。

大祓の末部は、

かく失ひては、天皇《すめら》が朝廷《みかど》に仕へまつる官官《つかさづかさ》の人等《ひとども》を始めて、天の下四方《よも》には、今日より始めて罪といふ罪はあらじと、高天の原に耳振り立てて聞く物と馬牽《ひ》き立てて、今年の六月《みなづき》（十二月《しはす》）の晦《つごもり》の日の、夕日の降《くだ》ちの大祓に、祓へたまひ清めたまふ事を、諸《もろもろ》聞こしめせ」と宣る。
「四国《よこく》の卜部等《うらべども》、大川道《ぢ》に持ち退《まか》り出でて、祓へ却《や》れ」と宣《の》る。

と、しめくくられている。祓のものを大川へはこび流すのは、朝廷の祭祀を担当する神祇官のなかでも、下級神職の卜部たちの仕事だった。卜部を出すのは「四国」だが、伊勢・壱岐・対馬の三国の出身者しかおらず一国は不明。あるいは対馬国のうちを上県《かみあがた》・下県《しもあがた》のふたつに数えたのだろう[123]。

じつはこうした大祓の祝詞が、いつごろ成立したのかはっきりしない。天智・天武朝（賀茂真淵『祝詞考』）とも文武朝（本居宣長『大祓詞後釈』）ともいわれているが、別に神武天皇の時代にはすでに用いられていて、最後に柿本人麻呂がいまのような美文にしたという俗説もある。なるほど声に出して唱えてみると、韻律のととのった祝詞はそのまま叙事詩だといえなくもない。

大祓の神事がおわり、さっぱりと祓い清められたこの瑞穂《みずほ》の国には、やがて歳神《としのかみ》（正月さま）が訪れるのである[124]。

万葉食堂

冬のひと品

どんぐりクッキー

天平宝字四年（七六〇）の古文書「造金堂所解案」に「十二文買伊知比古六把直別二文」とみえ、また『和名類聚抄』に「櫟子　崔禹錫食経云櫟子〈上音歴和名以知比〉相似而大於椎子也」とあって、「伊知比古」はどうやら櫟《いちい》の実、つまりどんぐりらしい。どんぐりはコナラ、シイ、マテバシイ、ブナの木の実の総称だといってよい。もちろん栗も「どんぐり」の一種。コナラ属はアクがつよくて生食には不向き。灰を入れて煮込みアク抜きすると、食が可。シイ（スダシイ）・マテバシイ属、ブナ属はアクが少なく食用に適している。

もちろん生食もOK。

片岡《かたをか》のこの向《むか》つ峰《を》に椎蒔《しいま》かば今年《ことし》の夏の陰《かげ》にならむか　（巻7一〇九九）

「岳《をか》を詠む」と題された作者未詳の歌。今年蒔いた椎がすぐに夏陰をつくるはずもないけれど、恋がはじまったばかりの男が、涼しげな逢引の木陰を想像してみたのだろう。

【レシピ】どんぐり粉（すり鉢ですり潰《つぶ》したどんぐり）・小麦粉（少々）・水飴・鶏卵・ごま油

水飴を少々の水でとき、どんぐり粉と小麦粉をさっくりと混ぜ、泡立てた卵を入れて少し手につくくらいに練る。棒状にし、ごま油をぬった青竹（直径三センチ、長さ五〇センチほど）に巻きつけて炭火で焼く。

どんぐりクッキーは、低カロリーでビタミンA・Cとマンガンに富む。

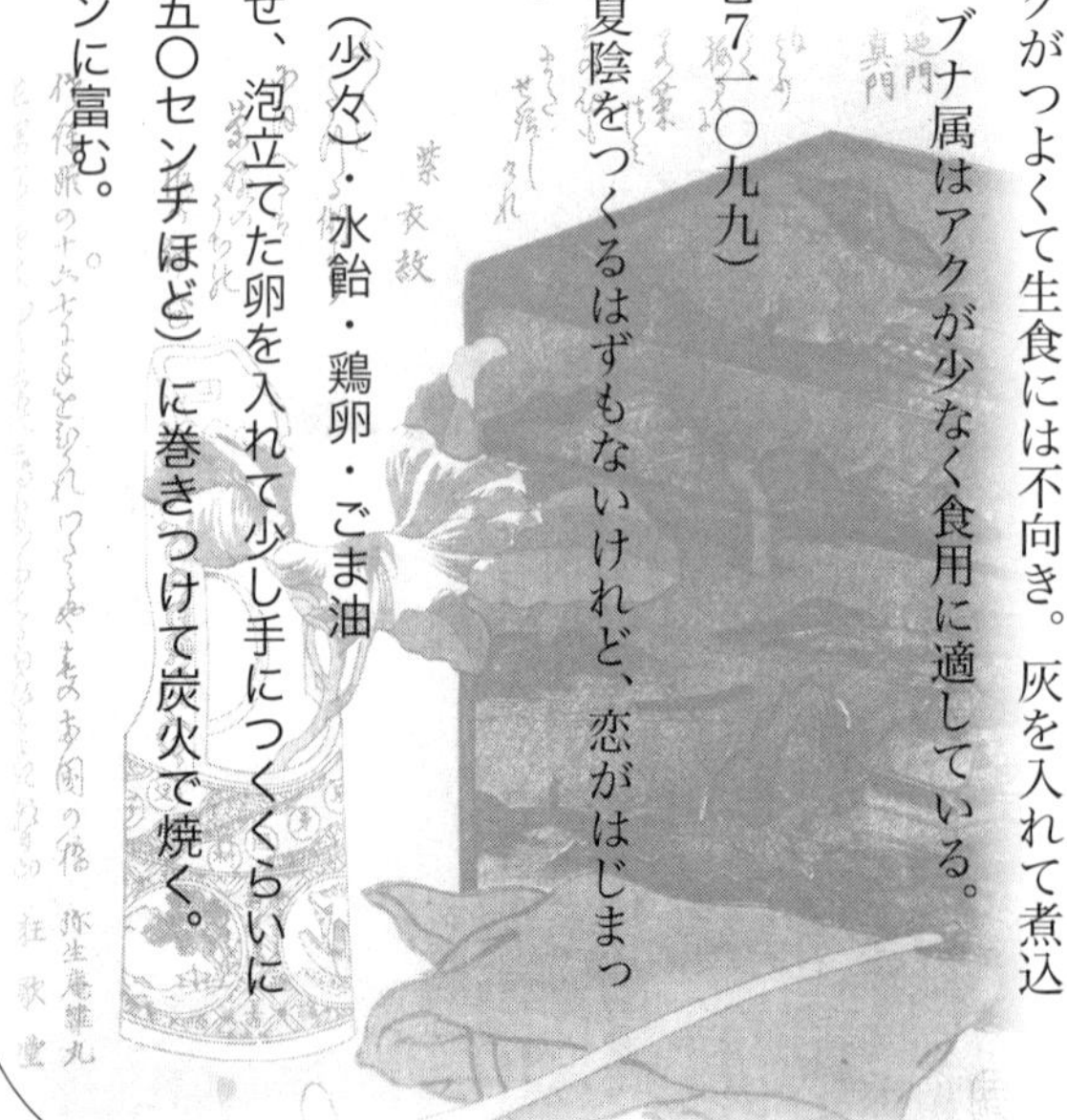

■注

春

第一章　正月の酒【1月】

(1)この「梅花の歌」の序文「……時に、初春の令月《れいげつ》にして、気淑《よ》く風和《やはら》ぎ……」から、新元号「令和」がうまれたことは周知のとおり。くわしくは拙著『元号「令和」と万葉集』(海鳥社)。

(2)空を飛んだり若がえったりする「仙薬」は、万葉時代の知識人たちが読みふけっていたらしい葛洪《かっこう》『抱朴子《ほうぼくし》』に「……第九の丹を寒丹と名づく。一刀圭を服さば、百日にして仙す。仙童仙女来り侍し、飛行軽挙するに羽翼を用ゐず。……凡そ九丹を服するときは、天に昇らんと欲せば則《すなは》ち去り、且《しば》く人間に止《とどま》らんと欲せば亦《また》意に任す」などとある。

大意をとると、第九の丹を寒丹といい、これを一匙ずつ服用していると、一〇〇日で仙人になれる。仙童や仙女がつかえるためにそばにやって来る。翼はなくとも軽々と空を飛ぶことができる。……九丹を全部服用したら、天に昇りたければそのまま去ってよいし、しばらくこの世界にいたいなら、それとて任意。たいそう便利な薬である。この『抱朴子』という一書は、噴飯モノの俗書としてかたづけることができない。拙著「沈痾自哀文論」(『山上憶良の研究』翰林書房)で述べた。

(3)伊藤博『万葉集釈注』(集英社)によると、正三位で大宰帥である大伴旅人がもっとも上座の中央に坐り、旅人の右側と左側とに上席・下席をもうけ、それぞれ二グループにわかれて坐っていたらしい。

(4)このあたりは、関根真隆『奈良朝食生活の研究』(日本史学研究叢書、吉川弘文館)にくわしい。

(5)官僚たちの収入は、官位による位分田からの収入と官職による職分田からの収入があり、さらに季禄とよばれる年二回の収入があった。

(6)『四民月令』は儒教の基本テキストである『礼記』「月令」をまねて、「四民」(庶民)の年中行事を記録したもの。渡部武訳注『四民月令　漢代の歳時と農事』(東洋文庫、平凡社)。

(7)憶良は、葛洪の『抱朴子』から「人は但その当《まさ》に死ぬべき日を知らず、故に憂《うれ》へぬのみ。若《も》し誠に羽翮《うかく》の期を延《ご》ぶること得べきを知らば必ず之を為《な》さむ」や「神農《じんのう》云はく、『百病愈えず、安《いかに》してか長生すること得む』」といった文を引用している。

（8）現代の屠蘇散は、大黄や鳥兜《とりかぶと》など、はげしい作用の生薬をふくんでいない。

（9）宗懍《そうりん》の『荊楚歳時記』は、梁《りょう》の一年間の年中行事を記したものだが、梁だけでなく当時一般におこなわれていた風習も記録していて便利。注は隋の杜公瞻《とこうせん》。守屋美都雄訳注、布目潮渢・中村裕一補訂『荊楚歳時記』（東洋文庫、平凡社）。

第二章　雪に祈る【1月】

（10）『律令』「儀制令」には、「凡そ元日には、国司皆僚属《れうぞく》郡司等を率《ひき》ゐて、庁《ちやう》に向ひて朝拝せよ。訖《をは》りなば長官賀《が》受けよ。宴設くることは聴《ゆる》せ（其れ食《じき》には、当処の官物及び正倉を以て充てよ。須《もち》ゐむ所の多少は別式に従へよ）」とある。

（11）天平八年（七三六）の薩摩国正税帳に国守以下六八人が、また天平一〇年（七三八）の駿河国正税帳に国守以下一一人が、それぞれ長官受賀のために集まった記事がある。ちなみに薩摩国は中国、駿河国は上国。

（12）鹿持雅澄（一七九一～一八五八）。江戸時代後期の国学者であり歌人でもある。『万葉集古義』は本文の注釈だけでなく、枕詞・地理・人物などの研究も網羅している。

（13）『和名類聚抄』は、平安時代の源順の手によってまとめられた漢和辞典。百科事典の性格をもっているのが特徴で、ひろく世におこなわれ後代の辞書類の編纂に大きな影響をあたえている。

（14）『文選』は、全三〇巻、梁の蕭統《しようとう》（昭明太子）の撰で、周から梁の時代までの一〇〇名を越える作家の作品八〇〇余篇を選び集めた詩文集。万葉の歌人たちに大きな影響をあたえた。後に、平安時代の清少納言は『枕草子』の中で「文《ふみ》は文集《ぶんじふ》、文選。博士の申文《まうしぶみ》」（第一九三段）と書いている。

（15）この家持の予祝歌（巻20四五一六）がうたわれたのは、元旦と二四節気の初めである「立春」が重なる「歳旦立春」の日だった。この「歳旦立春」は旧暦では一九年に一度、人は一生に二回か三回あるかないかのめでたい日である。家持も周囲の官僚たちも、新年の初め、月の初め、日の初め、そして重ねて立春であることを意識していただろう。おまけに吉兆の雪も降っている。「万歳、万歳、万万歳」というわけだ。

(16)『万葉集』には文中でふれる歌をふくめて、ツバキは九首うたわれている。ところが、『古今集』ではまったくうたわれていない。ツバキは「万葉の花」である。中西進・清水章雄『花の万葉秀歌』（山と渓谷社）。

(17)阿蘇瑞枝『万葉集全歌講義』（笠間書院）は、「眼前に春の花さく椿を見て詠んだ五六の方が、眼前にない春の景を偲んだ五四よりも早いと考える説（沢瀉久孝『万葉集注釈』ほか）もあるが、五六の作者春日老がこの年三月に還俗していることを思えば、可能性は薄いように思われる」という。なるほど。

(18)同じように、ツバキが生命力にあふれる聖なる樹だとうたう歌謡に、雄略天皇を寿《ことほ》ぐ「天語歌《あまがたりうた》」がある。

倭《やまと》の　この高市《たけち》に　小高《こだか》る　市《いち》のつかさ　新嘗屋《にひなへや》に　生《お》ひ立《だ》てる　葉広《はびろ》　ゆつ真椿《まつばき》　其《そ》が葉の　広《ひろ》り坐《いま》し　その
花の　照り坐す　高光《たかひか》る　日の御子《みこ》に　豊御酒《とよみき》　献らせ　事の　語り言《ごと》も　是《こ》をば（記一〇一）

これは、もとは伊勢の海人部出身の語り部が伝誦した歌曲だったらしい。

(19)柳田國男「豆の葉と太陽」（『定本柳田國男全集』第2巻、筑摩書房）。柳田が述べているわけではないが、ツバキは葉も実も薬効があることで知られている。なぜ信仰とともにツバキが運ばれたかを問うなら、ツバキのさまざまな用途にあるのだろう。木灰は日本酒を醸造のうえで利用される。酒のもろみを搾《しぼ》る前に、酸を中和するためにアルカリ性の濃度の高い椿灰を用いた。熱をくわえることなく搾《しぼ》った椿油は食用油や整髪料としても使われた。生薬《しょうやく》の山茶花は乾燥させ煎じて滋養強壮剤、新鮮な山茶葉はクロロフィルやタンニンをふくむところから、蒸して練り塗布して、切り傷・すり傷・吹出物などの治療薬となった。また、種を搾った油粕《あぶらかす》は、川魚やエビなどを麻痺させてつかまえる薬剤でもあった。八百比丘尼《やおびくに》が椿をもって巡歴した伝承には、ツバキによる民間医療を施す人びとの存在が見えてくる。

(20)『淮南子』は、前漢の武帝の頃淮南王劉安がまとめた。道家の説を中心に儒家・兵家・法家などの思想をとりこんでいる。「天文篇」は、天地開闢が語られており、本邦八世紀成立した『日本書紀』の天地創成の記述に影響を与えている。

(21)『山海経』は、中国古代の神話と地理の書といわれ、地理・山脈・河川・産物などを紹介する。一応、地理書だと位置づけるのだが(『隋書』「経籍志」)、司馬遷は、張騫《ちょうけん》が大夏に使いして後、世間にいう崑崙《こんろん》はどこにもないし、ましてや『禹本紀』や『山海経』に登場するモンスターにいたっては、語る価値もなし、と。

(22)太古には太陽は一〇個あったという。しかしそれらが天空に昇ると、草木はことごとく焼けて枯れた。そこで聖王の堯《ぎょう》が弓の名人の羿《げい》に射させた。羿は九個を射落としてしまい一個だけが残ったという。

(23)今井邦子(一八九〇〜一九四八)は、徳島出身のアララギ派歌人、小説家。後にアララギを退会し、女性だけの短歌誌『明日香』を創刊している。引用は『カラー歳時記　花木』(松田修、保育社)による。

(24)大樹信仰については、別稿「風土記の大樹　東アジア文化のフィールドへ」(『海路』第12号、海鳥社)でもふれた。

第四章　物差しを贈る　【2月】

(25)憶良が数字にこだわりをもっていたこと、くわしくは拙論「数《よ》む嗜癖」(『山上憶良の研究』翰林書房)。

(26)『玉燭宝典』は、隋・唐前後の歳時記。『荊楚歳時記』が南の地方の習俗を記しているのに対し、これは北方のそれを記していて、興味深い。

(27)白楽天が翰林学士だったのは、元和二年(八〇七)から元和六年(八一一)で、「中和日謝恩賜尺状」は、この時期の作となる。

(28)『大唐六典』(唐六典)は、唐の玄宗の勅命で官職を分類し解説した書。開元二六年(七三八)に成立している。

(29)万葉時代の物差しを明らかにするうえで、由水常雄『天皇のものさし――正倉院撥鏤尺の謎』(麗沢大学出版会)が好著。

(30)唐代の八尺とすると二四八八メートルで、もうすこし長い。憶良は「沈痾自哀文」(巻5八九七の右)で、「内教に云はく、『瞻浮州《せんぶ》の人は寿百二十歳なり』」と述べ、「老いたる身に病を重ね、年を経て辛苦《たしな》み、また児等を思ふ歌七首　長一首短六首」(巻5八九七〜九〇三)で、「たまきはる　うちの限りは」に注を付して「瞻浮州の人の寿一百二十年なることを謂《い》ふ」と記している。人の寿命というのは、誕生する前からひとしく一二〇年と定まっているというのである。これは「内教」(仏教)からの知識であり、たとえば仏典『法苑珠林』に「……長阿含経によらば、瞻浮提の人、人寿百二十歳」とある。憶良はこの「百二十歳」という数《かず》にこだわるのだ。

第五章　雄略の采菜歌　【3月】

(31)「醤酢《ひしほす》に蒜搗《ひるつ》き合《か》てて鯛《たひ》願ふ我にな見えそ水葱《なぎ》の羹《あつもの》」(巻16三八二九)。宮廷歌人の長意吉麻呂《ながのおきまろ》の歌。「醤《もろみ》」・「酢」・「蒜」・「鯛」(干し鯛らしい)・「水葱」を一首に詠いこむのをねらった、物名歌。醤に酢をくわえ、蒜をつきまぜたれを作って、高級魚の鯛の料理が出てくるのを、今か今かと心待ちにしているわたしに、水葱の吸い物なんかを見せてくれるな。ここでも、ナギは評判が悪い。

(32)平城京の城内では、東西の市(バザール)以外での商いは禁止されていた。バザールは午の刻(正午前後二時間をいう)をもって開店し、日没前には閉店。それぞれに市司があって監督していた。職員は正《かみ》(正六位上相当)・佑《まつりごとひと》(従七位下相当)・令史《さかん》(大初位上相当)・史生二名・価長五名ほか、都合四〇名。

(33)ほかの倭四王は、それぞれ讃＝履中・仁徳・応神、珍(弥)＝反正・仁徳・履中、済(斉)＝允恭・反正、興＝安康・允恭と、異論があっていまだ定説がない。

(34)たとえば、中西進は「五世紀以後しばらくは大伴氏が過去の栄光に輝いた時代であった」という(『万葉の秀歌』上、講談社)。

(35)境武男『詩経全釈』(汲古書院)。ただし、表記を一部あらためたところがある。

(36)原詩は「采采芣苢　薄言　采之　采采芣苢　薄言　有之……」。「采采《ツァイツァイ》…」のくりかえしが、なんとも愉快である。

第六章　おお牧場は緑　【3月】

(37)馬といえば、体高一六〇〜一七〇センチで脚長のサラブレッド種のイメージがあるが、古代馬は体高一二〇センチ〜一三〇センチ以下の小・中型馬だった。こうした在来馬の源流については、林田重幸「日本在来馬の源流」(『日本古代文化の探求　馬』森浩一編、社会思想社)にくわしい。小型馬は中国四川・雲南から華南一帯に生息し、江南沿岸を北上し九州へ、そして朝鮮半島に入った。中型馬は、はるかカスピ海の南岸あたりから中央アジアを東進し、朝鮮半島から九州へ入ったらしい。

『肥前国風土記』「松浦郡値嘉《ちか》の郷」に、中国・韓国との中間点である五島列島の「白水郎は、馬・牛に富《と》めり」とあり、「此の島の白水郎は、容貌《かたち》、隼人《はやひと》に似て、恒《つね》に騎射《うまゆみ》を好み、其の言語《ことば》は俗人《くにひと》に異なり」の内容に納得。本土から西へ一〇〇キロ、福江島の鬼岳《おんだけ》（標高三一五メートル）を駈ける小型馬・中型馬の群れが彷彿とする。

【追記】入稿後に次のような報道にふれた。小稿で言及していることがらでもあり、追記したい。日本の在来馬がどこから、どのルートでやってきたのか。ＤＮＡの比較研究の成果から、あたらしい発見があった。競走馬理化学研究所とネブラスカ大学などの研究チームによると、現在日本に残っている在来馬は、小型も中型も遺伝的には区別できない同じ系統、複数のルートが想定もされてきたがじつはルートはひとつ、中国北部からモンゴルにいるモンゴル在来馬と同じ祖先の馬が、朝鮮半島から対馬を経由して持ち込まれ、まず対州馬と野間馬系に分岐、ここから北上するグループと南下するグループに分岐していったという。すると、対州馬も与那国馬も木曽馬も道産子（北海道和種）も、みんな家族なのだ。面白い。（『朝日新聞』二〇二〇年一一月五日日刊）

(38) これらの騎兵のスタッフは、「畿内・七道の騎兵合せて九百九十を差し発《つかは》す。入朝の儀衛《ぎえい》に擬せむが為なり」（『続日本紀』和銅七年一一月一一日）として集められたもの。こうした行事は、当時の新羅外交が朝貢国とみなす立場を固持した現れ。中国との良好な関係をもとに、ますます便宜上の「朝貢」（実際は貿易優先）をすすめる新羅に、国家の威厳をしめす必要があったのである。

(39) 大伴家持に「先妻《こなみ》、夫君の喚《よ》ぶ使ひを待たずして自ら来《きた》る時に作る歌一首」と題された、「左夫流児《さぶるこ》が斎《いつ》きし殿《との》に鐸《すず》掛けぬ駅馬《はゆま》下れり里もとどろに」（巻18四一一〇）がある。越中国に赴任している史生（国庁の書記）尾張少咋《おくい》が遊行女婦《うかれめ》の左夫流児と恋仲になってしまった。国守である家持がその少咋をさとすために「史生尾張少咋に教へ喩す歌一首并せて短歌」（巻18四一〇六～四一〇九）を創作したというのである。四一一〇はいわばその続編。夫が呼び寄せる使いを待たず、夫人が自ら赴任地に乗りこんで来て、国庁は大騒ぎというのだろう。「鐸」は公用で駅馬を使う者にあたえられるもの。この場合は私事のごたごただから、「鐸」は利用できない。にもかかわらず、夫人の乗った駅馬が「鐸」は所持してないのに、まるで「鐸」をとどろかせるようにやって来たと、うたってみせたのである。

(40) 吉元恵子「音楽ゆかりの地をゆく HORELA LIPKA, HORELA（スロバキア民謡）」。http://www.ffe-mansion.com/~yoshimoto/minyou.htm

夏

第一章　うはぎを煮る【4月】

（41）平城京が整備されるにつれて、市街地と原野とのあいだに、どちらともつかぬあいまいなエリア（郊外）が生まれる。こうした古代都市の郊外を舞台に四季を感じとる季節の歌が成立してくることを、古橋信孝が「郊外論」（『古代都市の文芸生活』大修館書店）でわかりやすく説いている。

（42）桜井満「宮廷伶人の流れ」（『万葉集の風土』講談社）。

（43）ノビルは強い臭気があるところから、邪気を祓う呪物として用いられた。漢方薬では薤白《がいはく》。食薬兼用で、保温安眠、健胃整腸など。東国へ遠征した倭建《やまとたける》が、白い鹿となって現れた足柄山の神の眼をノビルで打って殺してしまったという伝承は、その薬効を語るよい例だろう。ノビルによく似たタマスダレは、毒性。刺激臭はないが、嘔吐・下痢・痙攣などをひきおこす。

（44）漢方では、黄疸《おうだん》や水腫（浮腫）によるむくみの症状に、茅根《ちのね》を豚肉と煮て食する、または赤小豆といっしょに煎じて飲むと、薬効があるといわれている。煎じてお茶がわりに飲むと、利尿によし。

（45）ニラの生薬名は韮白《きゅうはく》。陰干しをした韮菜（葉や茎）・韮根（根と鱗茎）・韮子（種子）ともに薬効がある。滋養強壮・下痢止め・皮膚疾患・泌尿器系疾患に用いられる。ビタミンが豊富で夏バテ防止に。

（46）ヨメナ（うはぎ）は、天平宝字四年（七六〇）に一升一・五文（一升は現在の約四合）で、きわめて廉価（関根真隆『奈良朝食生活の研究』吉川弘文館を参照）。

第二章　灌仏と行像【4月】

（47）『初学記』は、唐の徐堅《じょけん》（六五九～七二九）らが、玄宗の勅命を奉じて撰出した類書で、開元一五年（七二七）に完成した。

（48）ずっと後のことになるが、吉田兼好が『徒然草』に、次のようにつづっている。「『灌仏の比《ころ》、祭の比、若葉の梢《こずゑ》涼しげに茂りゆくほどこそ、世のあはれも人の恋しさもまされ』と人のおほせられしこそ、げにさるものなれ」（第一九段）。「祭」とは賀茂祭。季節のなかに、しみじみとした感動を見出すのは常套なのだが、兼好は、春でも秋でもなく、緑風の吹く初夏にそれを発見した。

(49)「黒紀白紀」は、万葉のこの歌のほかに『続日本紀』（天平神護元年一一月）にも、大嘗祭の宣命に「……由紀《ゆき》・須岐《すき》二国の献れる黒紀・白紀の御酒《みき》を赤丹《あかに》のほにたまへゑらき……」とみえる。黒紀は成熟した酒に「久佐木灰《くさぎのはい》」をいれたもの、白紀は通常の濁酒といわれているが、異説もあって詳しくはわからない。

(50)いまは仏足石と歌碑はワンセットにして信仰されているけれど、歌碑は寛永（一六二四〜一六四五年）の末頃、石橋に使われていたのを発見され、薬師寺におさめられたという。また第二首目の歌が、『拾遺集』（哀傷）にある「光明皇后山階寺にある仏跡に書きつけたまひける」歌とよく似ているところから、歌碑はもともと薬師寺ではなく興福寺にあったものといわれている。『拾遺集』「みそぢあまりふたつのすがたそなへたるむかしの人のふめるあとぞこれ」（巻20一三四五）。

(51)四月一六日から七月一五日まで、僧尼が遊行しないで一か所で修行すること。これも夏の風物詩。夏安居《げあんご》・雨安居、夏断《げだち》、夏《げ》籠もり、などともいう。

第三章　時鳥、鳴く【5月】

(52)「五月は悪月」（『万葉集の春夏秋冬』笠間書院）参照。

(53)聖武天皇が建立しようとした大仏は『華厳経』による毘盧舎那《びるしやな》仏だったのだが、鑑真の教えが『梵網経』に則っていたことから、『梵網経』の本尊である盧舎那《るしやな》仏へと変化する。また、聖武が崩じた天平勝宝八年（七五六）以降の仏会では、『華厳経』ではなく『梵網経』が中心となった。天平万葉の時代は、こうした時代だった。

(54)『白虎通義』は、後漢時代の建初四年（七九）に、儒家を白虎観に集めて、五経（易・書・詩・礼・春秋）の同じことがら異なることがらについて議論させ『白虎通徳論』ができた。それを後に歴史家の班固（三二〜九二）が編集し『白虎通義』と名をあらためたといわれている。

(55)「磐瀬の森」は所在不明。生駒郡斑鳩町稲葉車瀬あたりか、同郡三郷町立野あたりか、といわれているが確証がない。

(56)「城の山」は、政庁から八キロほど西南へ、標高四〇四メートルの坊住山《ぼうじゅうやま》を中心に築かれた百済式の山城。ふもとは筑前・筑後・肥前三国の境になっている。

第四章　蟾蜍をとらえる【5月】

(57)これら三作をもって、「惑」「愛」「無常」を主題とし、緊密に連続した「人間憶良の心情から歌われた」三部作と定位づけたのは、はやくに中西進『山上憶良』(河出書房新社)。

(58)憶良から虫麻呂へという影響・啓発の関係を論じたものに、井村哲夫『憶良と虫麻呂』(桜楓社)、『憶良・虫麻呂と天平歌壇』(翰林書房)にくわしい。他方、大久保廣行は、逆に虫麻呂から憶良へという流れの可能性を指摘している(『高橋虫麻呂の万葉世界——異郷と伝承の受容と創造』笠間書院)。

(59)ガガイモはキョウチクトウ科のツル性の多年草。実は大型の紡錘形で、成熟すると割れてボートのようなかたちとなる。これが、スクナビコナが乗ってきた船で、八センチから一〇センチの大きさ。小子神《ちいさこがみ》のスクナビコナにはふさわしいサイズ。

(60)桂樹月兎八稜鏡《けいじゅげっとはちりょう》(唐代・八世紀、径二一・五センチ、天理参考館蔵)の背面は、こうした月の世界をあますところなく表現している。中央には聖樹である桂が生えており、右側に仙薬を搗《つ》いている兎、その下方に蟾蜍、桂の木の左側に飛雲にのった姮娥《こうが》といったデザインである。桂の木は不死で五〇〇丈もあって大樹。この鏡の図案にはいないが、月には勝手に仙術を学んで罪をえた呉剛なる人物も住んでいて、永遠に成長を続ける桂を伐っているといわれている。呉剛ば別称「桂男」と呼ばれている、要するにイケメンの意。

(61)屋形古墳群(福岡県うきは市)は、珍敷塚古墳・原《はる》古墳・鳥船塚古墳・古畑古墳の四基の円墳で、墳丘をもつのは原古墳と古畑古墳のみ。それぞれ独特に彩色された図案をもつが、石室がこわされ露地にさらされていた時期もあり、風化が進んで肉眼での判別がむずかしいものも多い。

第五章　水無月の小旱【6月】

(62)水稲田の遺跡は、古代に末盧国と呼ばれた佐賀県唐津市の菜畑遺跡。今から約二五〇〇〜二六〇〇年前の縄文晩期中頃のもので、一〇～二〇平方メートルほどの小規模水田が発見され、木製のクワ・ハマグリ刃の石斧・石包丁などとともに炭化米二五〇粒ほどが出土している。それまで最古だとされていた福岡市にある板付環濠遺跡よりも古い。

（63）善女龍王は、雨乞いで祈る八大龍王の一尊、娑竭羅《しやから》龍王の三女。『今昔物語集』巻14「弘法大師請雨経の法を修して雨を降らす語第四十一話」には、次のようにある。

……（淳和）天皇、「速《すみやか》に其の法を可修《しゆすべ》し」とて、大師の言《こと》ばに随《したがひ》て、神泉《しんせん》にして請雨経《しやううきやう》の法を令修《しゆせし》め給ふ。七日法を修《しゆ》する間、壇の右の上に五尺許《ばかり》の蛇出来《へみいでき》たり。見れば、五寸許の蛇の金《こがね》の色したるを戴《いただ》けり。暫　許有《しばしばかりあり》て、蛇只《ただ》寄りに寄来《よりきたり》て池に入ぬ。而《しか》るに、二十人の伴僧《ばんそう》皆居並《ゐなみ》たりと云へども、其の中に止事無《やむごとな》き伴僧四人にぞ此の蛇を見ける。僧都はたら更也《さらなり》、此れを見給ふに、一人止事無き伴僧有て、僧都に申して云く、「此の蛇の現ぜるは何《いか》なる相ぞ」と。僧都、答えて宣《のたま》はく、「汝ぢ不知《しら》ずや。此は、天竺《てんぢく》に阿耨達智池《あのくだつちいけ》と云ふ池有り、其の池に住む善如《ぜんによ》竜王、此の池に通ひ給ふ、然《しか》れば、此の法の験《しるし》有らむとて現ぜる也」と。而《しか》る間に、俄《にはか》に空陰《くもり》て戌亥《いぬゐ》の方《かた》より黒き雲出来《いでき》て、雨降る事世界に皆普《あまね》し。此に依《よ》りて、旱魃止《かんばつとどまり》ぬ。……

加持祈禱の壇から五尺ほどの蛇が現われる。この蛇は金色の蛇を頭にいただいており、これが善如龍王であるという。『妙法蓮華経』（第5巻・提婆達多品第一二）では、文殊が善如龍王を、

娑竭羅龍王の女《むすめ》は、年、始めて八歳なり。智慧は利根にして、善く衆生の諸根の行業《ぎやうごう》を知り、陀羅尼《だらに》を得、諸仏の説きし所の甚深の秘蔵を悉《ことごと》く能《よ》く受持し、深く禅定に入りて、諸法を了達し、刹那の頃《あいだ》に、菩提心を発して、不退転を得たり。弁才《べんざい》は無礙《むげ》にして、衆生を慈念すること、猶、赤子《しやくし》の如し。功徳を具足して、心に念じ、口に演ぶることは、微妙・広大にして慈悲・仁譲《なさけ》あり。志意《こころね》は和雅《わげ》にして、能く菩薩に至れり……

と紹介している（『法華経』坂本幸男・岩本裕訳注、岩波文庫）。ここではふれないが、善如龍王は善如龍王＝龍宮乙女＝弁財天など、多神化がはげしい神でもある。降雨量が大きく収穫を左右するだけに、現世利益《りやく》の神仏として多神

であることは頼もしいかぎりである。
(64)このあたりについては、拙稿「家持の北越小旱歌その周辺」(「九州大谷国文」第20号、「大伴家持の喜雨賦」長崎大学「国語と教育」第16号)でくわしくふれた。その後に、佐藤隆「雨乞いの歌、落雨を賀く歌」(『セミナー万葉の歌人と作品』第9巻)がある。

第六章　鵜飼の夏【6月】

(65)「鵜《テイ》」の表記なら本来はペリカンのこと。いわゆるウは「鸕《ロ》」である。
(66)中国で鵜飼をうたう例は、杜甫「戯れに俳諧体を作り悶を遣る二首」の「家家烏鬼を養ひ、頓頓黄魚を食《くら》ふ」ではないかと一説をあげている(ベルトルト・ラウファー・『鵜飼――中国と日本――』(小林清市訳、博品社)。鵜飼を伝えるもっとも古い記事は、北宋の陶穀(九〇三~九七〇)の『清異録』で、

　魚《うを》を取るに鸕鷀《ろし》を用ふ、快捷《くわいせふ》なること甚為《な》り。当塗茭塘《かうたう》石の阜民《ふみん》、荘舎在り。鸕鷀を家に畜《か》ひ、小舟を纜《つな》ぎて岸に在り、日に一丁を遣《つか》はし、魚を取りて家に供す。邑の尉過ぎて時に之を見、阜《ふ》の民に謂ひて曰く、「小舟即ち膾《くわい》場《じやう》に納め、鸕鷀は乃ち小尉のみ」と。復《ま》た曰く、「江湖の漁郎、鸕鷀を用ふ者、烏頭網《うとうまう》と名づく」と。

ここには鸕(鵜)を飼育し魚をとる生業が見える。『清異録』は、唐・五代の語彙を天文門、地理門、君道門などにわけ、それぞれの門で解説している。これは「禽」の「納膾場小尉」で解説したくだり。陶穀(字は秀実)は後晋、後周、北宋に仕え、開宝三年(九七〇)に没しているから、九〇〇年代の漁労を記したと思われる。このあたり、中村裕一『中国古代の年中行事　第二冊　夏』(汲古書院)にくわしい。七世紀あるいは八世紀の中国で、生業ではなく趣味としての鵜飼が、文人たちの間でおこなわれていたかどうか、その事例を見ない。
(67)たとえば、「春日祭」の祝詞に「……四方《よも》の国の献れる御調《みつき》の荷前《のざき》取り並べて、青海《あをみ》の原の物は、鰭《はた》の広物《ひろもの》・鰭の狭物《さもの》、奥つ藻菜《もは》・辺《へ》つ藻菜、山野の物は、甘菜《あまな》・辛菜《からな》に至るまで……」と見える。
(68)多田一臣『万葉集全解』(筑摩書房)は、巻1三八の脚注で「鵜飼は南方系の技術で、この地に移配された阿太隼《あだのはや》

人《と》が伝来したらしい。『神武記』に、その始祖伝承が見える。」という。中国の『隋書』「東夷伝・倭国」に、

気候温暖にして、草木は冬も青く、土地は膏腴《こうゆ》にして、水多く陸少し。小環を以て鸕鷀の項《うなじ》に挂《か》け、水に入りて魚を捕えしめ、日に百余頭を得。俗、盤俎《ばんそ》なく、籍《し》くに槲《かしわ》の葉を以てし、食するに手を用ってこれを餔《くら》う。性質直にして雅風あり。

と、鵜飼のさまの記述が見える（石原道博編訳『新訂魏志倭人伝・後漢書倭伝・宋書倭国伝・隋書倭国伝』岩波文庫）。

（69）『梁塵秘抄』には「盃《さかづき》と鵜の食ふ魚《いを》と女子《おんなご》は　果てなきものぞいざ二人寝ん」（巻2四八七）という歌謡も。新間進一は、盃・鮎・女子は、飲酒戒・殺生戒・邪淫戒の三つを指して象徴的にいったものであり、（鵜飼が）「殺生戒を犯した上でとった魚である。しかし、美味に変わりはない。酒宴で鮎料理を食べ、女と戯れる。厳密には三つの戒を破るわけだが、この享楽をそのまま謳歌するところにこの歌の妙味があるのではないか」と解釈している（鑑賞日本古典文学第15巻『歌謡Ⅱ』角川書店）。

秋

第一章　七夕【7月】

（70）折口信夫「たなばたと盆祭りと」（『折口信夫全集3』中央公論社）。

（71）『開元天宝遺事』（略して『開天遺事』）は、唐玄宗の開元・天宝（七一三～七五六）の間の遺事一五九編を記録したもの。王仁裕（八八〇～九五六）は五代周の人で、音律に長じており、詩をよくしたという。

（72）百済公和麻呂は、『懐風藻』にほかに「五言、初春左僕射長王が宅《いへ》にして讌《うたげ》す」「五言、秋日長王が宅にして新羅の客を宴す」の二首を載せている。ともに長屋王の佐保楼の雅宴で披露されたものである。渡来系の和麻呂は、新羅からの遣日使たちをもてなすスタッフとして、ふさわしいひとりだっただろう。正六位上で但馬守だったこと以外、くわしい出自や経歴はわからない。

（73）伊藤博『万葉集釈注』当該歌の注。

（74）憶良の七夕歌について、稲岡耕二は「愛別離苦の悲しみ一般にも広がるような、不条理な苦への反発を表現したもの」という（『山上憶良』吉川弘文館、人物叢書）。

第二章　盂蘭盆【7月】

（75）請益僧《しょうやくそう》として唐にわたった円仁（七九四～八六四）が、その著書『入唐求法巡礼行記』のなかで、夏安居と盂蘭盆会について書き残している。開成三年（八三八）一一月一八日に、揚州開元寺に逗留していた円仁のもとを李相公徳裕が訪れ、日本の仏教事情をあれこれ尋ねている。日本国は暑いか寒いか、僧寺はあるのかないのか（円仁はたくさんあって、その数三七〇〇余と返答している）、尼寺は？（たくさんある）、道教の道士は？（道士はいない）といった具合である。その質問のひとつが「坐夏（夏安居）有るや否や？」で、円仁は「有り」と答えている。

盂蘭盆会は開成五年（八四〇）七月一五日、五台山から長安にむかう途中、忻《きん》州太原の四衆寺・度脱寺・崇福寺などの盂蘭盆会に参列している。崇福寺では「（仏）閣の下の諸院は皆、鋪設張列《ほせっちょうれつ》す。光彩は人を映じ、供陳は珍妙なり。傾城の人は尽《ことごと》く来たりて巡礼す」と、街をあげてにぎわう盂蘭盆会を書き記している。

（76）梶川信行は、額田王の歌（巻4四八八）・鏡王女の歌（巻4四八九）を中心に、かつて本居宣長（一七三〇～一八〇一）が『玉勝間』で説いた姉妹説をくわしく検証して、額田王の父親と鏡王女が同じように鏡を名乗るからといって、「姉妹であることも証明できないのだが、ましてや鏡王女の方が姉であったという証明にはならない」と述べている（『額田王』ミネルヴァ日本評伝選、ミネルヴァ書房）。

（77）高市郡高取町車木にある皇極・斉明天皇越智崗上陵には、娘の間人《はしひと》皇女、孫の建王が葬られており、参道沿いには同じ孫で大田皇女の墳墓もある。ただし、昨今では斉明天皇陵は明日香村の牽牛子塚《けんごしづか》古墳だろうと推測されてもいる。

（78）このあたり、三浦佑之『平城京の家族たち　ゆらぐ親子の絆』（角川ソフィア文庫）にくわしい。

（79）『経国集』（全20巻）、天長四年（八二七）に淳和天皇の勅命により、良岑安世《よしみねのやすよ》・菅原清公らが撰。現存するのは巻1などの計六巻のみ。

第三章　放生会【8月】

(80) 智顗《ちぎ》は南北朝時代から隋代に活躍。法華経を根本経典とする宗派、天台宗というのは、太建七年（五七五）から天台山で教学を確立したところからか。天台宗の実質的な開祖なのだが、師の慧思、慧思の師慧文がおり、慧文、慧思についで第三祖ともいわれ、あるいはインド僧の龍樹を開祖としてすえて、第四祖ともいわれている。天台大師、智者大師とも。

(81) 神功皇后が、崩御した仲哀天皇の柩を椎の木にかけて、御前会議をひらいていたところ、柩の中から薫りが漂った。そこでここを「香椎」という地名起源の伝承がある。今は摂社の古宮大明神がある。

また同県糸島市川付にある宇美八幡社には、誉田別（応神天皇）・神功皇后らを祀る本宮とは別に仲哀天皇を祀る上宮があり、ここが仲哀の殯斂《ひんれん》の地だといわれている。朝鮮派兵の際に、武内宿祢の手で香椎から柩がうつされ埋葬されたというのである。

さらに、同県小郡市大保に御勢《みせ》大霊石《たいれいせき》神社があり、仲哀天皇は熊襲《くまそ》の放った矢にあたり、この地で崩御した。殯斂を営んでいたが、ついに仲哀の魂を石により憑《つ》かせ、その石に仲哀の鎧と兜をきせて征西に向かい大いに勝利したという。征西は、神功皇后と応神天皇が話題の主人公になるものの、仲哀に視点をずらしてみると、ちがった伝承が聞こえてきそうである。なお、仲哀天皇陵は、大阪府藤井寺市にある岡ミサンザイ古墳が治定されている（仲哀天皇恵我長野西陵）。

(82)「比売大神」は、宗像神社の祭神である田心《たごり》姫（沖津宮）・湍津《たぎつ》姫（中津宮）・市杵島《いちきしま》姫（辺津宮）の三柱。

(83)「八虐」とは、君主の廃位や殺害といった「謀反《むへん》」、山陵や皇居を破壊する「謀大逆《むたいぎやく》」、亡命・敵前逃亡・投降といった「謀叛《むほん》」、祖父母・父母の殺害を謀ったり妻が夫や夫の父母を殺害する「悪逆」、大量殺人・呪詛・妻が夫や夫の父母を殴ったり打ったりする「不道」、神社や天子に対して礼をつくしてない「大不敬《だいふきやう》」、祖父母や父母を告訴したり、その喪に服さない「不孝」、主君・夫・目上の者に対する殺人などの悪行をはたらく「不義」をいう。つまり国家の秩序と安寧を犯す大罪。

(84) 男人が隼人騒乱の養老年中から神亀五年一一月まで豊前国守だったとすると、在職期間が八年にもなって、やや疑問。長年にわたって、騒乱後の戦後処理と宇佐神宮の拡充に、汗していたのかもしれない。

（85）「大分宮の三悪」とは、竈《かまど》門宮への不敬・悪路による饗膳奉仕の苦労・放生地ではないこと。この遷宮には、新羅との外交問題の悪化による、大宰府政庁からの圧力があったらしい。竈門宮（宝満宮竈門神社）の主祭神は豊玉姫の妹であり倭磐余彦《やまといわれびこ》（神武天皇）の母である玉依姫。太宰政庁が対外政策の最前線であったところから、政庁の鬼門封じであった宝満山は、遣唐使派遣など国家プロジェクトでは絶大な信仰をあつめていた。

第四章　萩の忌【8月】

（86）森川許六（一六五六〜一七一五）。彦根藩士で芭蕉門十哲のひとり。「許六」は「六芸」（礼儀・音楽・弓術・乗馬・書道・算術）に通じていたところから、芭蕉が授けた俳号である。

（87）たとえば、

・……葳蕤防暁露、葱蒨集羈雌、含風自颯颯、負雪亦猗猗……（虞羲「見江辺竹詩」）

・雲生暁靄、花落夜霏霏、問余何意別、答言倦遊帰……（呉均「発湘州贈親故別詩」）

・……暁霜楓葉丹、夕曛嵐気陰、節往慼不浅、感来念已深……（謝霊運「晩出西射堂詩」）

・暁霧晦階前、垂珠帯葉辺……（元帝蕭繹「詠霧詩」）

・……晨鶏初下棲、暁露尚霑衣。（王筠「向暁閨情詩」）

など。

（88）たとえば、

・日出入安窮、時世不与人同、故春非我春、夏非我夏、秋非我秋、冬非我冬、泊如四海之池、徧観是耶謂何、吾知所楽、独楽六龍、六龍之調、使我心若、訾黄其何不徠下。（楽府「郊廟歌辞　日出入」）

・子好芳草、豈忘爾貽、繁華将茂、秋霜悴之、君不垂眷、豈云其誠、秋蘭可喩、桂樹冬栄。（曹植「朔風詩五章」）

など。

（89）高木市之助「万葉十二カ月」（『古典春秋』、毎日新聞社）。

（90）母方の祖父巨勢比等《ひと》は、壬申の乱（六七二）で近江側だったため、捕縛されて流罪となっている。この年、旅人は八歳。大伴氏と巨勢一族が敵対した壬申の乱をきっかけに、父安麻呂のもとに引き取られたものと思われる。

（91）川田順（一八八二〜一九六六）、実業家でありながら、佐佐木信綱門下の歌人。『伎芸天　歌集』『陽炎』といった歌集とともに、『西行』、『藤原定家』（ともに創元社）などの歌人研究の著書も多い。

第五章　九月のしぐれ【9月】

（92）坂上郎女には、ほかにも「大伴坂上郎女、跡見《とみ》の庄より、宅に留まれる女子《むすめ》大嬢に賜ふ歌一首并せて短歌」（巻4七二三、七二四）、「大伴坂上郎女、竹田の庄より女子大嬢に贈る歌二首」（巻4七六〇、七六一）、「大伴坂上郎女、跡見の田庄にして作る歌二首」（巻8一五六〇、一五六一）など、田庄で創作した歌がある。あえて題詞に庄・田庄と書き記すのは、平城京の都市化にともなって、歌のトポスとして田園が見出された時代でもあったからだろう（拙論「田園から愛娘に」『大伴坂上郎女』笠間書院）。

（93）大宰府政庁が、内外の政治をおこなうだけの都市ではなく、平城京に対する「辺塞」だったことは留意しておいてよいだろう。はるか対馬では金田城《かねたのき》をもうけて防人を常駐させ「烽《すすみ》」（のろし台）をすえたのをはじめ、玄界灘からの侵犯を想定した怡土城《いとのき》、有明海からの侵犯を想定した椽城《きのき》、鞠智城《くくちのき》などの山城と、各地に点在する数多くの土塁の組み合わせによる防護システムのセンターが、大宰府だった。

第六章　刑を執行せず【9月】

（94）「青女月」は詩歌には、杜審言《としんげん》（六四五〜七〇八）に、

蟋蟀期帰晩、茱萸節候新、降霜青女月、送酒白衣人、高興要長寿、卑棲隔近臣、龍沙即此地、旧俗坐為鄰。

（「重九日宴江陰」）

の一作がある。杜審言は杜甫の祖父にあたる人物なのだが、釈契沖が『万葉代匠記』（全集、巻3）で、令和の典拠としてさわがれた「梅花の歌」（巻5八一五〜八四六）の序文「……初春令月、気淑風和」の引用元として、張衡「帰

田賦」の「仲春令月、時和気清」、王羲之「蘭亭集序」とならべて「和晋陵陸丞早春遊望」の「淑気催黄鳥」を指摘していて、一時、話題となった詩人である。右の一首は、「重九日」つまり重陽の節句詩。

(95)このあたりについては、浜政博司「大津皇子臨終詩と金聖嘆・成三問——日中朝の臨刑詩の系譜」にくわしい(『日・中・朝の比較文学研究』和泉書院)。

(96)『懐風藻』は、川島皇子の小伝を、「志懐温裕《しくわいをんゆう》、局量弘雅《きよくりやうこうが》」(心おだやかで豊か、ものの考えがひろくただしい)と書きながら、

始《はじ》め大津皇子と、莫逆《ばくぎやく》の契を為《な》しつ。津の逆を謀るに及びて、島則《すなは》ち変を告ぐ。朝廷其の忠正を嘉《よ》みすれど、朋友其の才情を薄みす。議《ぎ》する者未《ひといま》だ厚薄を詳《つば》らかにせず。

と。どうやら川島が密告したその行動の是非について、議論する者たちは判断にまよい結論を出すことができなかったらしい。小伝の作者もまた、私情よりも公に奉じることは忠臣としてなすべき行動であって、友との交わりを優先するのでは徳義に反する。したがって川島の行動は是とすべきだろう。だからといって、親友なら友として大津に忠告し謀反をやめさせるべきで、大津を苦境に追い込んでしまったのは、是とはいえないのではないか。作者はそれを「塗炭《とたん》に陥《おとしい》るる」と表現している。泥水と炭火、つまり川島は大津を「水火の苦しみに陥れたのだ」というのだ。

しかしながら、川島が幾度もくりかえしただろうアドバイスさえ何のちからもないほどに、大津は死地に追い込まれていたはずで、さて川島はどうすればよかったのだろう。『懐風藻』編者の一文は、なんとも歯切れのわるい批評である。

(97)平安中期に成立したらしい『薬師寺縁起』に刑死した大津の後日談が、次のように語られている。

皇子急《にはか》に悪龍となりて虚《そら》に騰《のぼ》り毒を吐く。天下静まらず。朝廷これを憂《うれ》ふ。義淵僧正は皇子平生の師なり。仍《よ》りて修円に勅して悪霊を呪せしむ。忿気《ふんき》いまだ平らかならず。修円空を仰ぎて一字千金を叫ぶ。悪龍永諾す。仍りて皇子の為《ため》に寺を建つ。名づけて龍峯寺と曰ふ。掃守寺《かもりでら》是《これ》なり。

今、二上山のふもとに四天王堂という堂があり、ここが加守廃寺址つまり龍峯寺（掃守寺）が建てられた跡だといわれている。薬師寺は天武天皇の発願により天武九年（六八〇）飛鳥の地に建立され、持統天皇の一一年（文武元年・六九七）に本尊薬師如来の開眼法要、さらに文武天皇の御代になって完成したが、その後、平城京への遷都とともに現在の地に移された。この薬師寺には龍王社と若宮社（松音大明神）があり、ともに祟りをなす大津を慰撫し鎮魂するために、建てられたという。

大津が悪龍となったのは（と噂されるようになったのは）いつなのか、はっきりした年代は不明だが、せめて大伯が耳にすることなくこの世を去ってからと願わずにはいられない。

冬

第一章　神のいまさぬ月【10月】

(98)「もみじ」は、万葉の時代は清音でモミツの名詞形。モミチの表記は「紅葉」でなくて「黄葉」のほうが圧倒的に多い。

(99)『易』（説卦伝）の説く伏羲《ふっき》の八卦方位では、八卦のうち乾坤《けんこん》を先とし、六子（離・震《しん》・巽《そん》・兌《だ》・艮《ごん》・坎《かん》）を後にしている。私訳で大意を述べる。

　雷（＝震）鳴が鼓動して万物が動き、風（＝巽）がそれまで鬱結していた陰気を吹き飛ばし陽気を呼びよせて、万物が発生する。ものが乾けば雨（＝坎）がこれを潤《うるお》し、ものが湿《しめ》れば日（離）がこれを乾かし、万物を成長させる。艮はとどめるはたらきがあるので、万物は艮の徳によって静かにその生意を収めとどめて、その質を成熟させるし、兌は喜ぶはたらきがあるので、万物は兌の徳によってその成熟するのを喜ぶ。これが万物を収めるゆえん。乾は天で万物の主宰者であり、君《くん》としてこれを統べ、坤は地で、万物をつつみ隠して養い育てる。すべて六子のはたらきは乾を主として動き、坤に帰して収めるのだ。

(100)折口信夫「霜及び霜月」（『折口信夫全集15』中央公論社）。

(101)なぜ恵比須が留守神なのだろうか。七福神のひと柱で、狩衣姿で釣竿を持ち、鯛をかかえた姿で知られる神だが、イザナキ・イザナミの子である蛭子命《ひるこのみこと》、大国主命《おおくにぬしのみこと》の子である事代主神《ことしろぬし》、「戎」「夷」と書いて異邦の神、果ては海からやってくる神ゆえに「いさな」（鯨のこと）などなど、さまざまな神と習合した神である。それにしても、なぜ留守神を引き受けたか。対馬にある和多都美神社の磯良恵比須（安曇《あずみ》磯良）は、海底に棲み、牡蠣《かき》の殻《から》や海藻などが付着して醜い姿だったので、人前には姿を現わそうとはしなかったのだとか。『神功皇后縁起絵巻』には、楽を演奏する住吉神に誘いだされて海底から浮上してきた磯良は、なるほど醜い顔を白い布で覆っている。『太平記』「神功皇后新羅を攻め給ふ事」から、磯良が描かれたあたりを、紹介しよう。

……さて事已《すで》に定《さだめ》て後、軍評定の為《ため》に、皇后諸《もろもろ》の天神地祇を請《しやう》じ給ふに、日本一万の大小の神祇冥道《みやうだう》、皆勅請《ちよくしやう》に随《したがひ》て常陸《ひたち》の鹿島の来り給ふ。然《しかり》と雖《いへど》も、海底に迹《あと》を垂《たれ》給ふ阿度部《あとべ》の磯良一人召《めし》に応ぜず。……呂律を調べ、本末を返して数反《すへん》歌はせ給ひたりしかば、磯良感《かん》に堪兼《たへかね》て、神遊の庭にぞ参たる。其貌《かたち》を御覧ずるに、細螺《したたみ》・石花《かき》貝・藻に棲む虫、手足五体に取付《とりつき》て、更に人の形にては無かりけり。神達怪《あやし》み御覧じて、「何故《なにゆゑ》に懸《かか》る貌《かたち》には成けるぞ。」と御尋ね有ければ、磯良答て曰《いは》く、「我滄海《さうかい》の鱗《うろくづ》に交《まじはり》て、是を利せん為に、久《ひさし》く海底に住み侍りぬる間に、此の貌に成《なり》て候也。浩《かか》る形にて止事《やんごと》無《な》き御神前に参《まゐ》らんずる辱《はづか》しさに、今までは参り兼《かね》て候つるが……」とぞ答へ申ける。（日本古典文学大系36『太平記』巻39、カタカナ表記をひらがなに書きあらためた）

貝が取り付き、海藻が取り付いて醜くなったのではなく、磯良神はそうした海底のアワビやサザエなどがシンボル化された神そのものだった、と考えたほうが理解しやすい。

第二章　暖【10月】

(102) このあたりは、中村裕一『中国古代の年中行事　第四冊　冬』（汲古書院）による。

(103)『東京夢華録』（紹興一七年・一一四七の序をもつ）は、高宗の南渡以後の汴京（開封）、その往時の歳時や風俗さらに宮廷の行事にいたるまで、四時のありさまを記している。

(104) 絵本ながら『売炭翁』（和名『炭焼きのおじいさん』再話・絵／岑龍、文／ふせまさこ、新世研出版社）は、好書。

（105）このあたりは、中西進「貧窮問答」（『山上憶良』中西進万葉論集巻8、講談社）にくわしい。和歌をもって民苦を言上してみたのである。

（106）万葉歌人のなかでも、憶良は皮膚感覚にうったえる作風に顕著である。このあたりは、拙著「皮膚感覚」（『山上憶良の研究』翰林書房）で述べた。

（107）炭の歴史については、樋口清之『日本木炭史』（講談社学術文庫）を参照。炭の歴史をわかりやすく説いたもので、岩崎眞理「木炭の歴史と文化について」があり、略史として学ぶところが多い（iwasaki-sumiyaki.com）。

第三章　霜降る朝【11月】

（108）『日本書紀』持統天皇（称制前紀）に、次のようにある。

皇子大津は、天渟中原瀛真人天皇《あまのぬなはらおきのまひとのすめらみこと》の第三子なり。容止墻岸《ようししやうがん》にして、音辞俊朗《おんじしゆんらう》なり。天命開別天皇《あめみことひらかすわけのすめらみこと》の為に愛《めぐ》まれたまふ。長《ひととなる》に及《いた》りて弁《わきわき》しく才学有《ま》しまし、尤《もと》も文筆を愛《この》みたまふ。詩賦の興《おこ》り、大津より始《はじ》まれり。

という。大津皇子は紹介したように『懐風藻』に作品が見られるが、なぜ大津から詩歌の興隆が始まるというのか、たしかな資料がない。

（109）『大和本草』は貝原益軒（一六三〇～一七一四）の編。中国で刊行された『本草綱目』（李時珍の書いた薬物書、一五七八年に成立）をモデルとしながら、その文献解読にとどまらず、漢名のない植物にも注目し、かつ博物学的な内容に及んでいて特色がある。

（110）『文部省唱歌』（初等科音楽1）に「田道間守」（作詞者・作曲者は不明）がある。

一　かおりも高い　たちばなを　積んだお船が　いま帰る　君の仰せを　かしこみて　万里の海を　まっしぐら
いま帰る　田道間守　田道間守

二　おわさぬ君の　みささぎに　泣いて帰らぬ　まごころよ　遠い国から　積んで来た　花たちばなの　香ととも

に　名はかおる　田道間守　田道間守

田道間守は菓祖・菓子の神として、全国に一〇社ほどある中嶋神社に祭祀されている。

(111) 志貴皇子は、「采女《うねめ》の袖吹き返す明日香風京を遠《とほ》みいたづらに吹く」（巻1五一）と藤原遷都後の旧都にあって、かつて采女たちで華やいでいたのに、今や虚《むな》しく吹く風ばかりとうたう。山猟に出かけても「むささびは木末《こぬれ》求むとあしひきの山の猟夫《さつを》にあひにけるかも」（巻3二六七）と、獲物を前にした宴席の即興歌だろうが、むささびの習性を知ったうえの猟師たちの技への称賛より、詩心はしずかに横たわったむささびに傾いている。

さらに「大原のこの市柴《いつしば》のいつしかと我が思ふ妹に今夜《こよひ》逢へるかも」（巻4五一三）では、逢えたことへの喜びをうたいながらも、それをうたい起すのに「神迎えの祭場の柴」（多田一臣『万葉集全解』2）からであるところに、自粛的な雰囲気が打ち消せない。志貴皇子の詩心は、どこまでも内向していく。高野正美が「感性豊かな想念の歌人であった」（「志貴皇子の歌」『セミナー万葉の歌人と作品』第3巻、和泉書院）というのは至当だろう。

第四章　冬至　【11月】

(112) 車持千年を女官と主張するのは、井村哲夫「車持朝臣千年は歌詠みの女官ではないか」（『赤ら小船　万葉作家作品論』和泉書院）。

(113) 班婕妤（生没年不明）は、漢の班況の娘。班婕妤の甥の子にあたる班固（三二〜九二）の書いた『漢書』（外戚伝）には、班婕妤の小伝が語られている。漢の武帝（前一五六〜前八七）の寵を失って長門宮に退いた、陳皇后の「長門怨」、宮中の絵師にまいないをおくることを潔しとせず、ついに遠く異国匈奴の地に嫁いだ王檣《おうしょう》の「王昭君怨」とならぶ、いわゆる「閨怨詩」のヒロインのひとり。

(114)「九功」とは、天子がおこなわねばならない善政をいい、民を養う基本の「六府」（水・火・金・木・土・穀）と政治をおこなう基本の「三事」（正徳、利用、厚生）の九種をいう。

第五章　餅　【12月】

(115)『豊後国風土記』(玖珠郡)の記事ではないが、この地(大分県玖珠郡)の大樹が切り倒され、今や切り株だけが残って山となったという伐株山《きりかぶやま》伝説がある。もちろん卓上台地《メサ》が浸食によって頂上がせまくなり、まるで切り株のような孤立台地《ビュート》になったもの。昔、万年山《はねやま》の北側にクスの大樹が生えていて、陽が昇るときには有明海までその木影がのび、陽が沈むときには、遠く豊後水道をわたり四国の松山まで影がかかったという。そこで困った人びとは、腕利きの木挽《こび》きに倒してくれるよう頼んだ。木挽きたちは畳三枚敷きほどの大きさの木挽き鋸《のこ》で苦労して切り倒したという(「伐株山の童話」玖珠町ホームページhttps://www.town.kusu.oita.jp/soshiki/shakaikyoiku/2/5/2/957.htmlによる)。こうした伝承が語られるのは、豊後国が豊かな海の国であり、それとともに豊かな森の国でもあるということにほかならない。

(116)たとえば、次のような歌うた(一部)。

・住吉《すみのえ》の岸を田に墾《は》り蒔《ま》きし稲かくて刈るまで逢はぬ君かも(巻10二二四四)
・言出《ことで》しは誰《た》が言なるか小山田の苗代水《なはしろみづ》の中淀《なかよど》にして(巻4七七六)
・上野佐野田《さのだ》の苗の群苗《むらなへ》に事は定めつ今はいかにせも(巻14三四一八)
・衣手《ころもで》に水渋付くまで植ゑし田を引板我が延《は》へ守れる苦し(巻8一六三四)
・打つ田に稗《ひえ》はしあまたありと言へど選《え》らえし我そ夜を一人寝《ひとりぬ》る(巻11二四七六)
・住吉の小田を刈らす児奴《やつこ》かもなき　奴あれど妹がみためと私《わたくし》田《だ》刈る(巻7一二七五)
・秋田刈る仮廬《かりほ》を作り我が居《を》れば衣手寒く露そ置きにける(巻10二一七四)
・稲搗《つ》けばかかる我が手を今夜もか殿の若子《わくご》が取りて嘆かむ(巻14三四五九)

など。直播きから田植え・除草・刈り取り・脱穀にいたるまで、さまざまにうたわれている。

(117)関根真隆「奈良時代の食品加工と調理」(『奈良朝食生活の研究』吉川弘文館)にくわしい。

(118)武塔神といういっぷう変わった神名の神は、スサノオに習合、さらに仏教の神である祇園牛頭天王ともなっていく。高麗の高僧一然がまとめた『三国遺事』(一二七〇～一二八〇年代に成立か)中、新羅憲康王(在位八七五～八八六)

の条「処容郎と望海寺」に、『備後国風土記』とよく似た記事が見える。くわしくは、依田千百子「韓国のまれびと説話」『口承文芸研究』（第8号、日本口承文芸学会）。本文は、『原文和訳対照三国遺事全』（青柳綱太郎編、名著出版）にある。

(119) 粟は、胃痛・腹痛・胸やけ・胃もたれ・食欲不振などをともなう神経性胃炎・慢性胃炎・胃腸虚弱に処方される漢方薬「胃風湯」に、桂皮《けいひ》・芍薬・川芎《せんきゅう》・当帰《とうき》などとともに配合される生薬でもある。

(120) 柳田國男「木綿以前の事」（『定本柳田國男集』巻14、筑摩書房）。

第六章　年越しの大祓【12月】

(121) 官僚たちの間に流行っていたスポーツの「打毬《まりうち》」は、唐からつたわった「打馬毬《ダーマーチュウ》」だろう。地中海の東、ペルシャあたりで生まれた球技で、今日でいうポロ。もし馬を用いなかったのなら、ホッケーである。唐の太宗李世民（五九八〜六四九）は、ポロにあまりにも熱を入れ過ぎて政治がおろそかになった。それを戒めるために、ポロの球技を禁止したという（封演撰『封氏聞見記』）。なお、西安郊外にある章懐太子の墳墓に描かれたポロの競技の壁画は、躍動感があって見事。

(122) 長屋王については、辰巳正明『悲劇の宰相長屋王　古代の文学サロンと政治』（講談社）にくわしい。

(123) 対馬の下県郡にある豆酘《つつ》の岩佐家は、亀卜を世襲し吉凶を占う「亀卜伝義抄」をつたえ、旧暦正月三日の雷神社の祈年祭《としごいのまつり》に奉仕したという。「長崎県の文化財」https://www.pref.nagasaki.jp/bunkadb/index.php/view/528

(124) 「歳神」の出自は、あまりはっきりしない。「歳神」は「歳徳」（としとく・とんど）ともよばれ、「徳」は「得」に通じるところから福の神でもある。「歳徳」神は姫神とも考えられて、牛頭天王の妃で、八将軍（方位の吉凶をつかさどる八神、太歳《たいさい》・大将軍・大陰《たいおん》・歳刑《さいぎょう》・歳破・歳殺《さいせつ》・黄幡《おうばん》・豹尾《ひょうび》）を生んだ頗梨采女《はりさいじょ》であるともいう。やがて牛頭天王が須佐之男命《すさのおのみこと》と習合していく。スサノオ命が牛頭天王と同一視されるにしたがって、その妃の櫛名田姫こそ「歳徳」神であると。そして毎年、「歳徳」神は住まいをかえ、その住んでいる方角を「恵方」といい、後代、節分の日にこの「恵方」（吉方ともいう）を向いて恵方巻を食う行事がおこなわれることになる。万事如意《ワンシールーイ》、老少平安《ラオシャオピンアン》。

あとがき

ここにおさめたのは、月刊誌『嘉麻の里』（株式会社プランニングエン）に、二〇〇九年から二〇一一年までの三年間にわたり連載した「万葉の春秋」三六篇から、二二篇を大幅に加筆し、さらに書き下ろしたコラム「万葉食堂」を含む原稿六編をくわえて、まとめたものである。すでに公にした『古代の暦で楽しむ　万葉集の春夏秋冬』（二〇一三年、笠間書房）と同じように、東アジアの古代文化のなかに『万葉集』をすえて眺めてみようとするのが、主たるアプローチである。

旧稿を読み返して整理していると、あらたな疑問がうまれたり、ずっと疑問だったことがらが、わたしなりに解けたりして、楽しみもあった。それにしても、初出からすでに一〇年以上たってしまった。けっして怠けていたわけではないけれど、遅筆なのだ。発想力のまずしさと筆力のなさは、これはもって生まれた資性、いたしかたあるまいと思っている。

もたもたしている間に、元号が「平成」から「令和」にあらたまった。新元号「令和」が、「梅花の歌三十二首并びに序」（巻5八一五〜八四六）の序文を典拠とするという報道。にわかに周囲はにぎやかになり、テレビの報道番組に出てみないかと肩を叩いてくれる人、「令和」を演題に講演してくれないかと声をかけてくれる人、「令和」をどう思うかときびしい質問をする某新聞社の記者さん、「序文」をコピーして社員全員に配布し、朝会で皆して朗読していますと、ニコニコしながら語る某社の社長さん……。

人前で話すとなると、不手際があってはなるまい。「梅花の歌」と関連する万葉歌の確認を始めた。そして、またまた疑問百出という現実。改元「令和」を考えるのはたいへん面白く、演壇で「令和」を話題にする機会が重なるにつれ、内容にそれなりのまとまりもでき、幸いにも『元号「令和」と万葉集』という小さな本のかたちとなった。

その一方で、こちらの原稿の手直しの筆はますます遅くなる。しまいには遅延どころか、ほとんど放置のありさまだった。

海鳥社社長の杉本雅子さんに深謝したい。いま、こうして「あとがき」を書く段になって、わたしはつくづく果報者だと感じている。

この度の本作りも、全般にわたって、編集部の柏村美央さんのご尽力による。ありがとうございました。

二〇二一年　文月一五日

東　茂美

東　茂美（ひがし・しげみ）

1953年（昭28），佐賀県伊万里生れ。

成城大学大学院博士課程修了。

博士（文学）。

福岡女学院大学名誉教授。

著書に『大伴坂上郎女』（1994年，笠間書院），『東アジア万葉新風景』（2000年，西日本新聞社），『山上憶良の研究』（2006年，翰林書房），『万葉集の春夏秋冬』（2013年，笠間書院），『鯨鯢と呼ばれた男　菅原道真』『元号「令和」と万葉集』（2019・2020年，共に海鳥社）などがある。

扉・「万葉食堂」装画
春／歌川広重「梅に鶯」
夏／喜多川歌麿「画本虫撰・画本虫ゑらみ」
秋／渓斉英泉「Birds and Flowers」
冬／無款「Flower Vase And Lacquer Box」
以上すべてメトロポリタン美術館所蔵

装丁：新谷康介

古代万葉《こだいまんよう》の歳時記《さいじき》

■

2021年12月15日　第1刷発行

■

著者　東　茂美
発行者　杉本　雅子
発行所　有限会社海鳥社
〒812-0023 福岡市博多区奈良屋町13番4号
電話092(272)0120　FAX092(272)0121
http://www.kaichosha-f.co.jp
印刷・製本　シナノ書籍印刷株式会社
ISBN978-4-86656-110-3
［定価は表紙カバーに表示］